A CRISE ESTRUTURAL
DO CAPITAL

Copyright desta edição © Boitempo Editorial, 2009, 2011
Copyright © István Mészáros, 2009, 2011

Coordenação editorial
Ivana Jinkings

Editores-assistentes
Bibiana Leme e Jorge Pereira Filho

Assistência editorial
Ana Lotufo e Thaisa Burani

Revisão
Elisa Andrade Buzzo e Frederico Ventura

Diagramação
Ana Basaglia e Liliana Rodriguez

Capa
Antonio Kehl
sobre foto de João Zinclar

Coordenação de produção
Livia Campos

CIP-BRASIL. CATALOGAÇÃO-NA-FONTE
SINDICATO NACIONAL DOS EDITORES DE LIVROS, RJ

M55c
2.ed.

Mészáros, István, 1930-
A crise estrutural do capital / István Mészáros ; [tradução Francisco Raul Cornejo... [et al.]. - 2.ed. rev. e ampliada. - São Paulo : Boitempo, 2011.
(Mundo do trabalho)

Tradução de: Capital's unfolding systemic crisis
Inclui bibliografia
ISBN 978-85-7559-156-7

1. Capitalismo. 2. Socialismo. 3. Desenvolvimento econômico. 4. Crise econômica. 5. Economia marxista. I. Título. II. Série.

10-6275.
CDD: 330.122
CDU: 330.142.1

É vedada a reprodução de qualquer parte deste livro sem a expressa autorização da editora.

1ª edição: maio de 2009;
2ª edição revista e ampliada: janeiro de 2011;
1ª reimpressão: fevereiro de 2013; 2ª reimpressão: novembro de 2013;
3ª reimpressão: outubro de 2016; 4ª reimpressão: novembro de 2018;
5ª reimpressão: setembro de 2020

BOITEMPO
Jinkings Editores Associados Ltda.
Rua Pereira Leite, 373
05442-000 São Paulo SP
Tel.: (11) 3875-7250 / 3875-7285
editor@boitempoeditorial.com.br | www.boitempoeditorial.com.br
www.blogdaboitempo.com.br | www.facebook.com/boitempo
www.twitter.com/editoraboitempo | www.youtube.com/tvboitempo

István Mészáros

A CRISE ESTRUTURAL
DO CAPITAL

Tradução
Ana Carvalhaes
Katarina Peixoto
Francisco Raul Cornejo
João Alexandre Peschanski
Luciana Pudenzi
Paulo Cezar Castanheira
Sérgio Lessa

Para Donatella e para as pessoas
do MST cuja luta pela emancipação
ela admirou e apoiou.

SUMÁRIO

Introdução, *Ricardo Antunes* 9

I. A crise em desdobramento e a relevância de Marx 17
   1. A "confiança" e a falta dela 18
   2. A tríade pseudo-hegeliana 18
   3. A nacionalização da bancarrota do capital 22
   4. A inadimplência dos EUA não é impensável 27

II. A crise atual 31
   1. Surpreendentes admissões 31
   2. Declaração da hegemonia dos Estados Unidos 34
      2.1 Extraterritorialidade 34
      2.2 Vantagem industrial do sigilo militar 35
      2.3 Pressões comerciais diretas exercidas pelo Legislativo
          e pelo Executivo dos Estados Unidos 36
      2.4 O problema real da dívida 36
      2.5 O antagonismo político resultante da presença
          econômica dos Estados Unidos 38
   3. Falsas ilusões sobre o "declínio dos Estados Unidos
      como potência hegemônica" 40
   4. A visão oficial da "expansão sã" 41
   Postscript 1995: o que significam as segundas-feiras (e as quartas-feiras) negras 42

III. A necessidade do controle social 47
   1. Os condicionais contrafactuais da ideologia apologética 48
   2. Capitalismo e destruição ecológica 51

      3. A crise de dominação 54
      4. Da "tolerância repressiva" à defesa liberal da repressão 61
      5. "Guerra, se os métodos 'normais' de expansão fracassam" 64
      6. A emergência do desemprego crônico 67
      7. A intensificação da taxa de exploração 69
      8. "Corretivos" do capital e controle socialista 71

IV. Política radical e transição para o socialismo: reflexões no centenário de Marx 75
      1. O significado de *Para além do capital* 76
      2. Condições históricas da ofensiva socialista 79
      3. A necessidade de uma teoria da transição 80
      4. A "reestruturação da economia" e suas precondições políticas 84
          4.1 A dinâmica do desenvolvimento pós-guerra 84
          4.2 Alternativas para o domínio dos "imperativos econômicos" 87
          4.3 O momento histórico da política radical 89

V. Bolívar e Chávez: o espírito da determinação radical 91
      1. Penas levadas pelo vento 91
      2. Crítica radical da política por Hugo Chávez em 1993 98
      3. Perspectivas de desenvolvimento 102

VI. A importância do planejamento e da igualdade substantiva 115
      1. A "mão invisível" e a "astúcia da razão" como um providencial capataz postulado ilusoriamente pelo capital 115
      2. A longa gestação histórica das categorias da teoria socialista 119
      3. O papel chave da igualdade substantiva no desenvolvimento da "autoconsciência positiva da humanidade" 122

VII. Uma crise estrutural do sistema 129

VIII. As tarefas à nossa frente 135

Obras do autor 157

INTRODUÇÃO

A SUBSTÂNCIA DA CRISE[1]

Ricardo Antunes

Muito já se escreveu sobre a crise. Crise dos *subprime*, crise especulativa, crise bancária, crise financeira, crise global, réplica da crise de 1929 etc. Floresce uma fenomenologia da crise, na qual o que se falou ontem se torna obsoleto hoje. Os grandes jornais e revistas, começando por *The Economist*, falam em "crise de confiança", e a máxima se esparrama. A crise se resume a um ato volitivo. *Fiducia!*, diriam os latinos. Eis a chave analítica.

Os governos dos países em crise, nos Estados Unidos, na Europa e em tantas outras partes do mundo, parecem redescobrir o *estatismo todo privatizado* como o receituário para eliminar a crise da "desconfiança". O remédio neokeynesiano, sepultado nas últimas quatro décadas, considerado um dos principais males das crises anteriores do capitalismo, ressurge como salvação para o *verdadeiro caminho da servidão*, ou seja, a sujeição da humanidade aos desígnios da lógica destrutiva do capitalismo e, em particular, de seu polo hegemônico financeiro.

---

[1] Este livro nasceu de uma correspondência que István Mészáros e eu trocamos em janeiro de 2009, quando lhe enviei um artigo que acabava de publicar sobre a crise atual. Eu procurava indicar, então, de modo brevíssimo, a força, a densidade e a originalidade de sua análise crítica, frente ao completo desconhecimento dos mais distintos segmentos do capital – intelectuais, gestores, governos – depois de décadas de uma apologética deprimente que pregava a *eternização do capital* sem perceber que se encontrava às vésperas de seu *derretimento e liquefação*. Mészáros teve a ideia de publicar num livro um conjunto de seus artigos e entrevistas, desde os mais recentes até os mais primevos, que de algum modo resgatassem sua análise e indicassem uma linha de continuidade decisiva para a compreensão dos elementos determinativos mais essenciais da crise que deixou órfãos e pasmos os ideólogos do sistema e tantos outros que já tinham se conformado com a máxima do fim da história, que Mészáros chamou ironicamente como "fukuyamização pseudo-hegeliana".

Mas, para além dessa fenomenologia da crise, poderíamos lembrar vários autores críticos, dentro da esquerda, que procuraram ir além das aparências e descortinar os fundamentos estruturais e sistêmicos do derretimento e da liquefação do sistema de capital.

Robert Kurz, por exemplo, vem alertando desde inícios dos anos 1990 que a crise que levou à bancarrota os países do chamado "socialismo real" (com a URSS à frente), não sem antes ter devastado o "Terceiro Mundo", era expressão de uma crise do *modo de produção de mercadorias* que depois migraria em direção ao coração do sistema capitalista.

François Chesnais apontou as complexas conexões existentes entre produção, financeirização ("a forma mais fetichizada da acumulação") e mundialização do capital, enfatizando que a esfera financeira nutre-se da riqueza gerada pelo investimento e da exploração da força de trabalho dotada de múltiplas qualificações e amplitude global. E é parte dessa riqueza, canalizada para a esfera financeira, que infla o flácido capital fictício.

No entanto, foi István Mészáros que desde o final dos anos 1960 vem sistematicamente descortinando a crise que então começava a assolar o sistema global do capital. Alertava que as rebeliões de 1968 assim como a queda da taxa de lucro e o início da monumental reestruturação produtiva do capital datado de 1973 já eram ambas expressões sintomáticas da mudança substantiva que se desenhava, tanto no sistema capitalista quanto no próprio sistema global do capital[2].

Mészáros indicava que o sistema de capital (e, em particular, o capitalismo), depois de vivenciar a era dos ciclos, adentrava em uma nova fase, inédita, de *crise estrutural, marcada por um* continuum *depressivo* que faria aquela fase cíclica anterior virar história. Embora pudesse haver alternância em seu epicentro, a crise se mostra longeva e duradoura, sistêmica e estrutural.

E mais, demonstrava a falência dos dois mais arrojados sistemas estatais de controle e regulação do capital experimentados no século XX. O primeiro, de talhe keynesiano, que vigorou especialmente nas sociedades capitalistas marcadas pelo *welfare state*. O segundo, de "tipo soviético" (vigente, conforme Mészáros, na URSS e nas demais "sociedades pós--capitalistas"), que, embora fosse resultado de uma revolução social que procurou destruir

---

[2] É decisivo aqui ressaltar que, para Mészáros, *capital* e *capitalismo* são fenômenos *distintos*. O sistema de capital, segundo o autor, antecede o *capitalismo* e tem vigência também nas sociedades pós-capitalistas. O capitalismo é *uma* das formas possíveis da realização do capital, uma de suas *variantes históricas*, presente na fase caracterizada pela generalização da *subsunção real* do trabalho ao capital, que Marx denominava como capitalismo pleno. Assim como existia *capital* antes da generalização do capitalismo (de que são exemplos o capital mercantil, o capital usurário etc.), as formas recentes de sociometabolismo permitem constatar a continuidade do capital mesmo *após* o capitalismo, por meio da constituição daquilo que Mészáros denomina como "sistema de capital pós-capitalista", de que foram exemplos a URSS e demais países do Leste Europeu. Esses países *pós-capitalistas* não conseguiram romper com o sistema de sociometabolismo do capital e a identificação conceitual entre capital e capitalismo fez com que, segundo o autor, *todas* as experiências revolucionárias vivenciadas no século XX se mostrassem incapacitadas para superar o *sistema de sociometabolismo do capital* (o complexo caracterizado pela divisão hierárquica do trabalho, que subordina suas funções vitais ao capital). Ver, sobre a experiência soviética, especialmente István Mészáros, "Formas mutantes do controle do capital", em *Para além do capital: rumo a uma teoria da transição* (São Paulo, Boitempo, 2002), p. 726-86. Sobre as mais importantes diferenças entre o capitalismo e o sistema soviético, ver a síntese em "A produção de riqueza e a riqueza da produção", em *Para além do capital*, cit., p. 630-1.

o capital, foi por ele fagocitado. Em ambos os casos o ente político regulador fora desregulado, ao final de um longo período pelo próprio sistema sociometabólico do capital[3]. Processo similar parece ocorrer na China de nossos dias, laboratório excepcional para a reflexão crítica.

O livro que o leitor encontrará pela frente é a condensação de um conjunto de artigos e uma entrevista que apresentam as principais teses e formulações presentes na analítica de István Mészáros, escritas ao longo de mais de duas décadas e que são agora publicados num único volume, condensando algumas de suas formulações mais fortes, num momento decisivo deste século XXI, no qual *tudo que parecia sólido se liquefaz, encontrando-se o capitalismo em forte processo de liquefação.*

A somatória de recursos, contabilizados em trilhões de dólares, que feneceram nos últimos meses é por si só contundente. A crise do sistema financeiro global, a retração da produção industrial, agrícola e de serviços também são demasiadamente evidentes. Desde 1929 o capitalismo não presenciava um processo crítico tão profundo, aflorando inclusive no próprio discurso dos detentores do capital, seus gestores e principais gendarmes políticos. E István Mészáros tem sido, nas últimas décadas, um dos críticos mais densos, profundos, qualificados e radicais. Este pequeno livro é uma mostra dessa contundência e força, que se encontram presentes no enorme e poderoso conjunto de sua obra.

Se pudéssemos, em poucas páginas, condensar algumas das principais teses que configuram a atual *crise estrutural do capital* começaríamos dizendo que Mészáros faz uma crítica devastadora às engrenagens que caracterizam o sistema sociometabólico.

Sua aguda investigação, debruçando-se ao longo de todo o século XX, o leva a constatar que o sistema de capital, por *não ter limites para a sua expansão*, acaba por converter-se numa processualidade *incontrolável* e profundamente *destrutiva*. Conformados pelo que se denomina, na linhagem de Marx, como *mediações de segunda ordem* – quando tudo passa a ser controlado pela lógica da valorização do capital, sem que se leve em conta os imperativos humano-societais vitais –, a produção e o consumo supérfluos acabam gerando a corrosão do trabalho, com a sua consequente precarização e o desemprego estrutural, além de impulsionar uma destruição da natureza em escala global jamais vista anteriormente.

Expansionista na busca crescente e desmedida de mais-valor, *destrutivo* na sua processualidade pautada pela superfluidade e descartabilidade, o sistema de capital torna-se, no limite, *incontrolável*. Tudo isso, aqui resumido de modo breve, faz com que, depois de um longo período dominado pelos ciclos, ele venha assumindo – segundo a formulação

---

[3] O *sistema sociometabólico* do capital tem seu núcleo central formado pelo tripé *capital, trabalho assalariado* e *Estado*, três dimensões fundamentais e diretamente inter-relacionadas, o que impossibilita a superação do capital sem a eliminação do *conjunto* dos três elementos que compreendem esse sistema. Não é suficiente, portanto, segundo Mészáros, eliminar *um* ou mesmo *dois* dos polos do *sistema sociometabólico do capital*, mas é imperioso eliminar os seus três pilares. E essa tese tem uma força explicativa que contrasta com a totalidade do que se escreveu até o presente sobre o fim da URSS e os países do equivocadamente chamado "bloco socialista".

de István Mészáros – a forma de uma *crise endêmica, cumulativa, crônica e permanente*, o que recoloca como imperativo vital de nossos dias, dado o espectro da destruição global, a busca de uma alternativa societal visando a construção de um novo *modo de produção* e de um novo *modo de vida* cabal e frontalmente contrário à lógica destrutiva do capital hoje dominante.

Ao contrário, portanto, dos ciclos de expansão que conformaram o capitalismo ao longo de sua história, alternando períodos de expansão e crise, encontramo-nos, desde fins dos anos 1960 e início dos 1970, mergulhados no que István Mészáros denomina como *depressed continuum* que exibe as características de uma crise estrutural.

Sua análise já antecipava que, no interior dos países capitalistas centrais, os mecanismos de "administração das crises" seriam cada vez mais recorrentes – e também cada vez mais insuficientes –, uma vez que a disjunção radical *entre produção para as necessidades sociais e autorreprodução do capital se tornava a tônica do capitalismo contemporâneo gerando consequências devastadoras para a humanidade.*

Dada a nova forma de ser da crise, ingressamos então em uma nova fase, sem intervalos cíclicos entre expansão e recessão, mas presenciando a *eclosão de precipitações cada vez mais frequentes e contínuas*. Tratando-se, portanto, de uma crise na própria realização do valor, a lógica destrutiva que se acentua em nossos dias permitiu que Mészáros desenvolvesse outra tese, central em sua análise, de que o sistema de capital não pode mais se desenvolver sem recorrer à *taxa de utilização decrescente do valor de uso das mercadorias* como mecanismo que lhe é intrínseco. Isso porque o capital não considera *valor de uso* (que remete à esfera das necessidades) e *valor de troca* (esfera de valorização do valor) de forma separada, mas, ao contrário, subordinando radicalmente o primeiro ao segundo.

O que significa, acrescenta o autor, que uma mercadoria pode variar de um extremo a outro, isto é, desde ter seu valor de uso realizado imediatamente ou, no outro extremo, jamais ser utilizada, sem deixar de ter a sua utilidade essencial para o capital. E na medida em que a *tendência decrescente do valor de uso* reduz drasticamente o tempo de vida útil das mercadorias – condição *sine qua non* do funcionamento do processo de valorização do valor em seu ciclo reprodutivo –, ela se converte num dos principais mecanismos pelos quais o capital vem realizando seu processo de acumulação, subordinando o seu valor de uso aos imperativos do valor de troca.

Com o aprofundamento da disjunção entre a produção voltada genuinamente para o atendimento das necessidades humanas e aquela dominante direcionada para a autorreprodução do capital, intensificam-se as consequências destrutivas, das quais duas anteriormente referidas colocam em risco o presente e o futuro da humanidade: a precarização estrutural do trabalho e a destruição da natureza. A conclusão de Mészáros é forte: mesmo que 90% do material e dos recursos de trabalho necessários para a produção e distribuição de uma dada mercadoria comercializada – um produto cosmético, por exemplo – fossem diretamente para o lixo e somente 10% efetivamente destinados ao preparo do produto, visando os benefícios reais ou imaginários do consumidor, as práticas obviamente devastadoras aqui envolvidas seriam plenamente justificadas, desde que estivessem sintonizadas com os critérios de "eficiência", "racionalidade" e "economia" capitalistas, em virtude da lucratividade comprovada da mercadoria em questão. E acrescenta: o que será da humanidade, quando menos de 5% da população mundial (os norte-americanos) consomem 25% do total dos recursos energéticos disponíveis? E se os 95% restantes viessem a adotar o mesmo padrão de consumo? A tragédia chinesa atual, com sua destruição ambiental, é emblemática.

Isso acentua outra contradição vital na qual o mundo mergulhou ainda mais intensamente neste início de século: se as taxas de desemprego continuam se ampliando, aumentam de forma explosiva os níveis de degradação e barbárie social oriundas do desemprego. Se, ao contrário, o mundo produtivo retomar os níveis de crescimento anteriores, aumentando a produção e seu modo de vida fundado na superfluidade e no desperdício, teremos a intensificação ainda maior da destruição da natureza, ampliando a lógica destrutiva hoje dominante.

Mas o quadro de *crise estrutural e sistêmica* tem outro componente vital, dado pela corrosão do trabalho. Depois da intensificação do quadro crítico nos Estados Unidos e demais países capitalistas centrais, estamos presenciando profundas repercussões no mundo do trabalho em escala global. No meio do furacão da crise que agora atinge o coração do sistema capitalista, vemos a erosão do trabalho relativamente contratado e regulamentado, herdeiro da era taylorista e fordista, modelo dominante no século XX – resultado de uma secular luta operária por direitos sociais – que está sendo substituído pelas diversas formas de "empreendedorismo", "cooperativismo", "trabalho voluntário", "trabalho atípico", formas que oscilam entre a superexploração e a própria autoexploração do trabalho, sempre caminhando em direção a uma precarização estrutural da força de trabalho em escala global. Isso sem falar na explosão do desemprego que atinge enormes contingentes de trabalhadores, sejam homens ou mulheres, estáveis ou precarizados, formais ou informais, nativos ou imigrantes, considerando que estes últimos são os primeiros a serem mais fortemente penalizados[4].

A Organização Internacional do Trabalho (OIT), em recente relatório[5] com dados que são bastante moderados, projetou novos 50 milhões de desempregados ao longo de 2009. Bastaria que uma das grandes montadoras dos Estados Unidos fechasse suas portas e teríamos milhões de novos desempregados. Na Europa, os jornais listam diariamente milhares de novos trabalhadores sem-trabalho.

O mesmo relatório da OIT ainda acrescenta que cerca de 1,5 bilhão de trabalhadores sofrerão forte erosão salarial e ampliação do desemprego nesse mesmo período. Mas sabe-se que a contabilização mundial de emprego não capta em profundidade o *desemprego oculto*, frequentemente mascarado nas estatísticas oficiais. E, como advertiu Mészáros inúmeras vezes, se incluirmos os dados reais do desemprego na China e na Índia, esses números se multiplicariam em muitas vezes.

---

[4] Recentemente, numa manifestação de trabalhadores britânicos em fevereiro de 2009 havia um cartaz que estampava os seguintes dizeres: "*Put British Workers First*" [Empreguem primeiro os trabalhadores britânicos]. Essa manifestação era contrária à contratação de trabalhadores imigrantes italianos e portugueses com salários inferiores àqueles pagos aos britânicos. Se a luta pela igualdade salarial é justa e antiga, a exclusão de trabalhadores imigrantes tem um evidente sentido xenófobo. Na Europa, no Japão, nos EUA e em tantas outras partes do mundo, manifestações semelhantes se espalham.

[5] Organização Internacional do Trabalho (OIT), *Relatório mundial sobre salários 2008/2009*, fev. 2009. Disponível em inglês na internet: <http://www.oitbrasil.org.br/download/global_wage_report_ang_indd.pdf>.

Vale destacar que, na China, 26 milhões de ex-trabalhadores rurais que estavam trabalhando nas indústrias das cidades perderam seus empregos nos últimos meses de 2008 e no início de 2009 e não encontram trabalho disponível no campo, desencadeando uma nova onda de revoltas operárias naquele país. Na América Latina, a OIT acrescenta que, devido à crise, "até 2,4 milhões de pessoas poderão entrar nas filas do desemprego regional em 2009"[6], somando-se aos quase 16 milhões hoje desempregados.

Nos EUA, Inglaterra e Japão os índices de desemprego neste início de 2009 são os maiores das últimas décadas. É por isso que empresários pressionam, em todas as partes do mundo, para aumentar a flexibilidade da legislação trabalhista, com a falácia de que assim preservariam empregos. Nos EUA, Inglaterra, Espanha e Argentina, apenas para citar alguns exemplos, essa flexibilização foi intensa e o desemprego só vem aumentando.

De modo totalmente diferenciado das análises que circunscrevem a crise ao universo dos bancos, à "crise do sistema financeiro", à "crise de créditos", para István Mészáros,

> A imensa expansão especulativa do aventureirismo financeiro – sobretudo nas últimas três ou quatro décadas – é naturalmente inseparável do *aprofundamento da crise dos ramos produtivos da indústria* assim como das resultantes perturbações que surgem com a absolutamente letárgica acumulação de capital (na verdade, acumulação fracassada) no campo produtivo da atividade econômica. Agora, inevitavelmente, também no domínio da produção industrial a crise está ficando muito pior. Naturalmente, a consequência necessária da crise sempre em aprofundamento nos ramos produtivos da "economia real" [...] é o crescimento do desemprego por toda a parte numa escala assustadora, e a miséria humana a ele associada. Esperar uma solução feliz para esses problemas vinda das operações de resgate do Estado capitalista seria uma grande ilusão.[7]

E acrescenta:

> [...] as recentes tentativas de conter os sintomas da crise que se intensificam pela nacionalização – camuflada de forma cínica – de grandezas astronômicas da bancarrota capitalista, por meio dos recursos do Estado ainda a serem inventados, só cumprem o papel de sublinhar as determinações causais antagônicas profundamente enraizadas da destrutividade do sistema capitalista. Pois o que está fundamentalmente em causa hoje não é apenas uma crise financeira maciça, mas o potencial de autodestruição da humanidade no atual momento do desenvolvimento histórico, tanto militarmente como por meio da destruição em curso da natureza.[8]

Se o neokeynesianismo do Estado todo privatizado é a resposta encontrada pelo capital para sua crise estrutural, as respostas das forças sociais do trabalho devem ser radicais. Contra a falácia das "alternativas" neokeynesianas que sempre encontram acolhida em vários setores da "esquerda" que atuam no universo da Ordem – "alternativas" fadadas ao fracasso, como demonstrou Mészáros analisando o século XX, pois se inserem no universo da *linha de menor resistência do capital* –, o desafio já estava indicado em seu

---

[6] Idem, *Panorama laboral para América Latina e Caribe 2008*, jan. 2009. Disponível em espanhol na internet: <http://www.oitbrasil.org.br/download/laboral2008.pdf>.

[7] Ver p. 25.

[8] Ver p. 29.

artigo "Política radical e transição para o socialismo"[9] (escrito em 1982 e publicado no Brasil pela primeira vez em 1983). Lá estavam presentes tanto a distinção crucial entre a *crise* de tipo *estrutural e sistêmica* e as *crises cíclicas ou conjunturais* do passado bem como a necessidade de uma *política radical*, ao contrário das alternativas neokeynesianas, às quais o capital recorre em seus momentos de crise.

Vale recordar aqui a recente "Nota dos editores" de *Monthly Review* que assim se refere à contribuição decisiva de István Mészáros:

> Como a esquerda irá reagir à crise econômica e às tentativas de socializar as perdas sobre a população como um todo? Ao nos depararmos com uma depressão e crise financeira, devemos aceitar que os ônus recaiam sobre nossos ombros, através da implantação de estratégias ligeiramente mais benignas para salvar o sistema?[10]

E acrescenta a "Nota dos editores":

> Em setembro [de 2008] alguns setores progressistas nos Estados Unidos argumentaram que era necessário apoiar o plano de "socorro aos ricos" de Paulson, para que não houvesse uma depressão. Três meses mais tarde temos trilhões em fundos governamentais entregues às pessoas mais ricas do planeta e a depressão. O ponto crucial, a nosso ver, foi capturado por István Mészáros, em seu *Para além do capital*, no qual ele explicou que "a política radical só pode acelerar a sua própria renúncia [...] consentindo em definir o seu próprio escopo em termos de alvos econômicos determinados, os quais, de fato, são necessariamente ditados pela estrutura socioeconômica estabelecida em crise".[11]

Uma vez que as manifestações imediatas da crise são econômicas, diz Mészáros ainda no artigo premonitório de 1982:

> [...] da inflação ao desemprego e da bancarrota de empresas industriais e comerciais locais à guerra comercial em geral e ao colapso potencial do sistema financeiro internacional –, a pressão que emana da referida base social inevitavelmente tende a definir a tarefa imediata em termos de encontrar respostas econômicas urgentes ao nível das manifestações da crise, enquanto são deixadas intactas as suas causas sociais.[12]

E acrescentava:

---

[9] Ver p. 75-90.

[10] "Notes from the Editors", *Monthly Review*, Nova York, v. 60, n. 10, mar. 2009, p. 64: "How is the left to react to the economic crisis and to such attempts to socialize losses on the back of the population as a whole? Should we in the face of a depression and financial crisis be offering our own, slightly more benign strategies for saving the system?". Disponível em <http://www.monthlyreview.org/nfte090301.php>.

[11] Idem: "In September some progressives in the United States argued that it was necessary to support Paulson's 'bailout the rich' plan lest there be a depression. Three months later we have trillions in government funds handed over to the richest people on the planet *and* a depression. The crucial point, in our view, was captured by István Mészáros in his *Beyond Capital* where he explained that 'radical politics can only accelerate its own demise... if it consents to define its own scope in terms of limited economic targets which are in fact necessarily dictated by the established socioeconomic structure in crisis'".

[12] Ver p. 88.

[...] "apertar os cintos" e "aceitar os sacrifícios necessários" para "criar empregos reais", "injetar novos fundos de investimento", "aumentar a produtividade e a competitividade" etc. –, impõe premissas sociais da ordem estabelecida (em nome de imperativos puramente econômicos) sobre a iniciativa política socialista, potencialmente favorecida pela crise antes de sua readoção inconsciente do horizonte socioeconômico do capital.[13]

É por isso que, para Mészáros, qualquer tentativa de superar esse sistema sociometabólico que siga a *linha de menor resistência do capital*, que se restrinja à esfera *institucional e parlamentar*, está fadada à derrota. Em contrapartida, apenas uma política radical e extraparlamentar reorientando radicalmente a estrutura econômica poderá ser capaz de destruir o sistema de domínio social do capital e sua lógica destrutiva.

Criar um *modo de produção e vida* profundamente distinto do atual é, portanto, um desafio vital lançado por Mészáros. A construção de um modo de vida dotado de sentido recoloca, neste início do século XXI, a necessidade imperiosa de construção de um *novo sistema sociometabólico*, de um novo *modo de produção* baseado na *atividade autodeterminada*, na ação dos *indivíduos livremente associados* (Marx) e em valores *para além do capital*. A atividade baseada no *tempo disponível* para produzir valores de uso socialmente úteis e necessários – contrária à produção baseada no *tempo excedente* para a produção exclusiva de valores de troca para a reprodução do capital – torna-se vital.

Durante a vigência do capitalismo (e também do capital), o *valor de uso dos bens socialmente necessários subordinou-se ao seu valor de troca*, que passou a comandar a lógica do sistema de produção. As funções produtivas e reprodutivas básicas foram radicalmente separadas entre aqueles que *produzem* (os trabalhadores) e aqueles que *controlam* (os capitalistas e seus gestores). Tendo sido o primeiro *modo de produção* a criar uma lógica que não leva em conta prioritariamente as reais necessidades societais, o capital instaurou, segundo a rica indicação de Mészáros, um sistema voltado para a sua autovalorização, *que independe das reais necessidades autorreprodutivas da humanidade*.

Em contrapartida, uma nova forma de sociedade somente será dotada de sentido e efetivamente emancipada quando as suas funções vitais, controladoras de seu sistema sociometabólico *forem efetivamente exercdas de modo autônomo pelos produtores livremente associados, e não por um corpo exterior estranho e controlador destas funções vitais*.

O desvendamento mais profundo dos significados da *crise atual, seu sentido global, estrutural e sistêmico*, sua marca agudamente destrutiva, essa é a principal contribuição deste poderoso (pequeno) livro de István Mészáros. Ele deve ser lido por todos aqueles homens e mulheres que, nas lutas sociais, em seus embates cotidianos, confrontam, de algum modo, o sistema sociometabólico hoje dominante e essencialmente destrutivo para a humanidade e a natureza. E sua leitura ajudará a refletir, imaginar e pensar uma outra forma de sociabilidade autenticamente socialista, capaz de resgatar o sentido social da produção e reprodução da vida humana e, desse modo, auxiliar na criação das condições críticas imprescindíveis para o florescimento de uma nova sociabilidade autêntica e emancipada, o que seria um grande avanço neste século XXI que acaba de principiar. No melhor espírito da incansável obra de István Mészáros em sua ardorosa e apaixonada defesa da humanidade.

---

[13] Idem.

I
A CRISE EM DESDOBRAMENTO E A RELEVÂNCIA DE MARX*

Alguns de vocês talvez tenham estado presentes em nossa reunião de maio deste ano neste edifício, quando recordei o que havia dito a Lucien Goldman, em Paris, poucos meses antes do histórico Maio de 1968 francês. Ao contrário da perspectiva então prevalecente do "capitalismo organizado", que supostamente teria superado com êxito o estágio "da crise do capitalismo" – uma visão fortemente defendida por Herbert Marcuse e nessa época também partilhada pelo meu querido amigo Goldman –, insisti no fato de que a grande crise econômica mundial de 1929-1933 se parece com "uma festa no salão de chá do vigário" em comparação com a crise na qual estamos realmente entrando.

Recentemente, vocês tiveram um prenúncio do que eu tinha em mente. Mas apenas um *prenúncio,* porque a crise estrutural do sistema do capital como um todo – a qual estamos experimentando nos dias de hoje em uma escala de época – está destinada a piorar consideravelmente. Vai se tornar à certa altura muito mais profunda, no sentido de invadir não apenas o mundo das finanças globais mais ou menos parasitárias, mas também todos os domínios da nossa vida social, econômica e cultural.

A questão óbvia que precisamos tratar se refere à natureza da crise global em desenvolvimento e as condições necessárias para a sua solução factível.

---

* Artigo escrito para uma conferência no Conway Hall, em Londres, em 21/10/2008. No Prefácio da edição venezuelana deste texto, o ministro Héctor Navarro (Educação) escreveu: "Nesta conferência – que consideramos fundamental –, István Mészáros, provavelmente o filósofo político contemporâneo de maior relevância, nos presenteia com sua interpretação do que hoje se mostra como uma crise em desenvolvimento. Constitui um aporte muito consistente para o entendimento do mundo atual, que hoje devemos aprofundar para construir as transformações que conduzam aos necessários equilíbrios que farão sustentáveis a vida sobre o planeta no futuro mais próximo. Por isso, o Ministério do Poder Popular para a Educação tem prazer em reproduzir este material de estudo e reflexão que seguramente estimulará nos leitores ao menos a preocupação fundamental: "O sistema do capital é o nosso futuro ou para sobreviver como espécie teremos necessariamente que substituí-lo?". Tradução: Boitempo/resistir.info. (N. E.)

1. A "confiança" e a falta dela

Se tentarem recordar o que foi repetido inúmeras vezes nas últimas duas semanas sobre a crise atual, há uma palavra que se destaca, encobrindo todos os demais diagnósticos apregoados e os remédios correspondentes. Essa palavra é *confiança*. Se ganhássemos uma nota de dez libras a cada vez que essa palavra mágica foi oferecida para consumo público em todo o mundo, sem mencionar a sua continuada reafirmação desde então, estaríamos todos milionários. O nosso único problema seria então o que fazer com os nossos milhões subitamente adquiridos. Pois nenhum dos nossos bancos, nem mesmo os nossos *bancos nacionalizados* recentemente – ao custo considerável de não menos do que dois terços dos seus ativos de capital –, poderia fornecer a lendária "confiança" necessária ao depósito ou ao investimento seguro.

Até o nosso primeiro-ministro [britânico], Gordon Brown, nos apresentou a frase memorável *"confiança é a coisa mais preciosa"*. Conheço a cantiga – e provavelmente a maioria de nós também a conhece – que nos diz que: "O amor é a coisa mais preciosa". Mas a *confiança no sistema bancário capitalista* ser a coisa mais preciosa?! Tal sugestão é absolutamente *perversa*!

No entanto, a defesa desse remédio mágico parece agora ser universal. A palavra é repetida com tamanha convicção como se a "confiança" pudesse simplesmente chover do céu ou crescer em grande abundância em árvores financeiras "capitalistamente" bem adubadas.

Há três dias, em 18 de outubro (2008), o programa da BBC das manhãs de domingo – o "Andrew Marr Show" – trouxe uma entrevista com um distinto cavalheiro idoso, Brian Pitman, apresentado como o antigo chefe de Negócios Bancários do Lloyds. Eles não revelaram quando ele liderou aquela organização, mas o modo como falou logo deixou tudo claro. Pois transpirou por meio das suas respostas respeitosamente recebidas que ele deve ter sido o chefe do Lloyds Bank bem antes da crise econômica mundial de 1929-1933. Consequentemente, para encorajar os telespectadores, ele apresentou uma grande inovação conceitual no discurso da confiança ao dizer que a causa de todas nossas perturbações era alguma "superconfiança". E imediatamente demonstrou também o significado de "superconfiança" ao afirmar mais de uma vez, naquela curta entrevista, que não pode haver problemas sérios hoje, pois o mercado sempre toma conta de tudo, mesmo que por vezes despenque inesperadamente. Depois, sempre subirá outra vez. Isso também ocorrerá dessa vez, e ele infalivelmente acumulará altas no futuro. A crise atual não deveria ser exagerada, disse Marr, porque é muito menos séria do que a que experimentamos em 1974. Pois em 1974 tivemos uma semana de três dias de trabalho na Grã-Bretanha [mesmo que apenas nesse lugar] e agora não temos isso. Temos? E quem poderia argumentar contra aquele fato irrefutável?

2. A tríade pseudo-hegeliana

Assim, temos agora a palavra mágica explicativa para que todas as nossas perturbações não se apresentem como um órfão infeliz, solitário, mas como parte de algo como uma tríade "fukuyamizada" pseudo-hegeliana: *confiança, falta de confiança* e *superconfiança*. O único constituinte que falta nesse discurso mágico explicativo é agora o *fundamento real* do nosso perigoso sistema de banca e seguros que opera no terreno dos *truques de confiança* em proveito próprio, que mais cedo ou mais tarde estão destinados a serem descobertos (e de tempos em tempos realmente têm sido).

De qualquer forma, toda essa conversa sobre as virtudes absolutas da confiança na administração econômica capitalista assemelha-se muito à explicação oferecida pela mitologia indiana sobre a base de suporte do universo. Pois naquela antiga visão do mundo dizia-se que o universo era carregado, muito confortavelmente, sobre as *costas de elefantes*. "E os poderosos elefantes?", você poderia perguntar. Ninguém deveria pensar, porém, que se tratasse de uma árdua tarefa. Pois os elefantes eram, ainda mais confortavelmente, sustentados pelas *costas da tartaruga cósmica*. Mas e quanto à própria tartaruga cósmica? Não se espera que você formule tal questão para que não seja servido de alimento aos tigres de Bengala, antes de eles serem extintos.

Felizmente, talvez (?), *The Economist* é um pouco mais realista ao avaliar a situação.

No contexto desse nosso assunto penoso – a agora reconhecida piora da crise econômica –, vou apresentar-lhes citações exatas, incluindo alguns números malditos de fracassos capitalistas que já não podem ser negados, retirados principalmente de publicações bem estabelecidas e com uma consciência de classe desavergonhadamente burguesa, como *The Economist* e *The Sunday Times*. Vamos fornecer as referências de forma meticulosa, palavra por palavra, não só porque elas são notórias no seu campo como também a fim de evitar que nos acusem de "viés e distorção de esquerda".

Marx costumava dizer que nas páginas de *The Economist* a classe dominante "conversava consigo própria". As coisas mudaram um pouco desde aquele tempo. Pois agora, até mesmo no campo especializado dos "analistas econômicos", a classe dominante precisa de um órgão de propaganda de circulação em massa, com o objetivo da mistificação geral. No tempo em que Marx viveu a classe dominante estava cheia de "confiança", e também de um bocado de "superconfiança" incontestada, para necessitar disso. Assim, sob as menos arrogantes circunstâncias atuais, o semanário de distribuição em massa com sede em Londres, *The Economist* – farisaico porta-voz do anual "Davos Jamboree"* dominado pelos Estados Unidos –, é cauteloso ao admitir que a crise que estamos enfrentando hoje se refere às dificuldades de "*salvar o sistema*", conforme a capa do exemplar de 11 de outubro de 2008.

Podemos admitir, naturalmente, que nada menos do que "salvar o sistema" (ou não) é o que está em pauta no nosso tempo, mesmo que a discussão na *The Economist* desse problema seja um tanto estranha e contraditória. Pois no seu modo habitual de tentar apresentar a sua posição altamente partidária como uma visão objetivamente "equilibrada", utilizando a fórmula do "por um lado isso, mas por outro lado aquilo", *The Economist* sempre consegue alcançar a sua desejada conclusão em favor da ordem estabelecida. Assim, também nessa ocasião, *The Economist* assevera no seu artigo principal de 11 de outubro que "nessa semana assistiu-se ao primeiro vislumbre de uma resposta global abrangente para o *fosso da confiança*". Agora, felizmente, espera-se que o "fosso da confiança", embora reprovável em si próprio, seja reparado graças a uma misteriosa "resposta global abrangente".

---

* Referência ao Fórum Econômico Mundial realizado em Davos. (N. E.)

Ao mesmo tempo, no lado mais realista do mesmo editorial, o semanário londrino também reconhece que

> O dano para a economia real está se tornando aparente. Nos Estados Unidos, o crédito ao consumidor está se contraindo, e cerca de *150 mil americanos perderam os seus empregos em setembro,* o recorde desde 2003. Algumas indústrias estão seriamente prejudicadas: as vendas de carros estão no seu mais baixo patamar em dezesseis anos, pois os potenciais compradores são incapazes de obter crédito. A General Motors fechou temporariamente algumas das suas fábricas na Europa. Por todo o globo indicadores prospectivos, como inquéritos de compras junto a administradores, estão terrivelmente sombrios.[1]

Eles não dizem, contudo, que "o fosso da confiança" pode ter algo a ver com tais fatos.

Evidentemente, a apologia do sistema deve prevalecer em cada artigo, mesmo se tiver de ser apresentada com a expressão inquestionável de *visão pragmática*. Nesse sentido, "salvar o sistema" para *The Economist* equivale à identificação totalmente acrítica da revista – e a sua defesa incontestável – com a operação de resgate econômico ilimitado (que deve ser efetivada sem se afastar dos "recursos do mercado", tradicionalmente glorificados de forma dogmática) em favor do perturbado sistema capitalista. Assim, até mesmo os mais queridos e bem testados dogmas da propaganda (de um inexistente *livre-mercado,* já que nunca existiu na realidade) podem agora ser descartados pela nobre causa de "salvar o sistema". Consequentemente, conta-nos *The Economist* que

> A economia mundial está claramente com um aspecto fraco, mas poderia ficar bem pior. Esse é o momento de colocar *dogma e política* de lado e concentrar-se em *respostas pragmáticas*. Isso significa *mais intervenção governamental* e cooperação no curto prazo, *mais do que os contribuintes, políticos ou os jornais do livre-mercado normalmente gostariam.*[2]

Fomos presenteados anteriormente com sermões semelhantes do presidente George W. Bush. Ele disse na sua intervenção na televisão há duas semanas que *normalmente* e *instintivamente* é devoto e crente apaixonado do *livre-mercado,* mas sob as atuais e excepcionais circunstâncias precisa *pensar* em outros caminhos. Deve começar a refletir a partir dessas difíceis circunstâncias, ponto final. Você não pode dizer que não foi advertido.

São literalmente *astronômicas* as somas envolvidas nessa recomendada solução "pragmática" – que prega a necessidade de se ignorar a "preferência habitual" pelo livre-mercado dos "contribuintes e jornais" (ou seja, a solução agora defendida significa, de fato, a necessária submissão das grandes massas a esforços fiscais crescentes, mais cedo ou mais tarde). Para citar *The Economist* mais uma vez: "Em pouco mais de três semanas o governo dos Estados Unidos, como foi dito, expandiu seu passivo bruto em mais de US$ 1 trilhão – quase o dobro do custo da guerra do Iraque até agora"[3]. "Bancos americanos e europeus perderão cerca de US$ 10 trilhões."[4] "Mas a história ensina uma lição

---

[1] Editorial de *The Economist* (Londres), 11/10/2008, p. 13.

[2] Idem.

[3] *The Economist* (Londres), 11/10/2008, seção especial, p. 3.

[4] Idem.

importante: que as grandes crises bancárias são essencialmente resolvidas pela injeção de grandes somas de dinheiro público."⁵

Dezenas de milhões de milhões de dinheiro público "injetados", justificados em nome da alegada "importante lição da história" e naturalmente a serviço da incontestável boa causa de salvar o sistema, configuram, de fato, um *volume* muito grande. Nenhum vendedor ambulante de sorvetes poderia alguma vez sonhar com tal colherada tamanho Tsunami. Nem em seu pior pesadelo. E se acrescentarmos àquele montante o fato citado na mesma página da revista de Londres, que só no decorrer de 2007 "o índice de preços dos alimentos de *The Economist* saltou aproximadamente 55%"⁶ e "a alta dos preços dos alimentos no fim de 2007 e princípio de 2008 provocou tumultos em cerca de 30 países"⁷, nesse caso os valores em questão tornam-se ainda mais reveladores quanto à natureza do sistema que se encontra, ele próprio, numa crise em constante aprofundamento.

Alguém pode pensar numa *maior acusação* para um sistema de produção econômica e reprodução social pretensamente insuperável do que essa: *no auge de seu poder produtivo, está produzindo uma crise alimentar global* e o sofrimento decorrente dos incontáveis milhões de pessoas por todo o mundo? Essa é a natureza do sistema que se espera salvar agora a todo custo, incluindo a atual "divisão" do seu custo astronômico.

Como alguém pode ter algum senso tangível de todos os trilhões desperdiçados? Já que estamos falando sobre grandezas *astronômicas*, fiz essa pergunta a um amigo professor de astrofísica na Universidade de Londres. A sua resposta foi que eu deveria assinalar que *um trilhão* é apenas aproximadamente *uma centena de vezes a idade do nosso universo*. Agora, na mesma escala de grandeza, o número oficial habitualmente subestimado da dívida americana, supera nos nossos dias a marca de *10 trilhões*. Isto é, *um milhar de vezes a idade do nosso universo*.

Mas deixem-me citar um curto trecho de uma publicação japonesa. Lê-se isso:

> Quanto dinheiro especulativo se movimenta pelo mundo? Segundo uma análise da Mitsubishi UFJ Securities, a dimensão da "economia real" global, na qual bens e serviços são produzidos e comercializados, é estimada em US$ 48,1 trilhões [...] Por outro lado, a dimensão da "economia financeira" global, o montante total de ações, títulos e depósitos, eleva-se a US$ 151,8 trilhões. Portanto, a economia financeira inchou mais de três vezes em relação à dimensão da economia real, crescendo de forma acelerada durante as últimas duas décadas. O fosso é tão grande quanto US$ 100 trilhões. Um analista envolvido nessa estimativa disse que cerca da metade desse montante, US$ 50 trilhões, mal é necessário para a economia real. Cinquenta trilhões de dólares valem bem mais de 5000 trilhões de ienes, um número demasiado grande para eu realmente compreendê-lo.⁸

---

[5] Ibidem, p. 4.
[6] Idem.
[7] Idem.
[8] Shii Kazuo [presidente do Partido Comunista do Japão], *Japan Press Weekly* (Tóquio), out. 2008, p. 20.

Na realidade, é mesmo muito difícil compreender – quanto mais justificar, como fazem os nossos políticos e banqueiros apologistas do capital – as somas astronômicas de especulação parasitária acumulada numa grandeza correspondente a 500 mil vezes a idade do nosso universo. Se quiser uma outra medida sobre os montantes em questão, imagine apenas um infeliz contabilista dos tempos romanos, a quem fosse pedido nada menos que escrever no seu quadro-negro o número de 5000 trilhões de ienes em algarismos romanos. Ele cairia em desespero total. Simplesmente, não poderia fazer isso. E mesmo que tivesse à disposição algarismos arábicos, algo impossível à época, precisaria de 17 zeros após o número 5 para registrar tal cifra.

O perturbante, contudo, é que os nossos políticos e banqueiros endinheirados parecem pensar apenas nos zeros, e não nas suas ligações substantivas, quando apresentam esses problemas para consumo público. E essa abordagem provavelmente não pode funcionar indefinidamente. Pois é preciso muito mais do que zeros para escapar do buraco sem fundo do endividamento global ao qual estamos condenados pelo sistema que eles agora querem salvar a todo custo.

Na realidade, a recente popularidade de Gordon Brown tem grande relação com zeros sob diversos aspectos. Esse "reconhecimento" – que, se pensarmos bem, pode acabar sendo um tanto efêmero – foi demonstrado na semana passada pela manchete de primeira página: "From zero to hero" [De zero a herói]. O artigo em questão sugeria que o primeiro-ministro realmente teve êxito em "salvar o sistema". Aqui está como ele ganhou a grande aclamação.

3. A nacionalização da bancarrota do capital

Brown foi louvado desse modo, como um herói, por ter inventado uma nova variedade de *nacionalização da bancarrota capitalista,* a ser adotada com a imperturbável "consciência de livre-mercado" também por outros países. Aquilo fez com que até mesmo George W. Bush se sentisse menos culpado por atuar contra as suas autoproclamadas "paixões instintivas" quando nacionalizou um enorme "bloco" da bancarrota capitalista estadunidense do qual um único item – os passivos das companhias hipotecárias gigantes Fannie Mae e Freddie Mac – somavam 5,4 trilhões de dólares (o que representa a quantia necessária para onze anos de execução da Guerra do Iraque).

A "novidade pragmática" – oposta "ao dogma e à política" nas palavras de *The Economist* – da recente nacionalização da bancarrota capitalista pelo Novo Trabalhismo é que os contribuintes obtiveram *absolutamente nada* (em outras palavras, zero-zero-zero quantas vezes queira escrever, mesmo dezessete vezes) pelas imensas somas de dinheiro investido em ativos capitalistas fracassados, incluindo nossos bancos britânicos nacionalizados em dois terços. Essa espécie de nacionalização da bancarrota capitalista é algo diferente das versões anteriores, instituídas após a Segunda Guerra Mundial quando a cláusula 4 do Partido Trabalhista – que defendia o controle público dos meios de produção – ainda fazia parte da sua Constituição. Pois em 1945, os nacionalizados setores em bancarrota da economia capitalista foram transferidos para o controle do Estado e, enquanto durou esse período, foram generosamente revigorados, outra vez, a partir da tributação geral com o objetivo da adequada "privatização" no devido momento.

Mesmo a nacionalização da Rolls-Royce Company em 1971, sob o primeiro-ministro conservador Edward Heath*, seguiu o mesmo padrão embaraçoso de nacionalização abertamente admitida e controlada pelo Estado. Nos nossos dias, contudo, a beleza da solução de Gordon Brown é que *remove o embaraço* enquanto multiplica muitas vezes os bilhões desperdiçados ao investir na bancarrota capitalista. Certamente ele merece plenamente a sua promoção "de zero a herói", bem como o máximo louvor de "salvador do mundo" que lhe foi conferido por alguns outros jornais, devido à sua grande modéstia de ficar satisfeito com o zero absoluto em troca dos *nossos* – não dos *seus* – bilhões generosamente dispensados. Mas poderá essa espécie de remédio governamental ser considerada uma solução perdurável para os nossos problemas mesmo em termos de curto prazo, para não mencionar a sua necessária sustentabilidade no longo prazo? Só os insanos poderiam acreditar nisso.

Na verdade, as recentes medidas adotadas pelas nossas autoridades políticas e financeiras apenas atenderam a um único aspecto da crise atual: a *liquidez* dos bancos, das companhias de hipotecas e de seguros. E mesmo isso, só numa extensão muito limitada. Na realidade as enormes "quantias empregadas"** não representam senão o pagamento dos depósitos, por assim dizer. Muito mais será necessário também quanto a isso no futuro, como as perturbações ainda em desenvolvimento no mundo dos mercados de ações continuam enfatizando.

Contudo, bem além do problema da *liquidez*, uma outra dimensão apenas da crise financeira refere-se à quase catastrófica *insolvência dos bancos e das companhias de seguros*. Esse fato fica claro quando os seus *passivos* assumidos especulativa e irresponsavelmente, mas nem por isso menos existentes, são de fato levados em conta. Para dar apenas um exemplo: dois dos nossos grandes bancos na Grã-Bretanha têm passivos que somam *US$ 2,4 trilhões cada um,* adquiridos sob a suposição aventureira de que nunca teriam de ser cumpridos. Pode o Estado capitalista salvá-los com êxito diante de um passivo dessa dimensão? Onde poderia o Estado tomar emprestada tamanha quantia para uma operação de resgate desse porte? E quais seriam as necessárias consequências inflacionárias ao se "repartir tais blocos" da operação de resgate verdadeiramente gigantesca com a simples impressão do dinheiro requerido, na ausência de outras soluções?

Além disso, os problemas não se esgotam de modo algum no perigoso estado do setor financeiro. Pois de modo ainda mais intratável, também os *setores produtivos* da indústria capitalista estão com sérios problemas, pouco importando quão altamente desenvolvidos e favorecidos eles aparentem estar por meio da sua posição de vantagem competitiva na hierarquia global do capital transnacional. Devido ao nosso tempo limitado, devo restringir-me a um exemplo, mas muito significativo. Refere-se à indústria automobilística dos Estados Unidos, humilhada de forma contumaz nos últimos anos, apesar de todos os subsídios recebidos do mais poderoso Estado capitalista no passado, algo que pode ser contabilizado em muitos bilhões de dólares.

Deixem-me citar de um artigo publicado sobre a Ford Corporation e suas fantasias globalizantes em 1994, publicado no *The Sunday Times*. Foi assim que os nossos distintos jornalistas financeiros pintaram naqueles tempos o seu róseo quadro:

---

* Edward Heath (1916-2005) foi primeiro-ministro do Reino Unido entre 1970 e 1974. (N. E.)

** No original, "dollops thrown in". (N. E.)

As multinacionais estão em busca da globalização plena [...] "Isso é definitivamente o bebê de Trotman", disse uma fonte americana. "Ele tem uma visão do futuro, segundo a qual, para ser um vencedor global, a Ford deve ser uma corporação verdadeiramente global." Conforme Trotman declarou a *The Sunday Times* em outubro de 1993, "como a competição automotiva se torna mais global ao entrarmos no próximo século, a pressão para descobrir *economias de escala* será cada vez maior. Se, ao invés de fazer dois motores de 500 mil unidades cada um, pudermos fazer um milhão de unidades, então os custos são muito mais baixos. Em última análise, haverá um punhado de atores globais e o resto não estará ali ou estarão lutando para sobreviver". Trotman e seus colegas concluíram que a plena globalização é o caminho para bater competidores como os japoneses e, na Europa, o arquirrival da Ford, a General Motors, em relação à qual possui uma desvantagem de custo. A Ford também acredita que precisa da globalização para se capitalizar em mercados emergentes no Extremo Oriente e na América Latina.[9]

Portanto, a "única" coisa de que Alex Trotman – o britânico que era presidente da Ford Corporation à época – se esqueceu de considerar, mesmo com sua impecável qualificação aritmética de distinguir entre 500 mil e 1 milhão, foi: o que acontece quando *não se pode vender* 1 milhão (e muitas vezes mais) motores de carros, apesar da estrategicamente contemplada e desfrutada vantagem de custo. No caso da Ford Corporation, mesmo a maciça *taxa de exploração diferencial* que a companhia podia impor à escala mundial como enorme companhia transnacional – isto é, pagar por exatamente o mesmo trabalho 25 vezes menos aos trabalhadores da Ford Philippines Corporation, por exemplo, do que à sua força de trabalho nos Estados Unidos da América –, mesmo essa vantagem inquestionável não podia ser considerada suficiente para assegurar uma saída dessa contradição fundamental.

É aqui que estamos hoje, não só no caso da humilhada Ford Corporation como também no da General Motors, independentemente da sua vantagem de custo outrora profundamente invejada até pela Ford Corporation dos Estados Unidos.

Ao falar sobre um acordo recentemente estabelecido que proporciona subsídios do Estado americano às companhias gigantes de automóveis do país, eis como a infeliz situação atual da indústria automobilística estadunidense é descrita num dos últimos números de *The Economist*: "O acordo significa que as companhias de automóveis – abençoadas com a garantia do governo – deveriam obter empréstimos com uma taxa de juro de cerca de 5% em vez dos 15% que enfrentariam no mercado aberto nas condições de hoje"[10].

Contudo, nenhum subsídio de qualquer espécie pode ser considerado suficientemente satisfatório, porque as Três Grandes – General Motors, Ford e Chrysler – estão à beira da bancarrota, não obstante o fato de o bebê do sonho de Trotsman ser agora um adolescente plenamente desenvolvido. Portanto, *The Economist* deve admitir que

---

[9] Andrew Lorenz e Jeff Randall, "Ford prepares for global revolution", *The Sunday Times* (Londres), 27/3/1994, seção 3, p. 1. Citado em István Mészáros, *Para além do capital: rumo a uma teoria da transição* (São Paulo, Boitempo, 2002), p. 243.

[10] "A bail-out that passed. In the slipstream of Wall Street's woes, the Big Three land a huge subsidy", *The Economist* (Londres), 4/10/2008, p. 82.

A partir do momento em que subsídios industriais como esse começam a fluir, é difícil interrompê-los. Um estudo recente do Cato Institute, um *think-tank* de extrema-direita, descobriu que o governo federal gastou cerca de US$ 92 bilhões subsidiando negócios só em 2006. Deste total, apenas US$ 21 bilhões foram para agricultores, grande parte do resto foi para empresas como a Boeing, a IBM e a General Electric na forma de apoio de crédito à exportação e vários subsídios de pesquisa.

As Três Grandes já se queixam de que levará tempo demais para repartir o dinheiro [do Estado] e querem acelerar o processo. Também almejam outros US$ 25 bilhões, possivelmente ligados à segunda versão da lei de resgate de Wall Street. A lógica do salvamento de Wall Street é que as finanças servem de base para tudo. Detroit não pode começar a fazer tal reivindicação. Mas, se o seu *lobby* tiver êxito, será que demorará muito para que companhias de aviação aflitas e retalhistas fracassados se juntem à fila?[11]

A imensa expansão especulativa do aventureirismo financeiro – sobretudo nas últimas três ou quatro décadas – é naturalmente inseparável do *aprofundamento da crise dos ramos produtivos da indústria*, assim como das resultantes perturbações que surgem com a absolutamente letárgica acumulação de capital (na verdade, acumulação fracassada) no campo produtivo da atividade econômica. Agora, inevitavelmente, também no domínio da produção industrial a crise está ficando muito pior.

Naturalmente, a consequência necessária da crise sempre em aprofundamento nos ramos produtivos da "economia real" – como eles agora começam a chamá-la contrastando a economia produtiva com o aventureirismo especulativo financeiro – é o crescimento do desemprego por toda parte numa escala assustadora, e a miséria humana a ele associada. Esperar uma solução feliz para esses problemas vinda das operações de resgate do Estado capitalista seria uma grande ilusão.

É nesse contexto que os nossos políticos deveriam realmente começar a prestar atenção à afirmada "importante lição da história", em vez de "distribuir grandes blocos de dinheiro público" sob a pretensa "lição da história". Pois como resultado do desenvolvimento histórico sob a regra do capital na sua crise estrutural, na nossa própria época atingimos o ponto em que devemos ser submetidos ao impacto destrutivo de uma *simbiose* entre a estrutura legislativa do Estado da nossa sociedade e o material produtivo, bem como da dimensão financeira da ordem reprodutiva societária estabelecida.

É compreensível que aquele relacionamento simbiótico pode ser – e isso ocorre com frequência – administrado com práticas absolutamente corruptas pelas personificações privilegiadas do capital, tanto nos negócios como na política. Mas não importa quão corruptas possam ser tais práticas, elas estão plenamente em sintonia com os *contravalores institucionalizados* da ordem estabelecida. E – dentro da estrutura da simbiose prevalecente entre o campo econômico e as práticas políticas dominantes – são legalmente bastante permissíveis, graças ao mais dúbio e, muitas vezes mesmo evidente, antidemocrático papel facilitador da *selva legislativa impenetrável* proporcionada pelo Estado também no domínio financeiro.

---

[11] Ibidem, p. 83.

A *fraudulência,* numa grande variedade das suas formas práticas, é a *normalidade do capital.* As suas manifestações extremamente destrutivas não estão de modo algum confinadas à operação do complexo militar-industrial. Nessa altura o papel direto do Estado capitalista no mundo parasitário das finanças é não só fundamentalmente importante – em vista da sua grandeza que tudo permeia, como tivemos de descobrir com chocante clareza durante as últimas semanas –, mas também potencialmente catastrófico.

O fato embaraçoso é que companhias hipotecárias gigantes dos EUA, como a Fannie Mae e a Freddie Mac, foram corruptamente apoiadas e abastecidas, de forma generosa com garantias altamente lucrativas, mas totalmente imerecidas, pela *selva legislativa* do Estado americano em primeiro lugar, bem como por meio de serviços pessoais de corrupção política impune. Na verdade, a cada vez mais densa selva legislativa do Estado capitalista passa a ser o legitimador "democrático" da *fraudulência institucionalizada* nas nossas sociedades. Os editores e jornalistas de *The Economist* estão de fato perfeitamente familiarizados com as práticas corruptas, pelas quais as companhias hipotecárias gigantes norte-americanas receberam do Estado tratamento descaradamente preferencial [aqui cito *The Economist*]:

> [...] permitiu à Fannie e ao Freddie operarem com *minúsculas quantias de capital.* Os dois grupos possuíam um *core capital*** (como definido pelo seu regulador) de US$ 83,2 bilhões no fim de 2007; isso suportava *US$ 5,2 trilhões* de dívidas e garantias, uma *taxa de alavancagem* de 65 para 1 [!!!]. Segundo a CreditSights, um grupo de investigação, a Fannie e o Freddie foram contrapartidas em transações com derivativos – relacionadas com as suas *atividades de hedging* – cujos valores eram de US$ 2,3 trilhões. Nunca seria permitido a um banco privado ter um balanço tão altamente alavancado[12], nem isso o *qualificaria para a máxima classificação de crédito AAA.* [...] Eles utilizaram o seu *financiamento barato* na compra de ativos de rendimento mais alto.[13]
>
> [Além disso,] com tanto em jogo, não é de admirar que as companhias tenham construído uma formidável máquina de *lobby. Foram dados empregos a ex-políticos.* Os críticos podiam esperar chumbo grosso. As companhias não temiam morder as mãos que as alimentavam.[14]

Não temer "morder as mãos que as alimentavam" refere-se, naturalmente, ao corpo legislativo do Estado americano. Mas por que deveriam ter medo? Pois companhias tão gigantescas constituem uma *simbiose total* com o Estado capitalista. Isso é um relacionamento que corruptamente se reafirma também em termos do pessoal envolvido, por meio do ato de *contratar políticos* que poderiam servi-las preferencialmente, com uma impressionante "taxa de alavancagem de 65 para 1" e a associada *classificação de crédito AAA*, mesmo de acordo com a relutante confissão de *The Economist*.

---

* Core capital se refere ao valor efetivamente aplicado pelos acionistas na instituição. (N. E.)

[12] O Lehman Brothers, um dos principais *private merchant banks*, tem um taxa de alavancagem de 30 para 1. Isso é bastante ruim.

[13] "Fannie Mae and Freddie Mac: end of illusions", *The Economist* (Londres), 19/7/2008, p. 84.

[14] "A brief family history: toxic fudge", *The Economist* (Londres), 19/7/2008, p. 84.

4. A inadimplência dos EUA não é impensável

A gravidade da presente situação é sublinhada de um modo característico pela circunstância relatada nessas palavras por *The Economist*: "*traders* no mercado de *credit-default swaps* recentemente começaram a fazer *apostas sobre o impensável: que a América pode não honrar a sua dívida*"[15]. Naturalmente, os referidos *traders* reagem mesmo a eventos de tal caráter e gravidade como os que experimentamos hoje da única maneira possível: a espremer lucro disso.

O grande problema para o sistema capitalista global é, contudo, que *a possibilidade de a América não honrar seus compromissos não é de todo impensável*. Pelo contrário, é – e tem sido há muito – uma certeza que se aproxima. Foi por isso que escrevi há muitos anos (em 1995, para ser preciso) que:

> Num mundo de enorme *insegurança* financeira, nada se ajusta melhor à prática de apostar quantias astronômicas e criminosamente sem garantias nas bolsas de valores do mundo – fazendo prever um terremoto de magnitude 9 ou 10 na escala Richter financeira – do que dar o nome de "gerência de valores (securities)" às empresas que se aplicam a esse jogo; fato cuja importância foi marcada pela morte do Barings Securities. [...] Exatamente quando, e em que forma – pois muitas são as formas, todas mais ou menos diretamente brutais –, os Estados Unidos irão deixar de honrar sua dívida astronômica, hoje ainda não é possível prever. Há somente duas certezas: a primeira é a de que a inevitabilidade da inadimplência americana vai afetar a vida de todos neste planeta; a segunda, de que a posição hegemônica dos Estados Unidos continuará a ser afirmada de todas as formas possíveis, forçando o mundo todo a pagar a dívida americana enquanto tiver condições de fazê-lo.[16]

O agravante da realidade hoje é que o resto do mundo tem cada vez mais dificuldades para preencher o "buraco negro" produzido numa escala sempre crescente pelo insaciável apetite dos Estados Unidos por financiamento da dívida – mesmo com a maciça contribuição chinesa, historicamente irônica, para a balança do Tesouro norte-americano –, como demonstrado pelas repercussões globais da recente crise hipotecária e bancária norte-americana. Essa circunstância traz para muito mais perto o necessário calote dos Estados Unidos, cuja escala pode ser mais ou menos brutal.

A verdade dessa matéria perturbante é que pode não haver caminho de volta para essas contradições essencialmente suicidas – contradições que são inseparáveis do *imperativo da infindável expansão do capital a todo custo*, confundido de forma arbitrária e mistificadora com *crescimento como tal* – sem a mudança radical do nosso modo de reprodução sociometabólica. Transformação que deve ser feita por meio da adoção de práticas responsáveis e racionais necessárias para a única economia viável[17], orientada pela necessidade humana, ao invés do alienante, desumanizante e degradante lucro.

---

[15] "Fannie Mae and Freddie Mac: end of illusions", *The Economist* (Londres), 19/7/2008, p. 85.

[16] István Mészáros, "A crise atual", em *Para além do capital*, cit., p. 1092-3.

[17] Ver, a esse respeito, István Mészáros, "Crescimento qualitativo em utilização: a única economia viável", em *O desafio e o fardo do tempo histórico* (São Paulo, Boitempo, 2007), p. 244-61.

É aqui que deve ser confrontado o obstáculo esmagador das interdeterminações em causa própria do capital, não importa quão difícil isso deva ser sob as condições atuais. Pois a necessária adoção e o apropriado desenvolvimento futuro da única economia viável são inconcebíveis sem a transformação radical das próprias ordens socioeconômica e política estabelecidas.

Gordon Brown recentemente exprimiu o seu desgosto pelo *"capitalismo sem rédeas"*, em nome de uma nada especificada *"regulação"*. Você pode recordar que Gorbachev, também, queria uma espécie de capitalismo regulado, sob o nome de "socialismo de mercado", e também deve saber o que lhe aconteceu e à sua grotesca fantasia. Por outro lado, na expressão do primeiro-ministro conservador britânico Edward Heath, há muito tempo, o mesmo pecado do "capitalismo sem restrições" era "a face inaceitável do capitalismo". E apesar disso, o "capitalismo sem rédeas", apesar da sua "face inaceitável", permaneceu todas essas décadas não só "aceitável" como – no decorrer do seu novo desenvolvimento – tornou-se muito pior. Pois a causa fundamental dos nossos problemas cada vez mais sérios não é a "face inaceitável do capitalismo desregulamentado", mas sim a sua *substância destrutiva*. É aquela substância opressora que *deve resistir e anular* todos os esforços destinados a restringir o sistema do capital, mesmo minimamente – como, de fato, se verificou na forma pela qual houve a metamorfose, na Grã-Bretanha, do [partido] socialdemocrata Velho Trabalhismo no neoliberal Novo Trabalhismo. Como consequência, a fantasia renovada periodicamente de *regular o capitalismo* de um modo estruturalmente significativo só pode resultar numa tentativa de dar nós nos ventos.

Mas a última coisa de que hoje precisamos é continuar a dar nós nos ventos, quando temos de enfrentar a gravidade da *crise estrutural* do capital, a qual exige a instituição de uma *mudança sistêmica* radical. É revelador do caráter incorrigível do sistema do capital que, mesmo num momento como este – quando a imensa grandeza da crise em desenvolvimento já não pode ser negada pelos mais devotos apologistas *ex officio* do sistema, uma crise descrita há poucos dias por ninguém menos que o vice-governador do Banco da Inglaterra como a maior crise econômica em toda a história humana –, nada possa ser considerado, para não dizer realmente feito, a fim de mudar os defeitos fundamentais de uma ordem socorreprodutiva cada vez mais destrutiva por parte daqueles que controlam as alavancas econômicas e políticas da nossa sociedade.

Em contraste com a recente iluminação do seu próprio vice, o presidente do Banco da Inglaterra, Mervyn King, não tinha quaisquer reservas sobre a saúde do apreciado sistema capitalista, nem teria como antecipar minimamente uma crise quando louvou aos céus o livro de Martin Wolf, apologético do capital, com o seu assertivo título autocomplacente e peremptório: *Por que a globalização funciona*. Ele considerou aquele livro "uma devastadora crítica intelectual aos oponentes da globalização" e uma "civilizada, sábia e otimista visão do nosso futuro econômico e político"[18]. Agora, no entanto, todos são forçados a terem pelo menos alguma preocupação sobre a verdadeira natureza e as necessárias consequências destrutivas da globalização *capitalista*, saudada de forma dogmática.

---

[18] Texto de orelha escrito por Mervyn King para Martin Wolf, *Why Globalization Works* (Londres, Universidade Yale, 2004). [Ed. port.: *Por que a globalização funciona*, Lisboa, Dom Quixote, 2008.]

Naturalmente, a minha própria atitude em relação ao livro de Wolf foi bem diferente da de Mervyn King e de outros que partilhavam os mesmos interesses. À época da sua publicação, em 2004, comentei que

> o autor, que é o principal comentarista econômico do *Financial Times* de Londres, esquece-se de fazer a pergunta realmente importante: *Ela funciona para quem?* Se é que funciona. Certamente funciona, por enquanto (mas não tão bem), para os tomadores de decisão do capital transnacional, e não para a esmagadora maioria da humanidade, que tem de sofrer as consequências. E nenhuma *integração jurisdicional* advogada pelo autor – isto é, em linguagem direta, o maior controle direto sobre um deplorável "grande número de Estados" por parte de umas poucas potências imperialistas, especialmente a maior delas – vai conseguir remediar a situação. Na realidade, a globalização do capital não funciona nem pode funcionar. Pois não consegue superar as contradições irreconciliáveis e os antagonismos que se manifestam na crise estrutural global do sistema. A própria globalização capitalista é uma manifestação contraditória dessa crise, tentando subverter a relação *causa/efeito*, na vã tentativa de curar alguns efeitos negativos mediante outros *efeitos ilusoriamente desejáveis*, porque é estruturalmente incapaz de se dirigir às suas *causas*.[19]

Nesse sentido, as recentes tentativas de conter os sintomas da crise que se intensificam pela nacionalização – camuflada de forma cínica – de grandezas astronômicas da bancarrota capitalista, por meio dos recursos do Estado ainda a serem inventados, só cumprem o papel de sublinhar as determinações causais antagônicas profundamente enraizadas da destrutividade do sistema capitalista. Pois o que está fundamentalmente em causa hoje não é apenas uma crise financeira maciça, mas o potencial de autodestruição da humanidade no atual momento do desenvolvimento histórico, tanto militarmente como por meio da destruição em curso da natureza.

Apesar da manipulação combinada das taxas de juro e das recentes e ocas reuniões de cúpula dos países capitalistas dominantes, nenhum resultado foi alcançado de forma duradoura com o "lançamento de gigantescas quantias" no buraco sem fundo do "esmagado" mercado financeiro global. A *resposta global abrangente para o fosso da confiança*, como o desejo projetado por *The Economist* e seus mestres, pertence ao mundo da (não tão pura) fantasia. Pois um dos maiores fracassos históricos do capital, como o modo de controle social metabólico há muito estabelecido, é a contínua predominância dos *Estados-nação* potencialmente mais agressivos, e a impossibilidade de instituir *o Estado do sistema do capital como tal* a partir dos antagonismos estruturalmente arraigados do sistema do capital.

Imaginar que dentro da estrutura de tais determinações causais antagônicas possa ser encontrada uma solução harmoniosa permanente para o aprofundamento da crise estrutural de um injusto sistema de produção e de troca – o qual está agora empenhado ativamente em produzir uma crise alimentar global, por cima de todas as suas outras

---

[19] István Mészáros, *A educação para além do capital* (2. ed., São Paulo, Boitempo, 2002), p. 75-6. Ver também o capítulo "Por que a globalização capitalista não pode funcionar?", no meu livro *O desafio e o fardo do tempo histórico* (São Paulo, Boitempo, 2007), p. 331-46.

contradições gritantes, incluindo a sempre mais difusa destruição da natureza –, sem mesmo tentar remediar suas miseráveis desigualdades, é a pior espécie de pensamento ilusório e beira à irracionalidade total. Pois, de forma paradoxal, ele quer reter a ordem existente apesar dos seus antagonismos e das suas necessárias injustiças explosivas. E a chamada "integração jurisdicional dos demais Estados" sob o controle de uns poucos autoindicados, ou mesmo apenas um, como defendido por alguns apologistas do capital, pode apenas sugerir a – tão paradoxal quanto – permanência da potencialmente suicida dominação imperialista global.

Eis porque Marx é mais relevante hoje do que alguma vez já o foi. Pois apenas uma *mudança sistêmica* radical pode proporcionar a esperança historicamente sustentável e a solução para o futuro.

II
A CRISE ATUAL*

1. Surpreendentes admissões

Vejamos, como ponto de partida, três declarações, bastante surpreendentes, feitas por algumas conhecidas personalidades públicas britânicas.

A primeira delas afirmava:

> Estamos à beira da crise econômica – uma crise cujas consequências sociais e políticas mal começamos a vislumbrar. Estamos diante de um declínio contínuo – e em seu rastro teremos a decadência social e política, e talvez mesmo a própria democracia lutando para sobreviver.[1]

A segunda alertava que a soma imensa de dinheiro que os Estados Unidos empregam anualmente com a Defesa "criava sérios problemas", acrescentando:

> Tais gastos são efetuados em grande medida em um só mercado, que é talvez o mais protegido da aliança – por regulamentos sobre transferência de tecnologia, leis protecionistas norte-americanas, controles extraterritoriais [...] coordenados pelo Pentágono e protegidos pelo Congresso. São canalizados para as maiores e mais ricas empresas do mundo. São irresistíveis e, se não forem contidos, abrirão caminho num setor após outro das tecnologias avançadas do mundo [...] A forma como a reconstrução da Westland PLC foi efetivada levantou problemas sérios quanto às compras na área militar e ao futuro da Grã-Bretanha como país tecnologicamente avançado.[2]

---

* Texto publicado pela primeira vez em *Beyond Capital: Towards a Theory of Transition* (Londres, Merlin, 1995), p. 952-63. [Ed. bras.: *Para além do capital: rumo a uma teoria da transição,* trad. Paulo Cezar Castanheira e Sérgio Lessa, São Paulo, Boitempo, 2002, p. 1079-93.] (N. E.)

[1] *Computer Weekly* (Sutton), 19/12/1985.

[2] Declarações da renúncia de Michael Heseltine, 9/1/1986.

A terceira não era menos dramática. Referia-se à chamada "Iniciativa de Defesa Estratégica" (SDI), do presidente Ronald Reagan, e protestava contra as suas implicações negativas para a indústria britânica:

> Somos atraídos com migalhas. A Europa deve se cuidar para que a participação no programa de pesquisa norte-americano "Guerra nas Estrelas" não signifique receber um cavalo de Troia.[3]

O espantoso nisso tudo não é que as declarações tenham sido feitas, mas o vínculo político e social das pessoas que as fizeram. A primeira advertência veio de Edwin Nixon, presidente da IBM no Reino Unido. O segundo alerta tampouco foi expresso por um "ardente revolucionário" ou mesmo por algum defensor da causa da "esquerda moderada". Ao contrário, foi feito por ninguém menos que o ex-secretário de Estado para a Defesa da Grã-Bretanha, o *tory** Michael Heseltine, que, na tentativa de justificar sua renúncia, acabou criando uma razoável confusão política por conta da pretensa neutralidade (e do efetivo apoio) do governo às corporações transnacionais norte-americanas contra o Consórcio Europeu. Finalmente, a terceira declaração é de Paddy Ashdown, deputado do Partido Liberal por Yeovil, o mesmo que defendeu clamorosamente o bem-sucedido lance norte-americano pelo controle da empresa de helicópteros Westland, alvo do protesto de Heseltine.

A questão é que o capitalismo experimenta hoje uma profunda crise, impossível de ser negada por mais tempo, mesmo por seus porta-vozes e beneficiários. Nem se deve imaginar que o capital dos Estados Unidos seja menos afetado que os da Grã-Bretanha e da Europa. O vice-presidente de pesquisa da IBM afirmava recentemente, com um claro toque de ironia, que o tão profetizado efeito de "irrigação tecnológica" – em nome do qual os acordos de defesa proibitivamente dispendiosos e onerados pela corrupção, foram entusiasticamente defendidos por muitos e aprovados por parlamentos e governos no passado – revelou-se não mais que um mero "pinga-pinga"[4]. De fato, a situação global é na realidade muito mais séria do que a não materialização dos prometidos benefícios paralelos aos gastos militares poderia, por si só, sugerir. Há quase duas décadas, eu defendia que o resultado necessário das intervenções estatais a serviço da expansão do capital – não importa o grau de sua generosidade – estava destinado a ser

> [...] não apenas o crescimento cancerígeno de setores improdutivos da indústria no interior da estrutura global da produção do capital, mas – igualmente importante – a grave distorção da estrutura capitalista de custos sob o impacto de contratos realizados sob a justificativa ideológica de que eram "vitais para o interesse nacional". E uma vez que o capitalismo atual constitui um sistema fortemente independente, as consequências devastadoras dessa distorção estrutural emergem em numerosos setores e ramos da indústria, e não apenas naqueles diretamente envolvidos na execução dos contratos militares. Os fatos notórios de que os custos originais previstos nesses contratos "inflam" descontroladamente e de que as comissões designadas pelos governos para "investigar" o problema não produzem resultados (isto é, outros

---

[3] *Computer Weekly* (Sutton), 13/6/1985.
* Membro do partido conservador britânico. (N. E.)
[4] Citado em Mary Kaldor, "Towards a High-Tech Europe?", *New Socialist* (Toronto), n. 35, fev. 1986, p. 10.

resultados que não o encobrimento de operações passadas, conjugados com generosas justificativas para futuros dispêndios) encontram sua explicação nas necessidades imanentes dessa estrutura distorcida de produção e contabilidade capitalistas, com as mais graves implicações para o futuro.[5]

Relatórios recentes confirmam amplamente que, em vez da tão propagada bonança comercial gerada pela via tecnológica, uma significativa deterioração da competitividade resultou na distorção da estrutura de custos ocasionada pelos gastos militares, tanto na Europa como nos Estados Unidos. Pois, "à medida que a tecnologia militar torna-se mais e mais complexa, dispendiosa, ágil e misteriosa, ela se afasta cada vez mais de possíveis aplicações civis"[6].

Dessa maneira, entre as mais importantes desvantagens salientadas por um recente relatório sobre pesquisa e desenvolvimento em informática (emitido pelo Departamento para Tributação Tecnológica do Congresso dos Estados Unidos), encontramos:

> classificações de segurança que tendem a retardar o avanço em tecnologia, rígidas especificações técnicas para aquisições militares com utilidade limitada em aplicações comerciais; e o "consumo" de limitados e valiosos recursos científicos e de engenharia para propósitos militares, que podem inibir desenvolvimentos comerciais.[7]

Em outros termos, a intervenção estatal direta no processo de reprodução capitalista fracassa, em todos os sentidos, constrangendo o curso do desenvolvimento econômico civil – e não apenas com suas regras políticas/administrativas secretas. Também produz sérios problemas palpáveis, em termos econômicos, ao gerar especificações técnicas absurdas (por exemplo, o assento sanitário à prova de explosão nuclear, que sobrevive à incineração de seu ocupante) e práticas produtivas de engenharia comercialmente inúteis a elas correspondentes. Ao mesmo tempo, além disso, defrontamo-nos com a extrema *tecnologização da ciência* que coloca numa camisa de força suas potencialidades produti-

---

[5] István Mészáros, "A necessidade do controle social", em *Para além do capital*, cit., p. 983-1011.
[6] Mary Kaldor, "Towards a High-Tech Europe?", cit., p. 11. A autora oferece alguns exemplos reveladores: "As indústrias elétricas são um caso interessante porque esse setor tem mercados tanto militares quanto comerciais. É possível, por exemplo, comparar a parcela da Pesquisa & Desenvolvimento (P&D), financiada pelo governo (predominantemente vinculada à defesa, exceto na Alemanha Ocidental), no conjunto das indústrias elétricas, e a competitividade em maquinário para escritórios e computadores, componentes eletrônicos e maquinário elétrico. Com exceção de maquinário para escritório e computadores, setores em que o amplo mercado militar torna os Estados Unidos competitivo, a relação inversa entre a P&D em defesa e competitividade é bastante nítida. Outro caso significativo são os produtos químicos. O único setor de alta tecnologia no qual o Reino Unido é competitivo, na definição da Organização de Cooperação e Desenvolvimento Econômico [OCDE] é o da indústria farmacêutica. Trata-se de uma área em que a P&D militar e sua influência tem pouca importância. A preocupação com a declinante competitividade na indústria estimulou uma série de relatórios oficiais, tanto na Grã-Bretanha quanto nos Estados Unidos. No primeiro país, dois relatórios, um do Comitê Especial para Ciência e Tecnologia da Câmara dos Lordes, o outro de autoria de Ieuan Massocks, em nome do Conselho Nacional de Desenvolvimento Econômico, argumentaram que o alto nível de P&D em defesa é a razão maior para o fracasso da Grã-Bretanha na exploração da ciência e da tecnologia de forma suficiente para incrementar a competitividade da indústria britânica".
[7] Idem.

vas, mesmo em termos econômicos de consumo estritamente capitalistas, beneficiando propósitos militares completamente perdulários.

2. Declaração da hegemonia dos Estados Unidos

As consequências negativas de tal deterioração da competitividade são inevitáveis. Já estão visíveis na intensificação das contradições das relações de comércio internacionais e nas medidas adotadas pelo mais poderoso país capitalista, no sentido de reafirmar, de uma forma abertamente agressiva, o seu longo e incontestado predomínio no interior da aliança ocidental. Para dar alguns exemplos de fundamental importância:

2.1 Extraterritorialidade

Esse tema veio à luz nos debates parlamentares em meados de 1985. Uma vez que afetava negativamente vários setores do capital britânico, podia ser assumido por todos os matizes de opinião do espectro parlamentar.

O parlamentar liberal Paddy Ashdown reclamou que "as tentativas dos Estados Unidos de controlar a exportação de sistemas de alta tecnologia podiam destruir a indústria de computação do Reino Unido". Ele alegou também que o Regulamento de Controle da Exportação de Bens dos Estados Unidos introduziria "uma série de limitações à exportação potencialmente fatais, impostas sob injunção do Pentágono e sem a adequada consulta a qualquer uma das indústrias afetadas no Reino Unido". Além disso, Ashdown afirmou que os Estados Unidos estavam modificando a lei em questão, pensando em seu benefício comercial, para esmagar a competição das empresas do Reino Unido, alegando que 500 mil empregos já tinham sido perdidos na Europa em decorrência disso.

Em resposta às declarações de Ashdown, o procurador-geral britânico, Michaels Havers (conservador)*, descreveu as tentativas de controle dos Estados Unidos como uma "intromissão injustificada na jurisdição do Reino Unido, *contrária ao direito internacional*"[8]. Ironicamente, no entanto, no início de 1987, o governo britânico capitulou de forma humilhante na questão, aceitando a "intromissão injustificada na jurisdição do Reino Unido", antes retoricamente condenada. Conferiu aos inspetores de comércio dos Estados Unidos o direito de examinar os livros das companhias industriais britânicas que usavam componentes norte-americanos de alta tecnologia, apesar dos protestos das empresas do Reino Unido, que temiam que a informação assim obtida de seus registros pudesse prejudicá-las.

O diretor de planejamento estratégico da Plessey, John Saunders, comentou que os livros da empresa continham informações que podiam ser úteis a seus concorrentes nos Estados Unidos. Ao mesmo tempo, o parlamentar liberal Michael Meadowcroft protestava que a soberania inglesa era violada por essa ação. "É uma interferência monstruosa"[9], disse ele.

---

* Michael Havers foi procurador-geral entre 1979 e 1987, durante a gestão de Margaret Thatcher. (N. E.)
[8] *Computer Weekly* (Sutton), 18/7/1985.
[9] Ibidem, 19/2/1987.

Naturalmente, o Partido Trabalhista também entrou nos debates. O parlamentar trabalhista Michael Meacher reclamou que o governo sacrificava os interesses do Reino Unido, "em sua total incapacidade para proteger as companhias britânicas que se viam vítimas da dominação e interferência injustas dos Estados Unidos". Sugeriu que o tema da soberania fosse um ponto-chave na eleição geral de 1987[10].

2.2 Vantagem industrial do sigilo militar

Duas questões se destacam a esse respeito.

A primeira, sob a organização do Coordinating Committee for Multilateral Export Controls (Cocom)* — arquitetada pelo "falcão" do Pentágono, Richard Perle —, está relacionada à imposição de severas restrições de exportação aos países europeus ocidentais, com nítida vantagem para as empresas norte-americanas.

A segunda foi focalizada mais recentemente, junto com a chamada Iniciativa de Defesa Estratégica (SDI). Muitos cientistas e especialistas britânicos em computação protestaram contra o conjunto dessa iniciativa e a maneira como foi tratada pelo governo. Richard Ennals, do Imperial College, ex-diretor de pesquisa do projeto Alvey (denominado a partir do nome do autor de um relatório patrocinado pelo governo), foi o primeiro cientista do Reino Unido a se demitir em razão do problema.

Ele comentou energicamente: "A SDI está sugando tecnologia britânica para exploração industrial nos Estados Unidos"[11]. Desse modo, não foi surpreendente que seu livro — no qual desenvolvia suas críticas mais extensamente — tenha tido sua edição suspensa poucos dias antes da publicação por seus próprios editores. (É fácil imaginar de quais áreas veio a pressão que impediu a comercialização do livro.)

Além disso, a atitude para com a SDI foi motivo de séria preocupação, ainda em certos círculos governamentais europeus. Noticiou-se que:

> A Comissão Europeia está alertando os governos do Mercado Comum que a participação europeia no programa norte-americano Guerra nas Estrelas poderia prejudicar a integridade dos programas de pesquisa pan-europeus, como o Esprit e projetos domésticos, como o Alvey. A comissão enviou uma carta confidencial aos dez governos-membros, antes da reunião de cúpula do Mercado Comum em Milão, advertindo que a participação na iniciativa de defesa espacial pode ser muito prejudicial à indústria de alta tecnologia. A carta alerta que a participação europeia na pesquisa do projeto Guerra nas Estrelas dispersaria os esforços de pesquisa europeus. Além de ameaçar o Alvey e o Esprit, poderia diminuir seriamente a pesquisa global europeia,

---

[10] Ver o editorial de *Computer Weekly* (Sutton), intitulado "Blame Reagan, not U.S. Trade" [Culpem Reagan, não o comércio norte-americano]. As ilusões congênitas da posição liberal são bem ilustradas pelo próprio título desse texto. Como se a administração dos Estados Unidos pudesse estar divorciada ou oposta aos interesses do comércio dos Estados Unidos.

* O Comitê de Coordenação para o Controle das Exportações Multilaterais foi criado em 1949 com o objetivo de coibir a transferência de tecnologias, sobretudo militares, para os países do eixo comunista. Chegou a reunir 17 nações capitalistas, entre elas as mais industrializadas, e foi extinto em 1994. (N. E.)

[11] *Computer Weekly* (Sutton), 16/1/1986.

reforçando as limitações que já estão sendo unilateralmente impostas pelos Estados Unidos à pesquisa de alta tecnologia na Europa.[12]

Independentemente do que poderia ou não ser feito na atualidade por parte dos governos europeus particulares com relação a tais preocupações, é impossível ignorar a severidade das contradições subjacentes.

2.3 Pressões comerciais diretas exercidas pelo Legislativo e pelo Executivo dos Estados Unidos

Alguns exemplos recentes incluem a ameaça da *guerra de tarifas agrícolas* pela administração Reagan – frente à qual os governos da Comunidade Econômica Europeia ao final capitularam – e o projeto do ônibus espacial europeu, em relação ao qual se recusaram a capitular, até esta data. O conflito com o Japão também se intensificou, como recentemente ficou salientado pelo voto unânime do Senado norte-americano, que exigiu medidas protecionistas mais fortes contra o Japão, devidamente acompanhadas pela aplicação de algumas tarifas punitivas.

Mas, para muito além desses confrontos particulares (que por si próprios são bastante significativos), há a perspectiva de abandono completo do quadro de referência do Gatt [Acordo Geral de Tarifas e Comércio] como regulador institucional de acordos tarifários entre os Estados Unidos e a Europa. Podemos perceber, hoje, nos Estados Unidos, uma pressão crescente no sentido de escapar desses reguladores multilaterais de intercâmbio comercial pela adoção de acordos de comércio estritamente *bilaterais*, por meio dos quais o lado norte-americano, incomparavelmente mais poderoso, poderia ditar as condições aos concorrentes europeus, muito menores e mais frágeis se tomados de forma isolada. Com efeito, as relações de comércio bilaterais – por sua própria natureza – sempre favorecem a parte mais forte envolvida em tais contratos, acentuando sua vantagem relativa de várias formas.

Saber se as pressões crescentes no sentido de minar ou abandonar o Gatt – bem como de ações similares voltadas a outros mecanismos de regulação – acabarão ou não por prevalecer num futuro não muito distante; é até aqui uma questão em aberto. O que, no entanto, é altamente significativo, é que a necessidade de uma drástica reestruturação das relações comerciais norte-americanas com o resto do mundo, em bases bilaterais, não está sendo observada com a devida seriedade.

2.4 O problema real da dívida

Há uma enorme discussão a respeito do grave, e hoje obviamente inadministrável, endividamento dos países latino-americanos, bem como em relação às perigosas implicações de tal dívida para o sistema financeiro mundial como um todo. Embora não se possa negar a importância desse tema, deve-se enfatizar que é bastante surpreendente a pouca

---

[12] Ibidem, 13/6/1985.

atenção dada à necessidade de pô-lo em perspectiva. Com efeito, o conjunto da dívida latino-americana, que monta a menos de US$ 350 bilhões (acumulados coletivamente pelos países em questão, através de um período de várias décadas), declina em total insignificância se confrontado com o endividamento dos Estados Unidos – tanto interno quanto externo –, que deve ser contado em trilhões de dólares; isto é, em magnitudes que simplesmente desafiam a imaginação.

O característico, contudo, é que esse tema é na maior parte do tempo mantido fora de cena, graças à conspiração do silêncio das partes interessadas. Como se essas dívidas astronômicas pudessem ser "anotadas no interior da lareira, para que a fuligem cuidasse delas", como diz um provérbio húngaro (referindo-se a pequenas dívidas, contraídas entre amigos íntimos que podem aguentar facilmente tais "calotes"). Todavia, imaginar que essa prática de administração da dívida "pelo método da lareira", quando estão envolvidos trilhões de dólares, possa continuar indefinidamente, ultrapassa os limites de toda credulidade.

Os países europeus parceiros dessas práticas – não menos que o Japão – admitem que estão presos a um sistema de aguda dependência dos mercados norte-americanos e à concomitante "liquidez" gerada pela dívida. Assim, eles se acham em posição muito precária quando se trata de delinear medidas efetivas para controlar o problema real da dívida. Na verdade, são sugados cada vez mais profundamente no sorvedouro dessas determinações contraditórias, por meio das quais "voluntariamente" aumentam sua própria dependência com relação à escalada da dívida norte-americana, com todos os riscos para si próprios, enquanto ajudam a promovê-la e a financiá-la.

Contudo, a partir da existência desse círculo vicioso, não se deve inferir que o sistema capitalista global possa escapar das perigosas implicações dos trilhões dos Estados Unidos que se acumulam no lado errado do balancete. De fato, os limites de tempo nos quais tais práticas podem ser suportadas não seriam difíceis de identificar.

Por certo, os países capitalistas ocidentais – em parte devido às contradições internas de suas próprias economias e em parte devido à sua forte dependência dos mercados financeiros e de bens norte-americanos – continuarão a participar com seus recursos financeiros na salvaguarda da relativa estabilidade da economia dos Estados Unidos e, portanto, do sistema global. Pois o domínio aventureiro do capital financeiro em geral é muito mais a *manifestação* do que a causa de crises econômicas de raízes profundas, ainda que, por sua vez, também contribua fortemente para seu subsequente agravamento. Assim, de forma alguma é acidental a tendência de destruir certas indústrias e de transferir boa parte dos recursos financeiros assim gerados para os Estados Unidos – embora, evidentemente, seja bastante grotesco que a Grã-Bretanha, por exemplo, líder no mundo capitalista em tal processo de "desindustrialização", figure também hoje como um dos principais países credores. Tampouco deve surpreender que, uma vez deslocados os recursos de um país dessa maneira, a pressão para protegê-los do risco de uma desastrosa reação financeira em cadeia e de um colapso último – por meio da transferência de fundos adicionais e da sustentação do dólar pela intervenção manipuladora dos bancos centrais etc. – passe a ser praticamente irresistível.

Apesar disso, só tolos e cegos apologistas negariam que a prática norte-americana vigente de administração da dívida é fundada em terreno muito movediço. Ela se tornará totalmente insustentável quando o resto do mundo (incluindo o "Terceiro Mundo", do qual transferências maciças ainda são extraídas com sucesso, de uma forma ou de outra, todos os anos) não mais estiver em condições de *produzir* os recursos que a economia norte-americana requer, a fim de manter sua própria existência como o "motor" da economia capitalista mundial – perfil que ainda hoje é idealizado.

2.5 O antagonismo político resultante da presença econômica dos Estados Unidos

Em meio a um recente escândalo político, que se seguiu à revelação de negociações secretas do governo com empresas gigantescas dos Estados Unidos, o líder do Partido Trabalhista britânico referia-se a *"mais um ato de colonização* na economia britânica"[13]. Ele conseguiu pleno apoio da imprensa liberal. Um editorial do *The Guardian* protestava:

> Inicialmente foi a United Technologies, negociando para controlar a Westland (e sendo bem--sucedida com o auxílio da manipulação governamental e de transações suspeitas sob o manto do sigilo). Em seguida a General Motors com a Lotus; depois a ameaça de retirar o radar aerotransportado da GEC (que também se tornou depois um fato consumado) e transferi-lo para as mãos da Boeing. Agora a Ford pode comprar a BL, tudo o que resta da indústria automotiva de propriedade britânica. Uma ou duas dessas negociações talvez pudessem ser desculpáveis. Mas tantas, e tão próximas umas das outras, deixam a impressão de que a sra. Thatcher tem tão pouca fé nos fabricantes do Reino Unido, que deseja converter o país num sorvedor terceiro--mundista de produtos multinacionais.[14]

Ironicamente não foi a liderança trabalhista, mas o mesmo editorial do *The Guardian*, que apontou as graves implicações de tais alterações no controle econômico para o âmbito do trabalho. Lembrou a seus leitores a ameaça direta do crescente desemprego como questão de política industrial transnacional – cinicamente exposta pela administração de uma das principais empresas norte-americanas –, acrescentando também à sua preocupação crítica uma advertência sobre as consequências da presença dos Estados Unidos na economia britânica, no que tange ao balanço de pagamentos e ao futuro da indústria em geral:

> O sr. Bob Lutz, presidente da Ford europeia, afirmou recentemente ao *Financial Times*: "Se acharmos que temos instalações de montagem importantes, mas que, independentemente do país em questão, por uma razão ou por outra – talvez por ações governamentais impróprias (*feriados mais longos, semanas de trabalho mais curtas*) ou por *intransigência sindical* – não podem ser competitivas, não nos recusaremos a tomar a decisão de fechá-las".
> A Ford do Reino Unido representa também um sacrifício substancial para a balança de pagamentos, somando 1,3 bilhão de libras em 1983, decorrente (de forma adequada a seus interesses) de importações mais baratas.
> O governo alega não ter uma estratégia industrial. Na prática, por certo, ele a tem. Privatize tudo o que se mova e venda o que puder a compradores estrangeiros. Não é preciso ser um *Little*

---

[13] Registros de debates parlamentares, 4/2/1986.
[14] "Selling off, and shrugging yet again", *The Guardian* (Manchester), 5/2/1986.

Englander [opositor] para perceber que isso é uma abdicação de responsabilidade, que pode tornar o declínio terminal da indústria nesse país uma profecia que se realiza por si mesma.[15]

Mas, por certo, a ironia mais pesada provém da circunstância peculiar de que tudo isso ocorre contra o pano de fundo do maciço endividamento norte-americano.

O senador McGovern, à época de sua campanha pela presidência, assinalou que os Estados Unidos faziam a Guerra do Vietnã com cartão de crédito. Desde então, o capital dos Estados Unidos capacitou-se a perseguir alvos muito maiores em termos financeiros. Sua profunda penetração, não apenas no "Terceiro Mundo", mas também no coração do "capitalismo avançado" do Ocidente, por meio do implacável avanço de seu *imperialismo de cartão de crédito*, aponta para uma importante contradição, que não pode ser encoberta indefinidamente mesmo pelos mais servis "governos amigos" (como o governo conservador de Thatcher, atualmente de plantão na Grã-Bretanha). O número crescente de protestos provenientes dos círculos capitalistas adversamente afetados o testemunha.

A dimensão mais importante e potencialmente mais danosa dessa penetração econômica é que ela está sendo efetuada – com a plena cumplicidade dos mais poderosos setores do capital nos países ocidentais envolvidos – com base num já astronômico e inexoravelmente crescente endividamento dos Estados Unidos, que prenuncia um calote final de magnitude completamente inimaginável.

Porém, mesmo com relação à modalidade das operações financeiras envolvidas, é bastante revelador que as mais importantes passagens de companhias estrangeiras para o controle norte-americano sejam amiúde financiadas por créditos levantados internamente, nos próprios países afetados, desviando muitos recursos necessários a investimentos alternativos para financiar o neoimperialismo americano de cartão de crédito.

Além disso, existe amiúde uma conexão direta com os interesses do complexo militar-industrial e com contratos militares lucrativos – constituindo com frequência a motivação oculta por trás dos negócios relativos ao controle –, que acaba por ser vital para a manutenção da lucratividade das corporações capitalistas dominantes.

Um exemplo característico veio à tona nos debates sobre a negociação secreta entre o governo britânico e a General Motors – que ganhou destaque em razão do escândalo político que se seguiu à sua revelação – referente à British Leyland (divisão de caminhões), bem como à Land Rover.

> No debate parlamentar sobre esse caso, o deputado Alan Williams, um porta-voz trabalhista da indústria, afirmou que as implicações para a defesa, advindas de um controle dos Estados Unidos sobre a Land-Rover, não tinham sido consideradas. Uma subsidiária da Land Rover, denominada Self Change Gear, fornecia componentes para o tanque de combate de fabricação britânica e participava da concorrência por um *contrato de 200 milhões* de libras para o tanque de batalha norte-americano. Sua maior competidora era a General Motors, a quem agora o governo considerava a possibilidade de vendê-la.[16]

---

[15] Idem.
[16] Idem.

A questão aqui é que se as negociações secretas tivessem se materializado – isto é, apresentadas ao público e ao Parlamento pelo governo britânico simplesmente no momento oportuno, da forma usual, como um fato consumado frente ao qual "não há alternativa" –, a General Motors teria adquirido *por absolutamente nada* a divisão de caminhões da British Leyland, além de (e mais importante) sua divisão Land Rover, e, ao mesmo tempo, teria embolsado um belo lucro no ápice de suas aquisições gratuitas, como uma vantagem extra.

Tais práticas, no entanto, só podem gerar conflitos, mesmo em áreas antes insuspeitas, intensificando a pressão por medidas protecionistas. Pressão essa que quando existia, há pouco tempo – à época da fase expansionista do pós-guerra e de seu concomitante consenso –, podia ser seguramente ignorada em vista de sua limitada extensão e de seu caráter apenas subterrâneo. Ameaçadoramente, entretanto, no quadro atual, a pressão protecionista tende a irromper a céu aberto, em todas as áreas importantes das relações interestatais e econômicas capitalistas globais, agravando assim as várias contradições do sistema sobre as quais tenha influência direta ou indireta.

3. Falsas ilusões sobre o "declínio dos Estados Unidos como potência hegemônica"

Seria tentador superestimar a gravidade e a urgência da crise atual e tirar as conclusões precipitadas oferecidas cinco anos atrás em um livro escrito em coautoria por quatro intelectuais de esquerda altamente respeitados, que anunciaram prematuramente "o declínio dos Estados Unidos como potência hegemônica"[17].

Tal visão contradizia diretamente a caracterização de Baran sobre as relações internacionais de poder, alteradas de forma radical no mundo capitalista do pós-guerra, que dizia da "permanente rivalidade entre os países imperialistas, bem como da crescente incapacidade das antigas nações imperialistas para manter seu domínio frente à investida norte-americana, em busca de maior influência e poder"[18]. Além disso, Baran insistia que "a afirmação da supremacia norte-americana no mundo 'livre' implicaria a redução da Grã-Bretanha e da França (sem falar na Bélgica, Holanda e Portugal) à condição de parceiros minoritários do imperialismo norte-americano"[19].

Na realidade, é o diagnóstico de Baran, velho, de mais de três décadas, que suportou o teste do tempo no confronto com os outros, inclusive com aquele muito mais recente texto acima citado. Com efeito, não há como antes nenhum indício sério do ansiosamente antecipado "declínio dos Estados Unidos como potência hegemônica", apesar do aparecimento de numerosos sintomas de crise no sistema global. As contradições que

---

[17] Ver o volume coletivo de Samir Amin, Giovanni Arrighi, Andre Gunder Frank e Immanuel Wallerstein, *Dynamics of Global Crisis* (Londres, Macmillan, 1982).

[18] Paul Baran, *The Political Economy of Growth* (Nova York, Monthly Review Press, 1957), p. 7. [Ed. bras.: *A economia política do desenvolvimento econômico*, Rio de Janeiro, Jorge Zahar, 1960, p. 7.]

[19] Idem. Baran cita na mesma página uma outra passagem das palavras amargamente realistas de *The Economist* (Londres), 17/11/1957: "Precisamos aprender que não somos iguais aos americanos, hoje, e não o podemos ser. Temos o direito de afirmar nossos interesses nacionais mínimos e esperar que eles os respeitem. Mas, feito isso, precisamos buscar sua liderança".

pudemos identificar dizem respeito ao *conjunto* interdependente do sistema do capital global no qual o capital norte-americano ocupa, mantém e, na verdade, continua a fortalecer sua posição dominante de todos os modos, paradoxalmente até mesmo por meio de suas práticas de imperialismo de cartão de crédito – à primeira vista bastante vulneráveis, embora, até o presente momento, implantadas com sucesso e sem muita oposição.

Aqueles que se referem ao alegado declínio dos Estados Unidos como potência hegemônica, atribuindo a isso muito significado, parecem esquecer que tais possibilidades – isto é, as várias formas de impor a astronômica insolvência dos Estados Unidos ao restante do mundo, desconsiderando suas inevitáveis implicações negativas para as outras sociedades capitalistas avançadas – estão disponíveis apenas para um único país, em virtude de seu poder hegemônico praticamente incontestado (e incontestável, exceto no caso de um grande terremoto socioeconômico) no seio do mundo capitalista.

Um conjunto de regras de "boa administração doméstica" é reservado para um único membro do clube do "capitalismo avançado", e um conjunto bastante diferente é imposto a todos os outros, inclusive ao Japão e à Alemanha Ocidental. O que é isso, se não a evidência da persistente supremacia hegemônica dos Estados Unidos? Além disso, mesmo no terreno da *ideologia* podemos observar, no período do pós-guerra e particularmente na última década, um notável *fortalecimento* da hegemonia norte-americana, ao invés de seu *debilitamento* como postula a tese do "fim da hegemonia dos Estados Unidos". E o fato de que essa dominação ideológica seja – numa extensão impossível de negligenciar – materialmente sustentada pela *drenagem de cérebros*, financiada por cartão de crédito, em que os "intelectuais do *jet set* socialista" europeu participam de forma permanente ou em tempo parcial (não menos que seus colegas pesquisadores da área das ciências naturais no domínio da tecnologia), e como *feedback* de tal participação, ajudam ativamente a difundir deste lado do Atlântico não apenas em círculos acadêmicos, mas também entre a liderança dos partidos e sindicatos operários ocidentais, o dominante discurso liberal-burguês americano sobre o assim chamado "socialismo viável", tudo isso apenas acentua a sóbria verdade de que a supremacia econômica é capaz de produzir as formas mais inesperadas de mistificação ideológica.

4. A visão oficial da "expansão sã"

Apesar de tudo, dificilmente seria possível negar que algo de significativamente novo está ocorrendo no sistema em seu conjunto. Sua natureza não pode ser explicada, como foi tentado de início, apenas em termos de uma crise *cíclica* tradicional, uma vez que tanto o âmbito como a duração da crise a que fomos submetidos nas últimas duas décadas superam hoje os limites historicamente conhecidos das crises cíclicas. Tampouco parece plausível atribuir os sintomas identificáveis da crise à assim chamada "*onda longa*": uma ideia que, como hipótese explicativa um tanto misteriosa, foi injetada de forma apologética em debates mais recentes.

À medida que os sintomas de crise se multiplicam e sua severidade é agravada, parece muito mais plausível que o conjunto do sistema esteja se aproximando de certos *limites estruturais* do capital, ainda que seja excessivamente otimista sugerir que o modo de produção capitalista já atingiu seu ponto de não retorno a caminho do colapso. Não obstante, precisamos encarar a perspectiva de complicações muito sérias, quando o calote dos Estados Unidos reverberar na economia global com toda sua força num futuro não muito distante. Afinal, não devemos esquecer que o governo norte-americano já descumpriu – sob a presidência de Richard Nixon – seu compromisso solene relativo à conversibilidade do dólar ao ouro, sem a menor atenção para com o interesse daqueles diretamente atingidos por tal decisão e, de fato, sem a mínima preocupação com as severas implicações de sua ação unilateral para o futuro do sistema monetário internacional. Recentemente, aproximamo-nos de forma significativa do calote norte-americano com o déficit comercial recorde de abril-junho de 1987 no montante de US$ 39,53 bilhões, dos quais US$ 15,71 bilhões representam apenas o mês de junho: outro recorde inigualado. Pois a mera cifra de abril-junho (configurando um total anual de quase 160 bilhões) suplanta a dívida total acumulada da Argentina e do Brasil juntos. Isso para não falar do déficit comercial anual de US$ 188,52 bilhões para o qual rumamos com base nos dados de junho de 1987. Ao mesmo tempo, como se pretendesse sublinhar o total irrealismo das medidas saneadoras adotadas, o

> Robert Heller, diretor da Reserva Federal, disse ontem que a economia dos Estados Unidos está se tornando mais equilibrada, observando que "o que presenciamos é um saudável prosseguimento da expansão econômica em curso".[20]

Se US$ 188,52 bilhões de déficit comercial anual, ao lado de astronômicos déficits orçamentários, podem ser considerados como "saudável prosseguimento da expansão econômica", é arrepiante imaginar como serão as condições *doentias* da economia quando as atingirmos.

Postscript 1995: o que significam as segundas-feiras (e as quartas-feiras) negras

Algumas semanas depois de terminado este artigo – para ser exato: segunda-feira, 21 de outubro de 1987 –, observamos o espetáculo da queda estrondosa das bolsas mundiais. Esse fenômeno deve ter sido parte da "continuação da expansão econômica saudável", pois ocorreu logo depois das declarações tranquilizadoras do presidente do Federal Reserve [banco central] dos Estados Unidos. O resultado desse acontecimento foi também muito interessante e, para o mundo dos negócios, foi com certeza tranquilizador. Pois os governos dos países capitalistas avançados instituíram algumas regulamentações disciplinadoras e os mecanismos correspondentes de controle por computador com vistas a impor uma interrupção temporária a toda atividade de mercado no caso de haver "excesso de transações especulativas", e prevenir a repetição da segunda-feira negra, nome dado ao dia 21 de outubro de 1987.

Estranhamente, entretanto, tudo isso teve efeito reduzido na *"quarta-feira negra"* de 1993, e no "abandono forçado" (fingido) pelo governo britânico do European Exchange Mechanism [Mecanismo Europeu de Câmbio]. Pois o Banco da Inglaterra sempre teve recursos para engolir dúzias de gestores de fundos especulativos, como George Soros, ao café da manhã; nessa ocasião, entretanto, decidiu-se recompensar com US$ 1 bilhão esse empresário em troca da desculpa conveniente de que a Inglaterra se viu forçada a sair do

---

[20] "U.S. trade deficit hits quarterly record", *Financial Times* (Londres), 27/8/1987.

Sistema Europeu de Regulação Monetária e ficou, portanto, sem condições de evitar a quebra de suas obrigações diplomáticas internacionais. Naturalmente, o resultado foi uma desvalorização de 30% da libra esterlina e, com ela, a aquisição de uma significativa vantagem competitiva em relação aos parceiros europeus – exatamente o que se pretendia evitar com o mecanismo de câmbio – e a "recuperação induzida pelas exportações" que tem sido comemorada desde então pelo governo britânico. Pois a vantagem competitiva propiciada pela grande desvalorização da moeda é de grande ajuda – ainda que não para sempre – no campo das exportações, embora se recuse teimosamente a garantir, para o conjunto da economia, a "recuperação total" e a "expansão saudável" sempre anunciadas.

Três anos antes da *segunda-feira negra*, chegou às manchetes a história triste, ainda que para o mundo financeiro ela tenha tido um final feliz, do *domingo negro*. Naquela ocasião,

[...] o Banco da Inglaterra foi chamado a agir para salvar uma importante instituição quando Johnson Matthey Bankers (JMB), negociante de metais, quebrou e teve de ser resgatado por um salva-vidas organizado pelo banco. A crise estourou num domingo e, depois de uma reunião do conselho de anciãos da City, o banco assumiu a *propriedade pública* do JMB.[21]

Infelizmente para outra importante força financeira, o "Barings Securities" – uma das mais antigas instituições bancárias da Inglaterra, fundada em 1772, certa vez descrita como a sexta grande potência da Europa, atrás apenas da Inglaterra, França, Áustria, Rússia e Prússia –, seu desastroso colapso financeiro se deu em fevereiro de 1995, um *sábado negro*, seguido de mais um *domingo negro*.

A crise assustou figuras importantes da City. Michael Richardson, um dos banqueiros mais respeitados da milha quadrada (a City de Londres), afirmou ontem à noite: "Essa foi a notícia mais devastadora que recebi em muitas décadas"[22].

Barings, que pena!, não pôde ser salvo. Pois o meio usual de tratar as falências de grande porte – assumindo-se a "propriedade pública" (tão desprezada pelos defensores da "privatização" e da idolatria do mercado), nacionalizando-se assim a falência do capitalista privado sempre que atenda à conveniência do sistema – nem sempre resolve o problema, já que a bolsa pública não é sem fundo. No caso do colapso do Barings houve mais que um toque de ironia, pois antes que o seu destino fosse selado na bolsa de valores de Singapura, "ele já havia se debilitado por pesados prejuízos nos seus negócios na América Latina resultantes da derrocada do peso mexicano"[23]. Assim, o que se acreditava ser um dos grandes avanços do capitalismo moderno – "a globalização modernizadora" – já havia azedado não somente no México, com as consequências mais dolorosas para seu povo, mas também contribuiu simultaneamente com a vergonhosa liquidação de uma das mais veneráveis e azuis das instituições azuis da City.

---

[21] Andrew Lorenz e Frank Iane, "Barings seeks rescue buyer", *The Sunday Times* (Londres), 26/2/1995.
[22] Idem.
[23] Idem.

A *terça-feira negra*, por sua vez, aconteceu num dos locais mais inesperados, ainda que estivesse em perfeita sintonia com a lógica do capital. O dramático dia em questão, universalmente descrito como a *terça-feira negra*, foi quando, depois de poucos anos gozando a bênção da *marketização* e da *conversibilidade* monetária, a economia russa sofreu um choque violento – no dia 11 de outubro de 1994 – com a queda catastrófica do já absurdamente desvalorizado rublo em relação ao dólar. Assim, estamos agora testemunhando não somente a erupção do mesmo tipo de crise, com frequência desconcertante, mesmo nos cantos financeiramente mais abrigados do mundo, mas também começando a sentir falta de dias a serem enegrecidos de acordo com o sistema.

———

No dia seguinte à *segunda-feira negra* um grupo de poderosos banqueiros e economistas respeitados se reuniu na BBC TV para discutir a crise. Um deles afirmou que a causa do desastre era a dívida norte-americana e a incapacidade de se tentar resolvê-la. Mesmo assim, um dos banqueiros mais cínicos da City acertou na mosca ao retrucar que a única coisa mais desastrosa do que não tentar uma solução para a dívida norte-americana seria tentar resolvê-la.

É simplesmente correto e justo que um sistema econômico carregado de contradições fosse buscar princípios orientadores nas águas turvas da sabedoria econômica apologética. Num mundo de enorme *insegurança* financeira, nada se ajusta melhor à prática de apostar quantias astronômicas e criminosamente sem garantias nas bolsas de valores do mundo – fazendo prever um terremoto de magnitude 9 ou 10 na escala Richter financeira – do que dar o nome de "gerência de valores" (*securities*) às empresas que se aplicam a esse jogo; fato cuja importância foi marcada pela morte do Barings Securities. Na mesma linha em que se vende o jogo irresponsável sob o disfarce de "garantias", uma das descobertas mais recentes da ciência econômica recebeu o nome de *"coeficiente de confiança"*, que deve medir e representar num "gráfico científico" – com base em boatos imaginosos e sonhos dourados – a saúde e perspectivas futuras da economia capitalista. Uma invenção mais recente, dotada do mesmo poder explicativo, é o comentado *"fator de bem-estar"*, que deve demonstrar, por não se confirmar, que tudo vai bem com a economia, mesmo quando está claro para qualquer pessoa normal que tudo vai dolorosamente mal. Algumas categorias econômicas pomposas e aparentemente respeitáveis se adaptam perfeitamente aos objetivos apologéticos. E assim somos enganados por noções como *"crescimento negativo"* – novo nome da *recessão* – e *"crescimento negativo sustentado"*, equivalente à *depressão*. De acordo com esses conceitos, mesmo nas condições mais precárias, não existem razões de preocupação. Enquanto isso, o índice Nikkei, que caiu do nível máximo de cerca de 40 mil para o perigosamente baixo de 14 mil de hoje – não num único dia negro, mas ao longo de cinco longos anos de "crescimento negativo sustentado" –, está a ponto de precipitar uma crise financeira global. Pois abaixo de 14 mil, "muitas das ações possuídas por bancos e seguradoras japonesas vão valer menos do que aquelas instituições pagaram por elas"[24]. E é aí

---

[24] "Where a slump might start", *The Economist* (Londres), 17/6/1995.

que se espera a ajuda de mais uma "categoria econômica", chamada "patrimônio líquido negativo", que se pode traduzir em linguagem humana por falência iminente. Em todo o mundo, milhões de possuidores de hipotecas participam do privilégio do "patrimônio líquido negativo" dos bancos japoneses; mas não se sentem tranquilos por tão importante condição financeira. Pois centenas de milhares deles já perderam seus lares e muitos mais estão a ponto de perder os seus – mal para o qual não existe alívio em nenhuma categoria da "ciência econômica" contemporânea – e se recusam a sentir-se bem em tal situação. Quanto ao próprio Japão, o valor astronômico do "patrimônio líquido negativo" de suas instituições financeiras tem consequências potencialmente desastrosas em razão da necessidade de retirar volumes enormes de capital no exterior, principalmente dos Estados Unidos. As repercussões desse ato afetariam todo o mercado financeiro mundial.

A hegemonia norte-americana discutida neste artigo também foi enfatizada de modo clamoroso pela debacle do sistema soviético e, ainda que longe de incontestada, permanece como importante fator determinante do desenvolvimento econômico mundial em futuro previsível. Exatamente quando, e em que forma – pois muitas são as formas, todas mais ou menos diretamente brutais –, os Estados Unidos irão deixar de pagar sua dívida astronômica, hoje ainda não é possível prever. Há somente duas certezas: a primeira é a de que a inevitabilidade da inadimplência norte-americana vai afetar a vida de todos neste planeta; a segunda, que a posição hegemônica dos Estados Unidos continuará a ser afirmada de todas as formas possíveis, forçando o mundo todo a pagar a sua dívida enquanto tiver condições de fazê-lo.

Duas passagens ilustram a contínua afirmação da hegemonia norte-americana. A primeira se refere aos Países Recém-Industrializados (PRI).

> Por não estarem enfrentando uma crise da dívida, os PRI's têm conseguido evitar os Programas de Ajuste Estrutural [duramente impostos pelos Estados Unidos aos países em desenvolvimento endividados]. Mas não puderam evitar a pressão do recuo dos preços. *Dark Victory*[25] mostra como o governo dos Estados Unidos usou repetidamente a ameaça de guerra comercial para forçar os PRI's a reduzirem sua atividade econômica e abrir suas economias para as importações e investimentos dos Estados Unidos. O novo acordo do Gatt é parte importante da ofensiva americana. Apesar de ser anunciado como um acordo geral de livre-comércio, ele se destina primariamente a restringir a direção da atividade econômica pelo Estado.[26]

A segunda citação nos lembra a pressão constante aplicada pelos Estados Unidos até sobre um dos gigantes do capitalismo avançado, a Alemanha, bem como sobre o Japão. Como ficamos sabendo pela leitura do *Financial Times*:

> Os insistentes pedidos americanos de redução dos déficits fiscais devem soar intensamente irritantes para os alemães. Afinal os americanos solicitaram o aumento da receita fiscal da Alemanha em quase todos os anos desde que se formou o G7. Ainda mais irritante, os Estados

---

[25] Walten Bello, Shea Cunningham e Bill Rau, *Dark Victory: the United States, Structural Adjustment, and Global Poverty* (Oakland, Institute for Food and Development Policy, 1994).

[26] Martin Hart-Landsberg, "Dark Victory: Capitalism Unchecked", *Monthly Review* (Nova York), mar. 1995, p. 55.

Unidos têm adotado a política fiscal mais irresponsável das três principais economias mundiais. Se se espera a queda da taxa internacional de juros como é realmente necessário – os Estados Unidos terão de colocar sua casa fiscal em ordem.

Entretanto, para tudo há limite, até para o esbanjamento dos Estados Unidos. O limite nesse caso é que a dívida pública bruta média das economias da Organização para a Cooperação e Desenvolvimento Econômico (OCDE) aumentou em apenas duas décadas – entre 1974 e 1994 – de 31% para 75%. Mantida a mesma tendência de crescimento, não se passarão muitas décadas antes que se torne inevitável tomar medidas concretas contra esses problemas insolúveis, em que pesem as opiniões dos banqueiros da City e de outros interesses privilegiados.

III
A NECESSIDADE DO CONTROLE SOCIAL*

Nas páginas finais, profundamente comoventes, de uma de suas últimas obras, Isaac Deutscher escreveu:

> A base tecnológica da sociedade moderna, sua estrutura e seus conflitos têm caráter internacional ou mesmo universal; tendem a soluções internacionais ou universais. E há perigos sem precedentes pondo em risco nossa existência biológica. Estes, acima de tudo, chamam pela unificação da humanidade, que não pode ser alcançada sem um princípio integrador de organização social. [...] O impasse ideológico atual e o *status quo* social dificilmente poderiam servir de base para a solução dos problemas de nossa época, ou sequer para a sobrevivência da humanidade. Evidentemente, seria um desastre fatal se as superpotências nucleares viessem a encarar o *status quo* social como seu mero entretenimento, ou se qualquer uma delas tentasse alterá-lo pela força das armas. Nesse sentido, a coexistência pacífica Leste-Oeste é uma necessidade histórica suprema. Mas o *status quo* social não pode ser perpetuado. Karl Marx, comentando os impasses nas lutas de classe do passado, observou que elas normalmente acabam "na ruína comum das classes em conflito". Um impasse indefinidamente prolongado e garantido por meio de um equilíbrio nuclear permanente por certo levará as classes em conflito e as nações à ruína comum e fatal. A humanidade necessita de unidade para sua simples sobrevivência; onde poderá encontrá-la se não no socialismo?[1]

---

* Texto da primeira conferência Isaac Deutscher Memorial (Londres), em 26/1/1971, proferida na London School of Economics and Political Science. Publicado originariamente em *The Necessity of Social Control*, (Londres, Merlin, 1971). [Ed. bras.: "A necessidade do controle social", em *Para além do capital: rumo a uma teoria da transição*, trad. Paulo Cezar Castanheira e Sérgio Lessa, São Paulo, Boitempo, 2002, p. 983--1011.] (N. E.)

[1] Isaac Deutscher, *The Unfinished Revolution* (Oxford, Universidade Oxford, 1967), p. 110-4. [Ed. bras.: *A revolução inacabada: Rússia 1917-1967*, São Paulo, Civilização Brasileira, 1968.]

Isaac Deutscher concluiu seu trabalho sublinhando enfaticamente "*de nostra re agitur*": tudo isto nos diz respeito. Por essa razão parece-me adequado, nessa ocasião, abordar alguns dos problemas vitais nos quais concentrava seu interesse ao final de sua vida.

Sobretudo porque o *status quo* em questão é historicamente singular: envolve inevitavelmente *toda* a humanidade. Como todos sabemos pela história, jamais um *status quo* durou indefinidamente; nem mesmo o mais parcial e localizado. A permanência de um *status quo* global, dadas as imensas forças dinâmicas, necessariamente expansivas, que envolve, é uma contradição em termos: um absurdo que deveria ser visível até mesmo para o mais míope especialista em teoria dos jogos. Num mundo constituído por uma multiplicidade de sistemas sociais conflitantes e em mútua interação em constraste com o mundo fantasioso das escaladas e desescaladas dos tabuleiros de xadrez, o precário *status quo* global caminha *por certo* para a ruptura. A questão não é "se haverá ruptura ou não", mas "por quais meios" vão ocorrer. Ele se romperá por meios militares devastadores ou haverá válvulas sociais adequadas para o alívio das crescentes tensões sociais, que hoje estão em evidência mesmo nos cantos mais remotos de nosso espaço social global? A resposta dependerá de nosso sucesso ou fracasso na criação dos necessários movimentos estratégicos, e instrumentos capazes de assegurar uma efetiva transição para uma sociedade socialista, na qual a "humanidade possa encontrar a unidade que necessita para a sua simples sobrevivência".

1. Os condicionais contrafactuais da ideologia apologética

O que hoje estamos vivenciando não é apenas uma crescente polarização – inerente à crise estrutural global do capitalismo atual – mas, igualmente, o que multiplica os riscos de explosão, o colapso de uma série de válvulas de segurança que cumpriam um papel vital na perpetuação da *sociedade de mercado*.

Foi bastante dramática a mudança que solapou o poder da política de consenso, da limitada institucionalização e integração do protesto social, da expressão, da exportação fácil da violência interna, por meio de sua transferência ao plano dos conflitos internacionais mistificantes etc. No entanto, há muito pouco, o crescimento sem barreiras e a multiplicação do poder do capital, a irresistível extensão de seu domínio a todos os aspectos da vida humana eram fatos proclamados com toda a segurança e amplamente aceitos. O funcionamento não problemático e sem distúrbios das estruturas capitalistas de poder era tomado como certo e declarado como feição permanente da própria vida humana. Os que ousavam pôr em dúvida a justeza de tais declarações de fé eram imediatamente desqualificados pelos eternos guardiães da hegemonia burguesa na cultura como "ideólogos perdidos", ou algo pior.

Mas onde estão agora os dias em que era possível falar, nos termos abaixo, como o fez um dos principais teóricos e conselheiros do presidente Kennedy, a respeito de Marx e dos movimentos sociais associados a seu nome?

> Ele [Marx] aplicou sua caixa de ferramentas àquilo que podia apreender de *um* caso histórico: o caso do deslanche britânico e de seu caminho à maturidade, [...] como intelectual paroquial que era da Europa ocidental, os desenvolvimentos futuros na Ásia e na África permaneceram em larga medida fora de seu alcance, sendo tratados quase inteiramente no contexto dos inte-

resses britânicos, e não em termos de seus próprios problemas de *modernização*. [...] Marx criou [...] *um guia monstruoso de administração pública*. [O comunismo] é uma espécie de doença capaz de acometer uma sociedade de transição, caso ela não obtenha sucesso em organizar efetivamente aqueles elementos que, em seu interior, estão preparados para assumir o trabalho de modernização. [Em oposição à abordagem marxista, a meta é criar] em associação com os políticos não comunistas e os povos das áreas de desenvolvimento recente [isto é, os territórios do neocolonialismo] uma *parceria* que *os auxiliará* em seu crescimento sustentado sobre uma base política e social que preserva as possibilidades de um progressivo desenvolvimento democrático.[2]

Essas linhas foram escritas há pouco mais de uma década, porém soam hoje como uma argumentação pré-histórica, muito embora – ou talvez, por isso mesmo – seu autor seja o professor de História Econômica no Massachussets Institute of Technology.

Nessa curta década fomos providos pela ampla e trágica oportunidade de ver na prática, no Vietnã e no Camboja, assim como em outros países, o significado real do programa de "parceria" destinado a "auxiliar os políticos das áreas de desenvolvimento recente", e os resultados desastrosos dessa parceria[3], sob a orientação intelectual de "assessores especializados", entre os quais se inclui um número considerável de Walt Rostows: homens que tiveram a insolência cínica de chamar a obra de Marx de "*guia monstruoso de administração pública*". Inflados pela "arrogância do poder militar", eles "provaram", utilizando tautologias intercaladas com "deduções" retrospectivas, que o estágio norte-americano de crescimento econômico é imune a todas as crises[4], e argumentaram, com a ajuda de condicionais contrafactuais, que a ruptura na cadeia do imperialismo foi meramente uma desventura infeliz que, a rigor, jamais deveria ter ocorrido:

---

[2] W. W. Rostow, *The Stages of Economic Growth: a Non-Communist Manifesto* (Cambridge, Universidade Cambridge, 1960), p. 157-64. [Ed. bras.: *Etapas do desenvolvimento econômico*, Rio de Janeiro, Jorge Zahar, 1978.]

[3] Frequentemente se esquece de que o presidente John Fitzgerald Kennedy foi responsável direto pela escalada norte-americana no Vietnã, inaugurando dessa forma toda uma série de políticas desastrosas concebidas com base em "teorias" do tipo acima citado.

[4] Pode-se apreciar abaixo a seguir um exemplo característico das apologias tautológicas baseadas numa reconstrução retrospectiva do passado à luz de um presente idealizado do capitalismo norte-americano: a estagnação relativa entre as duas guerras mundiais na Europa ocidental não foi devida a uma taxa decrescente de lucro a longo prazo, mas ao *fracasso* da Europa ocidental em criar condições para que suas sociedades nacionais ingressassem rapidamente na era do alto consumo de massa, gerando desse modo novos setores de ponta. Esse *fracasso*, por seu turno, foi devido sobretudo ao *fracasso* em criar inicialmente o pleno emprego no contexto dos termos do comércio do pós-1920. Similarmente, a prolongada depressão nos Estados Unidos nos anos 1930 não foi devida a taxas decrescentes de lucro a longo prazo, mas ao *fracasso* em criar condições iniciais renovadas de pleno emprego através de políticas governamentais que *teriam permitido* aos novos setores de ponta da habitação, da indústria automobilística, de bens de consumo duráveis e de serviços impulsionar a economia para além de 1929 [Rostow, *cit.*, p. 155]. Então, os "*fracassos*" (crises e recessões) são explicados pelos "fracassos" em gerar condições que "teriam permitido" evitar esses "fracassos" infelizes, produzindo o atual padrão de "alto consumo" capitalista, que evidentemente é o insuperável paradigma de tudo. Não somos informados, todavia, de como esses desafortunados fracassos-que-explicam-fracassos surgiram. Porém, como o objetivo de todo o exercício é a propagação do "objetivo" e "não paroquial" *Manifesto não comunista* de Rostow, como salvação definitiva do capitalismo mundial dominado pelos Estados Unidos, por implicação podemos admitir que os "fracassos" em questão devem ser devidos à ausência desse tipo de sabedoria econômico-política, tautológica retrospectiva. Por meio de que "*fracassos*" ele explicaria o crescente desemprego atual e os sintomas associados de sérios distúr-

Se a Primeira Guerra Mundial não houvesse ocorrido – ou ocorrido uma década mais tarde –, a Rússia teria quase certamente realizado com êxito uma transição para a modernização e se tornado invulnerável ao comunismo.[5]

Poderíamos ser tentados a nos alegrar diante de tal nível de poder intelectual de nossos adversários, se não fosse apavorante contemplar a força bruta que exercem, em decorrência de sua submissão voluntária às instituições alienadas que demandam "teorias" deste tipo, bem como prosseguem, imperturbáveis, nem mesmo pela possibilidade de uma dúvida ocasional, em sua cega rota de colisão. As construções vazias, que atendem a essa demanda de racionalização, assentam-se sobre pilares de premissas totalmente falsas – e frequentemente paradoxais – como por exemplo as seguintes:

1. "o socialismo é uma doença misteriosa – ainda que de fácil prevenção – que o acometerá a menos que você siga a prescrição científica da modernização norte-americana";

2. "fatos em sentido contrário são meramente o resultado de desventuras misteriosas – ainda que de fácil prevenção; tais fatos (por exemplo, a Revolução Russa de 1917) são destituídos de uma verdadeira base causal e de uma significação sócio-histórica mais ampla";

3. "as atuais manifestações de agitação social resultam meramente da combinação das aspirações soviéticas nas sociedades em questão: portanto, trata-se de dar xeque-mate à primeira por meio de generoso suprimento às últimas".

"Teorias" assentadas em tais bases limitam-se a ser a mais crua justificativa ideológica do agressivo expansionismo e intervencionismo norte-americano. Por isso, essas cínicas ideologias da racionalização têm de ser falsamente representadas como "ciência social e política objetiva", e a posição daqueles que percebem as intenções subjacentes à torpe defesa "do auxílio aos políticos das áreas de desenvolvimento recente" – na forma de massivas intervenções militares da "Grande Parceria Norte-americana" – deve ser denunciada como a de "ideólogos do século XIX".

O momento da verdade chega, porém, quando as "desventuras" da explosão social ocorrem ainda mais misteriosamente do que nas "áreas de desenvolvimento recente", no verdadeiro país da "suprema modernização" e de nível mais alto que o do "alto consumo de massa", nomeadamente os Estados Unidos. Assim, não é apenas o modelo de crescimento e modernização sem transtorno que se despedaça, mas, ironicamente, é também o *slogan* do "crescimento sustentado sobre uma base política e social que preserva as possi-

---

bios estruturais nos Estados Unidos, assim como em outras partes do mundo capitalista de "alto consumo de massa", "habitação" etc., permanece infelizmente um mistério para nós, posto que não há "novos setores de ponta" à vista, cuja criação "teria permitido" evitar os fracassos atuais.

[5] W. W. Rostow, *The Stages of Economic Growth*, cit., p. 163.

bilidades de um progressivo desenvolvimento democrático" que dá, ideologicamente, um tiro pela culatra, numa época em que se multiplicam os protestos contra a violação das liberdades básicas e a privação dos direitos políticos das massas. Não é preciso dizer que não estamos nos referindo a um futuro remoto, hipotético, mas aos dias atuais. Importa, no entanto, enfatizar que o dramático colapso dessas racionalizações pseudocientíficas da força bruta demarca o fim de uma era: não a era do "fim da ideologia", mas a do fim do quase completo *monopólio* da cultura e da política pela ideologia antimarxista, que se autoproclamava com sucesso, até recentemente, como a supressão final de toda ideologia.

2. Capitalismo e destruição ecológica

Uma década atrás os Walt Rostow deste mundo ainda vaticinavam confiantemente a adoção *universal* do padrão norte-americano de "alto consumo de massa" no intervalo de apenas um século. Eles não podiam ser importunados com cálculos elementares, mas evidentemente necessários, que lhes demonstrariam que a eventual universalização do referido padrão – para não mencionar a tolice que esse ideal representa em termos econômicos e sociopolíticos – determinaria a exaustão dos recursos ecológicos de nosso planeta muito antes do final daquele século. Afinal, naqueles dias, os figurões políticos e seus assessores não viajavam no carro-chefe da ecologia, mas nas cápsulas espaciais esterilizadas da fantasia astronáutica e militar. Aqueles dias em que nada parecia demasiado grande, distante ou difícil para os que acreditavam – ou queriam nos fazer acreditar – na religião da onipotência tecnológica e de uma Odisseia no Espaço na virada da esquina.

Muitas coisas mudaram nessa curta década. A arrogância do poder militar sofreu algumas sérias derrotas, não apenas no Vietnã, mas também em Cuba e em outras partes do "hemisfério americano". As relações de força em nível internacional apresentaram algumas modificações significativas, em primeiro lugar com o enorme desenvolvimento da China e do Japão, expondo ao ridículo as belas projeções lineares dos especialistas em escaladas que, agora, têm que inventar tanto um tipo de jogo inteiramente novo, que admita múltiplos enxadristas, como também, na ausência de jogadores reais, a espécie de criatura que aceite participar de tal jogo. A sociedade "afluente" transformou-se na sociedade de *efluência* asfixiante, e a alegada onipotência tecnológica nem sequer foi capaz de debelar a invasão dos ratos nas deprimentes favelas dos guetos negros. Nem mesmo a religião da Odisseia no Espaço sentiu-se melhor, em que pesem os investimentos astronômicos que exigiu: recentemente, até mesmo o erudito dr. Werner von Braun foi compelido a combinar a última versão de sua irresistível "paixão pelas estrelas" com a prosaica plataforma da poluição (até o momento, ao que parece, sem sucesso).

"O Deus que falhou", na imagem da onipotência tecnológica, é agora recomposto e novamente apresentado sob o disfarce do "interesse ecológico" universal. Há dez anos a ecologia podia ser tranquilamente ignorada ou desqualificada como totalmente irrelevante. Agora, ela é obrigada a ser grotescamente desfigurada e exagerada de forma unilateral para que as pessoas – impressionadas o bastante com o tom cataclísmico dos sermões ecológicos – possam ser, com sucesso, desviadas dos candentes problemas sociais e políticos. Africanos, asiáticos e latino-americanos (sobretudo estes últimos) não devem se multiplicar como lhes aprouver – nem mesmo de acordo com a vontade de Deus, caso sejam católicos apostólicos romanos –, dado que o desequilíbrio demográfico poderia resultar em "tensões ecológicas intoleráveis". Em termos claros, poderia até pôr em perigo a relação social de forças predominante. Da mesma forma, as pessoas deveriam esquecer tudo sobre as cifras astronômicas despendidas em armamentos e aceitar cortes consideráveis em seu padrão de vida, de modo a viabilizar os custos da "recuperação do meio ambiente": isto é, em palavras simples, os custos necessários à manutenção do atual sistema de expansão da produção de supérfluos. Para não mencionar a vantagem adicional que constitui o fato de se compelir a população em geral a custear, sob o pretexto da "sobrevivência da espécie humana", a sobrevivência de um sistema socioeconômico que se defronta agora com deficiências derivadas da crescente competição internacional e de uma mudança crescente na sua própria estrutura de produção, em favor dos setores parasitários.

O fato de o capitalismo lidar dessa forma – ou seja, a seu modo – com a ecologia não deveria provocar a mínima surpresa: seria quase um milagre se não fosse assim. No entanto, a manipulação dessa questão em benefício do "moderno Estado industrial" – para empregar uma bela frase do professor Galbraith – não significa que possamos ignorá-la. O problema é suficientemente concreto, independentemente do uso que dele se faça nos dias atuais.

Na verdade, o problema da ecologia é real já há algum tempo, ainda que, evidentemente, por razões inerentes à necessidade do crescimento capitalista, poucos tenham dado alguma atenção a ele. Marx, entretanto – e isto soará estranho apenas para os que inúmeras vezes o sepultaram como um "ideólogo irremediavelmente irrelevante com a marca do século XIX" –, abordou essa questão dentro das dimensões de seu verdadeiro significado socioeconômico, e isto há mais de 125 anos.

Criticando a retórica idealista e abstrata com a qual Feuerbach determinava a relação entre o homem e a natureza, Marx escreveu:

> Por isso Feuerbach, em tais casos, nunca fala do mundo humano, mas sempre se refugia na natureza externa e, mais ainda, *na* natureza ainda não dominada pelos homens. Mas cada nova invenção, cada avanço feito pela indústria, arranca um novo pedaço desse terreno, de modo que o solo que produz os exemplos de tais proposições feuerbachianas restringe-se progressivamente. A "essência" do peixe é o seu "ser", a água – para tomar apenas uma de suas proposições. A "essência" do peixe de rio é a água de um rio. Mas esta última deixa de ser a "essência" do peixe quando deixa de ser um meio de existência adequado ao peixe, tão logo o rio seja usado para servir à indústria, tão logo seja poluído por corantes e outros detritos e seja navegado por navios a vapor, ou tão logo suas águas sejam desviadas para canais onde simples drenagens podem privar o peixe de seu meio de existência.[6]

---

[6] Karl Marx e Friedrich Engels, *A ideologia alemã* (São Paulo, Boitempo, 2007), p. 46-7, nota a.

Foi assim que Marx abordou a questão no início dos anos 40 do século XIX. Torna-se desnecessário acrescentar que ele rejeitava categoricamente a alegação de que tais formas de desenvolvimento eram inevitavelmente inerentes à "essência humana" e que, consequentemente, o problema consistia em saber como poderíamos nos *adaptar*[7] a essas formas no cotidiano. Marx compreendeu perfeitamente, já naquela altura, que uma reestruturação radical do modo predominante de intercâmbio e controle humano é o pré-requisito necessário para um controle efetivo das forças da natureza, que são postas em movimento de forma cega e fatalmente autodestrutiva sobretudo em virtude do modo predominante, alienado e reificado de intercâmbio e controle humanos. Causa, portanto, pouca surpresa o fato de o diagnóstico profético de Marx ser considerado pelos atuais apologistas do sistema de controle estabelecido nada mais do que um "anacronismo paroquial".

Afirmar que os custos da despoluição de nosso meio ambiente devem ser cobertos, em última análise, pela comunidade é ao mesmo tempo um óbvio lugar-comum e um subterfúgio típico, ainda que os políticos que pregam sermões sobre essa questão acreditem haver descoberto a pedra filosofal. *Obviamente*, é sempre a comunidade dos produtores que cobre os custos de tudo. Mas o fato de *dever* sempre arcar com os custos não implica de modo algum que sempre o *possa* fazer. Certamente, dado o modo predominante de controle social alienado, podemos estar certos de que a comunidade *não será capaz* de arcar com tais custos.

Além disso, sugerir que os custos já proibitivos devam ser cobertos por "um fundo deliberadamente criado para tal finalidade com uma parte dos recursos derivados do crescimento econômico excedente" – numa época de crescimento zero, ao qual se juntam desemprego e inflação crescentes – é ainda pior do que a retórica vazia de Feuerbach. Isso para não mencionar os problemas adicionais necessariamente inerentes ao crescente desenvolvimento capitalista.

Por outro lado, acrescentar que "desta vez o crescimento será controlado" é fugir completamente à questão, pois o que está em causa não é *se* produzimos ou *não* sob alguma forma de controle, mas sob que tipo de controle; dado que as condições atuais foram produzidas sob o "férreo controle" do capital que nossos políticos pretendem perpetuar como força reguladora fundamental de nossas vidas.

E, finalmente, argumentar que "ciência e tecnologia podem solucionar todos os nossos problemas a longo prazo" é muito pior do que acreditar em bruxas, já que tendenciosamente omite-se o devastador enraizamento social da ciência e da tecnologia atuais. Também nesse sentido, a questão central não se restringe a saber *se* empregamos *ou não* a ciência e a tecnologia com a finalidade de resolver nossos problemas – posto que é óbvio que devemos fazê-lo –, mas se seremos *capazes* ou não de *redirecioná-las radicalmente*, uma vez que hoje ambas estão estreitamente determinadas e circunscritas pela necessidade da perpetuação do processo de maximização dos lucros.

---

[7] Ibidem, p. 47.

São essas as principais razões pelas quais só se pode ser bastante cético em relação à presente institucionalização desses problemas. Montanhas pariram um rato: as superinstituições de controle ecológico exibem resultados bem mais modestos do que a retórica de sua autojustificação, ou seja, Ministérios para Proteção das Amenidades da Classe Média.

3. A crise de dominação

Enquanto isso, nesse plano como em vários outros, os problemas se acumulam e as contradições tornam-se cada vez mais explosivas. A tendência objetiva inerente à natureza do capital – seu crescimento dentro de um sistema global conjugado com sua concentração e sua sempre crescente articulação com a ciência e a tecnologia – abala e torna anacrônica a subordinação socioestrutural do trabalho ao capital[8]. De certo, já podemos testemunhar que as formas tradicionais de enraizamento hierárquico-estrutural da divisão funcional do trabalho tendem a se desintegrar, sob o impacto da concentração do capital e da socialização do trabalho sempre crescentes. Posso apenas mencionar aqui uns poucos indicadores desta notável mudança:

1. A progressiva vulnerabilidade da organização industrial contemporânea, quando comparada à organização fabril do século XIX. (As greves ditas "selvagens" são inconcebíveis sem os processos econômicos e tecnológicos subjacentes, que tanto induzem como possibilitam a um "punhado" de trabalhadores paralisar até mesmo todo um ramo industrial, com imensas repercussões potenciais.)

2. A inter-relação econômica dos vários ramos da indústria, como um sistema estreitamente ajustado de partes interdependentes, com o imperativo crescente de assegurar a *continuidade da produção* no sistema como um todo. (Quanto mais o sistema é submetido à tensão no que tange ao seu ciclo de reprodução, maior é o imperativo de continuidade, e todo distúrbio conduz a mais estiramento, bem como a um permanente receio de interrupção, ainda que temporária, da continuidade.) Há cada vez menos "ramos periféricos", uma vez que as repercussões das complicações industriais são rapidamente transferidas, na forma de reações em cadeia, de um ponto qualquer do sistema a todas as suas partes. Consequentemente, não pode mais haver "indústrias sem problemas". A idade da empresa paternalista foi irreversivelmente superada pelo domínio dos "oligopólios" e "superconglomerados".

3. O montante crescente de "tempo socialmente supérfluo" (ou "tempo disponível"[9]), habitualmente denominado "lazer", torna cada vez mais absurdo, e mesmo impossível na prática, manter um amplo segmento da população em estado de apática ignorância,

---

[8] Discuti vários problemas correlatos em minha contribuição para István Mészáros (org.), *Aspects of History and Class Consciousness* (Londres, Routledge & Kegan Paul, 1971).

[9] Ver Karl Marx, *Grundrisse der Kritik der politischen Ökonomie* (Berlim, Berliner Dietz Verlag, 1953), p. 593-4.

divorciado de suas próprias capacidades intelectuais. Sob o impacto de um dado número de importantes fatores socioeconômicos, a antiga mística do elitismo intelectual já desapareceu para sempre. Da mesma forma, paralelamente ao crescente desemprego de intelectuais – tanto potencial como efetivo – como também ao agravamento da clivagem entre aquilo para o que supostamente se foi educado e as oportunidades reais de emprego, tornou-se cada vez mais difícil manter a subordinação tradicionalmente inquestionável da grande maioria dos intelectuais à autoridade do capital.

4. O trabalhador como consumidor ocupa uma posição de crescente importância para a manutenção do curso tranquilo da produção capitalista. Todavia, permanece completamente excluído do controle tanto da produção quanto da distribuição – como se nada houvesse ocorrido na esfera da economia durante o último ou os dois últimos séculos. Trata-se de uma contradição que introduz complicações adicionais no sistema produtivo vigente, baseado numa divisão socialmente estratificada do trabalho.

5. O efetivo estabelecimento do capitalismo como um sistema mundial economicamente articulado contribui para a erosão e a desintegração das estruturas tradicionais parciais de estratificação e controle social e político historicamente formadas – e variáveis de local para local –, sem ser capaz de produzir um sistema unificado de controle em escala mundial. (Enquanto prevalecer o poder do capital, o "governo mundial" está fadado a permanecer um devaneio futurológico.) A "crise de hegemonia ou do Estado em todas as esferas" (Gramsci) tornou-se um fenômeno verdadeiramente internacional.

Em última análise, todos esses pontos remetem à questão do *controle social*.

No decurso do desenvolvimento humano, a função do controle social foi alienada do corpo social e transferida para o capital, que adquiriu assim o poder de aglutinar os indivíduos num padrão hierárquico estrutural e funcional, segundo o critério de maior ou menor participação no controle da produção e da distribuição. Ironicamente, porém, a tendência objetiva inerente ao desenvolvimento do capital em todas as esferas traz consigo resultados diametralmente opostos ao interesse do capital, já que a propensão é da fragmentação mecânica do processo de trabalho à criação de sistemas automatizados; da acumulação local de capital à sua concentração na forma de um sistema mundial em contínua expansão; da divisão parcial e local do trabalho à vasta divisão internacional do trabalho; do consumo limitado ao consumo de massa artificialmente estimulado e manipulado a serviço de um ciclo de reprodução cada vez mais acelerado da sociedade de mercado; e do "tempo livre" restrito a poucos privilegiados à produção em massa de uma bomba social, na forma de "lazer", em escala universal. Pois, nesse processo de expansão e concentração, o poder de controle conferido ao capital vem sendo *de fato* transferido novamente ao corpo social como um todo, mesmo que de uma forma necessariamente irracional, graças à irracionalidade inerente ao próprio capital.

Que o deslocamento objetivo do controle seja descrito, do ponto de vista do capital, como "manter a nação como refém", não muda em nada o próprio fato. Pois o capitalismo do século passado não podia ser "mantido como refém", nem mesmo por um exército dos assim chamados "agitadores", e muito menos por um "punhado" deles.

Aqui estamos diante da emergência de uma contradição fundamental: a contradição entre uma perda efetiva de controle e a forma vigente de controle, o capital, que pela sua própria natureza *somente* pode ser controle, dado que é constituído mediante uma objetivação alienada da função de controle, como um corpo reificado separado e em oposição ao próprio corpo social. Não surpreende, portanto, que nos últimos anos a ideia de *controle dos trabalhadores* tenha ganho importância em muitas partes do mundo.

O *status quo* social de pouco tempo atrás vem se desintegrando rápida e dramaticamente diante de nossos próprios olhos – basta querer ver. A distância entre a "Cabana do Pai Tomás" e os bairros sitiados da militância negra é *astronômica*. Igualmente o são as distâncias entre a deprimente apatia da classe trabalhadora do pós-guerra e a militância crescente em escala mundial dos dias de hoje – admitida mesmo oficialmente; entre a "participação" benevolamente concedida pelo presidente e as lutas nas ruas de Paris; entre o movimento sindicalista italiano seriamente dividido e de limitada orientação salarial e a unidade necessária para a organização de uma greve política geral, ou, ainda, entre o domínio monolítico e indisputável do stalinismo e a importante irrupção da maciça dissidência popular na Polônia, na Hungria, na Tcheco-Eslováquia e, recentemente, de novo na Polônia. Mesmo assim, não foi necessário nada comparável a anos-luz – ou mesmo a minutos-luz – para percorrer essas distâncias astronômicas.

Há não muito tempo, a ideologia "científica" da "engenharia social" gradualista – em oposição ao "holismo religioso" da mudança revolucionária e do socialismo – desfrutava uma posição quase completamente monopolista, não apenas nas instituições educacionais e culturais, mas também nas antecâmaras do poder político. Mas, valha-me Deus, o que presenciamos hoje? O anúncio dramático da necessidade de uma "grande revolução" por ninguém menos que o próprio presidente Nixon, na sua recente mensagem à nação ("State of Union"), logo seguido pela advertência do xá da Pérsia, anunciando estar disposto a liderar a "rebelião dos pobres contra os ricos".

E até o senhor Wilson, que misteriosamente perdeu de seu vocabulário a palavra "socialismo" no mesmo minuto em que entrou na residência ministerial pela porta da frente – e ela não pôde ser encontrada, muito embora toda a sua equipe de especialistas e conselheiros, e também seus colegas de gabinete, tentassem durante quase seis anos achá-la por meio das poderosas lentes da "modernização pragmática", gratuitamente distribuídas –, reencontrou misteriosamente a palavra tão logo deixou o cargo, saindo da residência ministerial pela porta dos fundos. De fato, em um de seus pronunciamentos públicos, ele chegou a arriscar uma piada sobre a "caça do Pentágono aos comunistas até debaixo d'água", muito embora tenha se esquecido no mesmo instante, graças a uma repentina amnésia, de que ele próprio fora à pesca de comunistas, não há tanto tempo.

O presidente Nixon, um novo *revolucionário*; o xá da Pérsia, *líder da rebelião mundial dos destituídos*; e o senhor Wilson, um indomável *cruzado contra as cruzadas anticomunistas do Pentágono*. Procuro imaginar o que pode vir em seguida. (Não precisei imaginar por muito tempo: alguns dias após proferir esta palestra, o senhor Heath – outro "modernizador pragmático" de alta reputação – apressou-se a adicionar, no mais verdadeiro espírito da política de consenso, o seu nome à nossa ilustre lista: como um vigoroso *campeão da nacionalização*.)

Contudo, até metamorfoses desse tipo são um indicativo de poderosas pressões, cuja natureza simplesmente não pode ser compreendida por meio da personificação mistificadora dos problemas, como a que se expressa em conceitos vazios do tipo "superação da falta de credibilidade", "construção de uma nova imagem" etc. A hipótese de que os políticos não cumprem suas promessas porque são "corruptos" e porque lhes "falta integridade", na melhor das intenções apenas evita a questão. Por outro lado, acrescentar que os políticos mudam seus *slogans* e lemas porque "necessitam mudar de imagem" é a mais vazia de toda a série de tautologias produzidas pela onda da "ciência política" funcionalista e behaviorista do pós-guerra. Conceitos desse tipo nada mais significam do que racionalizações, pretensiosamente infladas, da prática de autopromoção empregada pelos meios de comunicação com o objetivo de vender seus serviços aos políticos mais crédulos. Como o próprio senhor Wilson pôde testemunhar: a simples e estrita verdade quantificável é que o "lapso de credibilidade" entre esse tipo de estimativa "científica" eleitoral e o trágico resultado final é exatamente igual à distância entre as portas da frente e as dos fundos da residência ministerial, tanto em espaço como em tempo.

Se hoje o tom da política tradicional modifica-se, isso se deve ao fato de que as contradições objetivas da situação atual já não podem ser contidas, seja por meio do puro poder e da força bruta, seja pelo suave estrangulamento promovido pela política de consenso. Na verdade, estamos diante de uma crise sem precedentes do controle social em escala mundial e não diante de sua solução. Seria uma grande irresponsabilidade se nos tranquilizássemos numa espécie de estado de euforia, contemplando uma "revolução socialista mundial na virada da esquina".

O poder do capital, em suas várias formas de manifestação, embora longe de ter se esgotado, não mais consegue se expandir. O capital – uma vez que opera sobre a base da míope racionalidade do estreito interesse individual, do *bellum omnium contra omnes*: a guerra de todos contra todos – é um modo de controle, por princípio, incapaz de prover a racionalidade abrangente de um adequado controle social. E é precisamente a necessidade deste que demonstra cada vez mais sua dramática urgência.

A consciência dos limites do capital tem estado ausente em todas as formas de racionalização de suas necessidades reificadas, e não apenas nas versões mais recentes da ideologia capitalista. Paradoxalmente, contudo, o capital é agora compelido a tomar conhecimento de alguns desses limites, ainda que, evidentemente, de uma forma necessariamente alienada. Pelo menos agora os limites *absolutos* da existência humana – tanto no plano militar como no ecológico – têm de ser avaliados, não importa quão distorcidos e mistificadores sejam os dispositivos de aferição da contabilidade socioeconômica capitalista. Diante dos riscos de uma aniquilação nuclear, por um lado e, por outro, de uma destruição irreversível do meio ambiente, tornou-se imperativo criar alternativas práticas e soluções cujo fracasso acaba sendo inevitável em virtude dos próprios limites do capital, os quais agora colidem com os limites da própria existência humana.

Seria desnecessário dizer que os limites do capital vêm acompanhados por uma concepção que procura extrair lucro até mesmo dessas questões vitais para a existência humana. As insensatas – porém, é claro, "racionais" do ponto de vista do capital – teorias (e práticas a elas associadas) da "crescente" indústria de guerra, segundo as quais a corrida armamentista é a melhor maneira de se evitar a guerra, têm dominado o "pensamento estratégico" nos últimos anos. E recentemente poderíamos observar a proliferação de empresas parasitárias – das menores às maiores – que tentam lucrar do nosso crescente esclarecimento sobre os perigos ecológicos. (Para não mencionar as operações político-ideológicas associadas a essas mesmas questões.)[10]

De toda forma, essas mesmas manipulações não resolvem os problemas em questão, contribuindo somente para seu agravamento. O capitalismo e a racionalidade do planejamento social abrangente são radicalmente incompatíveis.

Atualmente, contudo, presenciamos a emergência de uma contradição fundamental, com gravíssimas implicações para o futuro do capitalismo: pela primeira vez na história humana, a dominação e a expansão sem obstáculos das estruturas e mecanismos capitalistas, inerentemente irracionais, de controle social estão encontrando sérias resistências, na forma de pressões resultantes dos imperativos elementares da simples sobrevivência. E desde que os problemas são tão inevitáveis quanto são agudas as contradições entre a necessidade de um controle social adequado e os estreitos limites da contabilidade capitalista, o necessário insucesso dos programas de manipulação imprevidente atua – numa situação que requer esforços de amplo alcance, conscientemente coordenados em grande escala – como *catalisador* para o desenvolvimento de alternativas socialistas.

―――∞∞∞―――

E essa lista de problemas está longe de esgotar a soma total das crescentes dificuldades. A produção em massa de tempo disponível, mencionada anteriormente, vem acompanhada hoje não apenas por um conhecimento em expansão, mas também por uma consciência mais aguda das contradições inerentes aos fracassos demonstrados na prática, assim como pelo desenvolvimento de novos modos e meios de comunicação, *capazes* de uma difusão efetiva das amplas evidências que atestam a emergência daquelas contradições[11].

---

[10] É assim que a rede Voice of America inicia *Man and his survival* [O homem e a sua sobrevivência], programa de entrevistas com intelectuais: "A ordem de importância das grandes tarefas foi modificada. Hoje o choque de *interesses nacionais* ou a luta pelo *poder político* não mais ocupam o primeiro *plano*; nem sequer, na verdade, a eliminação da *injustiça social*. Agora o assunto relevante consiste em saber se a humanidade conseguirá assegurar as condições de sua sobrevivência em um mundo que ela própria transformou [...] não surpreende o fato de que o presidente dos Estados Unidos tenha despendido dois terços de seu último discurso à nação ["State of Union"] com a questão da despoluição do meio ambiente. O que aconteceria, no entanto, se o homem, em lugar de pensar em sua própria sobrevivência, *desperdiçasse suas energias lutando pelas verdades relativas das várias ideologias e sistemas sociopolíticos*? Quais são os primeiros passos que a humanidade deve dar para *reformar a si própria e o mundo*?". Qualquer comentário adicional seria redundante, graças à transparência destas linhas.

[11] Uma capacidade até aqui efetivamente paralisada pelos guardiães da ordem dominante. Para uma profunda análise das potencialidades dinâmicas da *mass media*, ver Hans Magnus Enzensberger, "Constituents of a Theory of the Media", *New Left Review*, Londres, nov.-dez. 1970, n. 64, p. 13-36. Disponível em <http://www.newleftreview.org/>.

Simultaneamente, algumas das instituições mais fundamentais da sociedade são atingidas por uma crise nunca antes sequer imaginada.

O poder da religião no Ocidente evaporou-se quase que completamente há muito tempo, mas isso tem sido mascarado pela persistência de seus rituais e, sobretudo, pelo funcionamento efetivo de religiões-substitutas, desde o culto abstrato da "frugalidade" no passado mais remoto até a religião da "soberania do consumidor", da "onipotência tecnológica" e outras semelhantes, mais recentemente.

A crise estrutural da educação tem estado em evidência já há um número de anos nada desprezível. E aprofunda-se a cada dia, ainda que essa intensificação não assuma a forma de confrontações espetaculares.

E a mais importante de todas as crises: a virtual *desintegração* da família atual – essa célula da sociedade de classes – lança um desafio para o qual não são concebíveis respostas formais e institucionais, seja na forma de "alteração da lei de tolerância", seja numa forma mais cruelmente repressiva. A crise dessa instituição assume muitas formas de manifestação, desde os cultos *hippies* à disseminação do uso de drogas; do Movimento de Libertação Feminina ao estabelecimento de enclaves utópicos de vida comunitária; e do "conflito de gerações", largamente difundido, às manifestações mais disciplinadas e militantes desse conflito em ação organizada. Aqueles que, no passado, desprezaram essas questões melhor fariam se refletissem de novo sobre elas. Pois, qualquer que seja hoje seu peso no contexto global, elas são potencialmente, e sem uma única exceção, da maior relevância.

Igualmente significativo é o modo pelo qual a persistência obstinada do *wishful thinking*[*] falseia a identificação das várias formas de crise.

Não apenas ignora as manifestações de conflito até o último instante como também deturpa seu significado após sua ocorrência. Quando os conflitos já não podem ser ocultados, são tratados meramente como *efeitos* divorciados de suas *causas*. (Devemos lembrar das hipóteses absurdas de "misteriosas doenças" e de "eventos desprovidos de qualquer fundamento" anteriormente mencionadas.)

Caracteristicamente, encontra-se no rodapé de um recente livro de economia o apelo à "redução dos investimentos industriais em favor do replanejamento em larga escala de nossas cidades e da restauração e embelezamento de muitos de nossos povoados, vilas e locais de lazer":

> O recente colapso no fornecimento de energia elétrica na cidade de Nova York, ainda que deplorável sob o aspecto da eficiência, rompeu com a monotonia da vida cotidiana de milhões de nova-iorquinos. As pessoas usufruíram o choque de voltar a dispor unicamente de seus recursos inatos e a depender, assim de repente, umas das outras. Por algumas horas, as pessoas se viram livres da rotina e foram aproximadas pela escuridão. Vizinhos que viviam como estranhos passaram a conversar e sentiam prazer em se ajudar mutuamente. Havia espaço para a

---

[*] Expressão que, em tradução aproximada, significa "autoengano" ou "falsas esperanças". (N. E.)

gentileza. O defeito no sistema de eletricidade foi reparado. O gênio da eletricidade retornou a cada lar. E, da mesma forma que a escuridão havia lançado as pessoas umas nos braços das outras, a *áspera luz voltou a dispersá-las*. No entanto, ouviu-se alguém dizer: "Isto deveria ocorrer pelo menos uma vez por mês".[12]

Uma única coisa não se pode entender: por que não "pelo menos uma vez por semana"? Sem dúvida, a enorme economia de energia daí decorrente seria mais do que suficiente para cobrir os custos "do replanejamento em larga escala de nossas cidades, e da restauração e embelezamento de muitos de nossos povoados, vilas e locais de lazer". Isso para não mencionar os supremos benefícios inerentes à prática da recém-descoberta virtude da fraternidade-dos-corredores-escuros-dos-arranha-céus, se repetida semanalmente. Pois, aparentemente, não é o modo das relações sociais que "afasta" as pessoas, mas a eficiência tecnológica e a monotonia da "áspera luz". Então, a solução óbvia é fornecer menos "luz áspera" às pessoas, e todos os problemas indesejáveis desaparecerão para sempre. O fato de a produção de "luz áspera" ser uma necessidade social, que não pode ser substituída nem mesmo pela duração de rituais periódicos à luz suave de velas, é uma consideração evidentemente incapaz de desviar a atenção de nossos campeões em sonhos românticos.

Dito de outro modo: essa abordagem do *wishful thinking* caracteriza-se pela eliminação sumária de todas aquelas expectativas que o sistema não pode satisfazer. Os representantes dessa abordagem insistem, como uma infalível tautologia, que tais expectativas não são a manifestação de contradições socioeconômicas, mas meros *efeitos* de "expectativas em ascensão". Assim, não apenas o desafio de enfrentar os *fundamentos causais* das expectativas frustradas é evitado de forma sistemática, mas simultaneamente essa própria evasiva passa a ser muito convenientemente "justificada", ou seja, racionalizada.

Ora, o fato é que nos defrontamos aqui com uma contradição interna de um sistema de produção e controle: um sistema que não pode evitar o aumento das expectativas, mesmo ante a ameaça de um completo colapso de sua capacidade em satisfazê-las. E é justamente nesses momentos de colapso que soluções quixotescas e substitutivos são propostos com tanta paixão "humanitária". Até, ou antes, que tais momentos de crise e colapso se apresentem, ninguém em sã consciência questiona a sábia superioridade da "eficiência de custos", do "espírito empresarial", da "eficiência tecnológica", das "razões econômicas" e outras semelhantes. Porém, tão logo o sistema é incapaz de fornecer os bens que momentos antes anunciava ruidosamente – apontando confiadamente, antes da irrupção de distúrbios estruturais, sua capacidade de suprir expectativas em progressão como demonstração autoevidente de sua superioridade sobre todos os modos alternativos possíveis de produção e de controle social –, seus apologistas imediatamente mudam da pregação sobre a "eficiência de custos" e as "razões econômicas" para o sermão sobre a necessidade da "autorrenúncia" e do "idealismo", imperturbáveis não apenas quanto à sua brusca mudança de rumo, mas também em relação ao irrealismo retórico de suas "soluções" desejáveis.

---

[12] E. J. Mishan, *The Cost of Economic Growth* (Londres, Penguin Books, 1969), p. 225. [Ed. bras.: *Desenvolvimento... a que preço?*, São Paulo, Ibrasa, 1976.]

Dessa forma, para além do horizonte da "obsolescência artificial", somos subitamente expostos a "teorias" que defendem o planejamento de cortes artificiais no fornecimento de energia, a produção de escassez material artificial também como antídoto ao excesso de "tempo livre" que envolve o perigo de um desenvolvimento da consciência social; da solidariedade espacial e do suspense artificialmente manipulado etc. Na verdade, numa época em que o desemprego cresce perigosamente, há ainda entre nós "teóricos" antediluvianos, que esperam enfrentar as dificuldades resultantes da total ausência de sentido de uma existência saturada de *commodities*, defendendo seriamente a produção de desemprego artificial e miséria, coroando tudo isso com discursos nostálgicos acerca de religiões perdidas e da necessidade de uma novíssima religião artificial. Só não revelam como irão projetar, ao mesmo tempo, um ser artificial que será sistematicamente incapaz de perceber a grotesca artificialidade de todos esses artificialismos.

Houve uma época em que era conveniente, ao desenvolvimento do capitalismo, soltar da lâmpada o gênio que implacavelmente converte todas as coisas em mercadorias, muito embora essa façanha implicasse necessariamente o grande debilitamento e a definitiva desintegração das instituições religiosas, políticas e educacionais, que eram vitais para o mecanismo de controle da sociedade de classes. Hoje, contudo, o *status quo* estaria mais bem servido pela restauração de todas essas debilitadas e desintegrantes instituições de controle. De acordo com nossos críticos românticos, tudo estaria na mais perfeita ordem caso o gênio pudesse ser persuadido a retornar à sua lâmpada. O problema consiste, no entanto, em que ele não tem qualquer intenção de fazê-lo. Assim, nada mais resta aos nossos românticos exceto se lamentar da perversidade do gênio e da insensatez dos seres humanos que o libertaram.

4. Da "tolerância repressiva" à defesa liberal da repressão

Quando um sistema não consegue enfrentar manifestações de dissenso e, ao mesmo tempo, é incapaz de lidar com suas causas, surgem nesses períodos da história não só figuras e soluções ilusórias, mas também os "realistas" da rejeição repressiva de toda crítica. Em 1957, um jovem e talentoso escritor alemão, Conrad Rheinhold, como resíduo do Vigésimo Congresso, teve que abandonar a Alemanha Oriental, onde dirigia um teatro político. Depois de alguma vivência na Alemanha Ocidental, foi-lhe solicitado, numa entrevista publicada na revista *Der Spiegel*[13], que apontasse a principal diferença entre sua antiga e sua nova situação. Esta foi sua resposta: "*Im Osten soll das Kabarett die Gesellshaft ändern, darf aber nichts sagem; im Westerm Kann es alles sagem, darf aber nichts ändern*" [No Leste espera-se que o teatro político mude a sociedade, mas não é permitido falar sobre nada; no Ocidente, é permitido falar sobre tudo que se queira, mas não é permitido mudar absolutamente nada].

O exemplo ilustra muito bem o dilema do controle social. O reverso da medalha da "tolerância repressiva" é a "tolerância *reprimida*". Ambas demarcam os limites de sistemas sociais que são incapazes de satisfazer a necessidade de mudança social num determinado período histórico.

---

[13] *Der Spiegel* (Hamburgo), 6/11/1957.

Quando Marx morreu, em 1883, o fato foi notificado pelo *The Times* com certo atraso[14]. E não é surpreendente que o jornal londrino tivesse que ser informado de Paris, mesmo Marx tendo morrido em Londres. Isso ilustra de novo muito bem o nosso dilema. Pois é fácil ser liberal quando até um Marx pode ser totalmente ignorado – sua voz não podia ser ouvida onde ele vivia, graças ao vácuo político e ideológico que o circundava. Mas o que acontece quando o vácuo político é deslocado pela crescente pressão das contradições sociais em constante ampliação? Não serão, nesse caso, as frustrações geradas pelo necessário fracasso de apenas atentar para as manifestações superficiais dos problemas socioeconômicos, em lugar de enfrentar suas causas – será que esse fracasso não irá se refugiar atrás de uma demonstração de força, mesmo que isso signifique uma violação dos próprios valores liberais em cujo nome a violação é agora cometida? O caso recente de outro jovem refugiado da Alemanha Oriental – dessa vez não se trata de um escritor de teatro político, mas de alguém profundamente preocupado com a degradação da política ao nível dos cabarés vulgares: Rudi Dutscke – sugere uma resposta bastante inquietante à nossa pergunta.

O problema não se reduz a uma questão de "aberração pessoal" ou de "teimosia política", como alguns comentadores observaram. Infelizmente, o problema é muito mais grave: trata-se de uma tentativa ameaçadora de colocar os órgãos políticos de controle em sintonia com as necessidades da articulação atual da economia capitalista, ainda quando tal ajustamento exija uma transição "liberal" da "tolerância repressiva" à "intolerância repressiva". Os que continuam a nutrir ilusões sobre esses assuntos deveriam ler um pouco mais atentamente seu jornal supostamente "imparcial", a fim de compreender o sentido cuidadosamente urdido de trechos como o que se segue:

> Quanto mais a universidade liberal é pressionada, tanto menos é *capaz* de ser compreensiva, mais *rigorosamente* terá que fixar seus limites e maior será a probabilidade da exclusão de *pontos de vista intolerantes*. O paradoxo da *sociedade tolerante* consiste em que não pode ser defendida apenas por métodos *tolerantes*, da mesma forma que a *sociedade pacífica* não pode ser defendida exclusivamente por métodos pacíficos.[15]

Como podemos observar, os mitos vazios da "sociedade tolerante" e da "sociedade pacífica" são empregados para representar a sociedade do *bellum omnium contra omnes*, desprezando os métodos dolorosamente óbvios pelos quais a "sociedade pacífica" do capitalismo norte-americano demonstra seu verdadeiro caráter, por meio de bombardeios maciços, da carnificina geral e dos massacres no Vietnã, e ainda pelo assassinato de seus pró-

---

[14] No dia 17/3/1883, o jornal londrino *The Times* publicou a seguinte notícia: "*Nosso correspondente em Paris informa a morte do dr. Karl Marx, ocorrida na quarta-feira passada em Londres*. Nasceu em Colônia [Alemanha], no ano de 1818. Com a idade de 25 anos foi obrigado a deixar sua terra natal e a refugiar-se na França, em razão das opiniões radicais expressas em um jornal do qual era editor. Na França dedicou-se ao estudo de filosofia e política, e tornou-se tão incômodo ao governo prussiano devido aos seus escritos que foi expulso da França e morou por alguns anos na Bélgica. Em 1847 participou do Congresso dos Trabalhadores em Londres, e foi um dos autores do Manifesto do Partido Comunista. Retornou a Paris após a Revolução de 1848, indo em seguida para sua cidade natal, Colônia, de onde foi novamente expulso devido aos seus escritos revolucionários. Após escapar da prisão em Paris fixou residência em Londres".

[15] Editorial, *The Times* (Londres), 17/10/1970.

prios jovens na frente da "universidade liberal" – no Estado de Kent e em outros locais –, quando ousam organizar atos de protesto contra as inomináveis desumanidades dessa sociedade "tolerante" e "pacífica".

Ademais, nesses trechos de sabedoria editorial poderemos também observar, se estivermos dispostos a isso, não apenas o reconhecimento não intencional do fato de que essa sociedade "liberal" e "tolerante" "tolerará" somente até o ponto em que for capaz – isto é, até o ponto para além do qual o protesto começa a se tornar efetivo e a se transformar num verdadeiro desafio social à perpetuação da sociedade de tolerância repressiva –, mas também a hipocrisia sofisticada por meio da qual a defesa da *intolerância crua* ("rigorosa") e *institucionalizada* ("exclusão") alcança representar a si própria como uma defesa liberal da sociedade contra "os pontos de vista intolerantes".

Similarmente, a defesa da intolerância institucionalizada é ampliada à prescrição de "soluções" para as lutas sindicais. Outra manchete do *The Times* – sugestivamente intitulada "Uma linha de combate para os 10%"[16] –, após admitir que "ninguém sabe ao certo qual é o mecanismo que causa uma espiral inflacionária" e depois de murmurar qualquer coisa sobre a fatalidade de determinado tipo de "regime autoritário" que ocorre em países com altos índices de inflação, termina por advogar medidas *"ruidosamente autoritárias"*.

> O que pode ser feito para reverter a atual tendência inflacionária? A primeira e imediata resposta é que o país deveria reconhecer a correção de uma *postura firme*. Qualquer pessoa, nas atuais *circunstâncias*, que reivindique mais que 10% estará contribuindo para um processo de autodestruição. Qualquer um que entre em greve porque não aceita 15% merece ser *repelido* com toda a força da sociedade, com *todo o poder do governo*.[17] [...] *A primeira e a mais simples coisa a fazer consiste em começar derrotando as greves* [!]. As autoridades locais deveriam receber total apoio [incluindo tropas?], ao se recusarem a oferecer qualquer proposta, *mesmo no caso da greve se prolongar por meses*.[18]

Pode-se ver, então, que a aparente preocupação com a ameaça (fictícia) de "algum tipo de regime autoritário" – que simplesmente se afirma estar inevitavelmente ligado a níveis elevados de inflação – é apenas um pretexto para encobrir a *real* preocupação em proteger os interesses do capital, não importando quão graves possam ser as implicações políticas de "uma postura firme" contra "greves que se prolongam durante meses". Formular, assim, as mais elevadas prioridades em termos de "derrotar as greves" é, e não deixa de ser, uma *postura autoritária*, mesmo quando a política baseada em tais medidas é defendida por editoriais que são capazes de assumir posições liberais em relação a assuntos mais periféricos.

A passagem de defesa da intolerância institucionalizada, na forma de "derrotar as greves com todo o poder do governo", à legitimação de tais práticas, por meio de *leis antissin-*

---

[16] *The Times* (Londres), 20/10/1970.

[17] Os comentários de Marx sobre as instruções da censura prussiana esclarecem esse modo "liberal" de argumentar: "Nada que se oponha à religião cristã em geral ou a uma doutrina em particular, de maneira frívola e hostil será tolerado". A coisa é colocada inteligentemente: *frívola, hostil*. O adjetivo "frívolo" apela para o senso de propriedade do cidadão e é o termo exotérico na *visão pública*; mas o adjetivo "hostil" é sussurrado no *ouvido do censor* e *transforma-se* na interpretação legal da frivolidade. Em nossa citação os respectivos termos são, evidentemente, "a influência da sociedade" e "todo poder do governo".

[18] *The Times* (Londres), 20/10/1970.

dicais, é, claramente, apenas o passo lógico seguinte. De fato, a experiência da política de consenso é particularmente reveladora a esse respeito[19]. Nesse sentido, a denúncia do projeto de lei *tory* feita pela senhora Castle não é apenas inócua e tardia. Essa denúncia padece também de amnésia, posto que pretende esquecer o desastroso projeto de lei trabalhista, gêmeo do projeto de lei conservador e cuja maternidade a autora certamente não podia negar. E quando a senhora Castle escreve sobre "A carta dos maus patrões"[20] não faz mais do que acentuar as ilusões teimosas dos políticos "pragmáticos", que apesar de sua experiência passada ainda imaginam que serão reeleitos a fim de inscrever nos anais "A carta do bom patrão".

De um ponto de vista socialista, os patrões não são "bons" nem "maus". Apenas são *patrões*. E *isso* já é suficientemente mau: de fato, não poderia ser pior. Essa é a razão pela qual se torna vital ultrapassar os limites paralisantes da política de consenso, que se recusa a reconhecer essa verdade elementar e faz com que a população de um modo geral sofra com as desastrosas consequências de seus crescentes fracassos.

5. "Guerra, se os métodos 'normais' de expansão fracassam"

Sob o impacto devastador de uma taxa de lucro declinante, a margem de manobra da ação política tradicional tem sido reduzida à função de executar servilmente os ditames postos pelas necessidades mais urgentes e imediatas de expansão do capital, mesmo quando tais operações são invariavelmente desvirtuadas e apresentadas como sendo de "interesse nacional" por ambas as partes do consenso "nacional"[21]. E a revelação de como as decisões

---

[19] Como os editores do *Trade Union Register* corretamente enfatizam: "As semelhanças entre os dois documentos (isto é, o *tory Fair Deal at Work* e o trabalhista *In Place of Strife*) são consideráveis, e certamente mais substanciais que suas diferenças. Esse consenso reflete toda a tendência, nos círculos políticos ortodoxos, em assumir que os trabalhadores (não necessariamente os sindicatos) possuem demasiada liberdade e poder na execução de atos de greve e outras formas de pressão coletiva industrial, e que é legítimo o Estado legislar com vistas a restringir e limitar essas liberdades e poderes. Considerando o enorme crescimento recente da autoridade e da influência do próprio Estado, e da ampla irresponsabilidade das empresas privadas e comerciais, contra os quais as forças independentes do trabalho organizado constituem sozinhas a única garantia das liberdades civis e políticas fundamentais, a concepção consensual predominante nos partidos políticos do centro e da direita requer a mais vigorosa e ampla oposição do movimento dos trabalhadores", *Trade Union Register* (Londres, Merlin, 1970), p. 276.

[20] Barbara Castle, "'The Bad Bosses' Charter", *New Statesman* (Londres), 16/10/1970.

[21] Quando Edward Heath [ex-primeiro-ministro britânico] nacionalizou a Rolls-Royce (após suas reiteradas denúncias das medidas de nacionalização como sendo uma *doctrinaire socialist nonsense*), tudo o que realizou não foi mais, evidentemente, do que a "nacionalização" da falência capitalista num setor importante da produção de *commodities*. O fato, porém, de que a causa imediata dessa medida tenha sido um contrato negociado pelo governo trabalhista anterior (visando equilibrar as enormes perdas privadas de recursos públicos) apenas expõe com maior clareza a rendição de ambos os partidos aos ditames da estrutura capitalista de produção existente. Esses ditames prescrevem a transferência de ramos não lucrativos da indústria para o setor "público" (ou seja, controlado pela burocracia do Estado), de forma que possam se converter em subsídios adicionais a serviço do capital monopolista. Ainda bem que esse ato particular de "nacionalização" foi realizado por um governo conservador – o que o torna um evento menos mistificador. Pois, caso houvesse sido implementado por um governo trabalhista, teria sido amplamente saudado como um grande marco do "socialismo pragmático".

políticas estão diretamente subordinadas aos ditames do capital monopolista – que exclui, sem cerimônia, a vasta maioria dos representantes eleitos da definição de todas as questões relevantes – é feita de maneiras absolutamente inesperadas, por eventos embaraçosos como as renúncias, que ganham manchetes, de pessoas supostamente fundamentais na tomada de decisão: certos membros do mais exclusivo *inner cabinets* (restrito a uns poucos ministros) que protestam contra o fato de que não puderam se pronunciar quanto às decisões relativas às questões mais importantes de seus próprios ministérios, e muito menos quanto àquelas relativas à política nacional como um todo.

Ainda mais reveladora é a ascensão meteórica dos representantes autodesignados das grandes empresas e dos grupos financeiros aos mais elevados postos políticos do executivo. Dado o papel vital desempenhado pelo Estado na manutenção, com todos os meios ao seu alcance, do sistema de produção capitalista – numa época de já enorme, embora ainda em expansão, concentração de capital –, são de tal modo grandes os interesses em jogo que as formas tradicionais de controle indireto (econômico) das decisões são obrigadas a ceder lugar a um controle *direto* dos "postos de comando" da política pelos porta-vozes do capital monopolista. Em contraste com essas manifestações dos desdobramentos econômico e político atuais, que no passado recente e ainda hoje testemunhamos, a mitologia de realizar ideias socialistas por meio da conquista "pragmática" do controle "dos postos de comando da administração associada" deve soar, de fato, particularmente falsa.

Portanto, a política – que nada é senão a aplicação consciente de medidas estratégicas capazes de afetar profundamente o desenvolvimento social como um todo – é transformada em mero instrumento de grosseira manipulação completamente desprovido de qualquer plano global e de uma finalidade própria. A política fica condenada a seguir um padrão de movimento reativo tardio e de curto prazo, em resposta às crises desconcertantes que necessariamente irrompem, numa frequência crescente, na base socioeconômica da produção autossaturante de *commodities* e da acumulação do capital que se autoinvalida.

Consequentemente, a crise que enfrentamos não se reduz simplesmente a uma crise política, mas trata-se da crise estrutural geral das instituições capitalistas de controle social na sua totalidade. Aqui cabe assinalar que as instituições do capitalismo são inerentemente violentas e agressivas: são edificadas sobre a premissa fundamental que prescreve a "guerra, se fracassam os métodos 'normais' de expansão". (Ademais, a *destruição* periódica – por quaisquer meios, incluindo os mais violentos – do capital excedente é uma necessidade inerente ao funcionamento "*normal*" desse sistema: a condição vital para sua *recuperação* das crises e depressões.) A cega "lei natural" do mecanismo de mercado traz consigo o inelutável resultado de que os graves problemas sociais necessariamente associados à produção e à concentração do capital jamais são *solucionados*, mas apenas *adiados* e, de fato, transferidos ao plano *militar*, dado que o adiamento não pode se dar indefinidamente. Assim, o "sentido" das instituições hierarquicamente estruturadas do capitalismo é dado na sua referência máxima ao "combate" violento dessas questões na arena internacional, uma vez que as unidades socioeconômicas – de acordo com a lógica interna de seu desenvolvimento – crescem cada vez mais e seus problemas e contradições tornam-se sempre mais intensos e graves. Crescimento e expansão são necessidades imanentes ao sistema de produção capitalista, e quando os limites locais são atingidos não resta outra saída a não ser reajustar violentamente a relação dominante de forças.

Contudo, o sistema capitalista de nossa época foi privado da sanção máxima de que dispunha: a guerra total contra seus inimigos reais ou potenciais. Já não é possível exportar a violência interna na escala maciça requerida. (Tentativas nesse sentido em escala limitada como, por exemplo, a Guerra do Vietnã não só não constituem substitutos válidos para o antigo mecanismo, mas também aceleram as inevitáveis explosões internas ao agravarem as condições inerentes ao sistema.) Tampouco é possível prosseguir indefinidamente com as mistificações ideológicas que representavam o desafio *interno* do socialismo: a única solução possível para a crise atual do controle social, tomada como uma confrontação *externa*, uma "subversão" dirigida do exterior por um inimigo "monolítico". Pela primeira vez na história, o capitalismo confronta-se globalmente com seus próprios problemas, que não podem ser "adiados" por muito mais tempo nem, tampouco, transferidos para o plano militar a fim de serem "exportados" como guerra generalizada.

No que se refere ao futuro desenvolvimento do capitalismo, torna-se um ponto da maior relevância impedir que uma terceira guerra mundial possa se constituir numa solução para a grave crise estrutural da sociedade. As enormes implicações da neutralização dessa via para a superação da crise podem ser compreendidas quando se recorda que as grandes guerras no passado:

1. "desmaterializaram" automaticamente o sistema capitalista de incentivos (determinando um deslocamento dos "incentivos econômicos" para a "autorrenúncia" e o "idealismo", tão caros a alguns dos recentes defensores e apologistas do sistema em dificuldade), ajustando simultaneamente, dessa forma, o mecanismo de "interiorização" por meio do qual a legitimação permanente da ordem vigente é realizada com sucesso;

2. repentinamente, impuseram às massas um padrão de vida radicalmente mais baixo, aceito voluntariamente dadas as circunstâncias de um Estado de Emergência;

3. com idêntica rapidez ampliaram radicalmente a margem de lucro, anteriormente deprimida;

4. introduziram um elemento vital de racionalização e coordenação no sistema como um todo (racionalização que, graças às circunstâncias excepcionais, não ficou circunscrita aos estreitos limites de todas as racionalizações, que respondem diretamente às necessidades exclusivas de produção e expansão do capital);

5. e, por último, mas não menos importante: forneceram um imenso impulso tecnológico à economia como um todo de forma generalizada.

Os atuais gastos militares, ainda que fabulosos, simplesmente não podem ser comparados com esse conjunto de fatores, tanto econômicos como ideológicos, sem os quais o sistema capitalista mundial provavelmente não sobreviveria. Tanto assim que a demanda atual gerada pelos gastos militares – que é imposta à sociedade em condições de "tempo de paz" e não sob os de uma "emergência nacional"– não impede a intensificação das contradições da produção do capital. Isso se manifesta de modo evidente nas falências espetaculares das empresas cuja sobrevivência depende de vultosos contratos militares (Lockheed e Rolls-Royce, por exemplo).

Contudo, nem mesmo a mais espetacular das falências poderia ilustrar adequadamente o quanto a questão é fundamental. Isso porque o problema diz respeito à estrutura da produção capitalista atual como um todo, e não simplesmente a um dos seus ramos. Nem seria sensato contar com o Estado para a solução do problema, independentemente do volume de recursos públicos que é desperdiçado no curso das suas reveladoras operações de resgate.

Na verdade, foi a tendência às crescentes intervenções do Estado, a serviço da expansão do capital, em assuntos econômicos que, em primeiro lugar, conduziu ao atual estado de coisas. O resultado de tais intervenções foi não apenas o crescimento canceroso de setores não produtivos da indústria no interior da estrutura global da produção do capital, mas – igualmente importante – a grave distorção da *estrutura capitalista de custos* sob o impacto de contratos realizados sob a justificativa ideológica de que eram "vitais para o interesse nacional". E, uma vez que o capitalismo atual constitui um *sistema fortemente interdependente*, as consequências devastadoras dessa distorção estrutural emergem em numerosos setores e ramos da indústria, e não apenas naqueles *diretamente* envolvidos na execução dos contratos militares. Os fatos notórios de que os custos originais previstos nesses contratos "inflam" descontroladamente e de que as comissões designadas pelos governos para "investigar" o problema não produzem resultados (isto é, outros resultados que não o encobrimento de operações passadas, conjugado com generosas justificativas para futuros dispêndios) encontram sua explicação nas necessidades imanentes dessa estrutura distorcida da produção e da contabilidade capitalistas, com as mais graves implicações para o futuro.

Portanto, o poder de intervenção do Estado na economia – não há muito tempo, amplamente aceito como remédio milagroso para todos os possíveis males e problemas da "sociedade industrial moderna" – limita-se estritamente a acelerar a maturação dessas contradições. Quanto maiores as doses ministradas ao paciente convalescente, maior sua dependência do remédio milagroso, ou melhor, mais graves os sintomas descritos acima como distorção estrutural de todo o sistema capitalista de custos; sintomas que prenunciam ameaçadoramente uma paralisação e um colapso definitivos dos mecanismos de produção e expansão do capital. E o fato de que o suposto remédio se revela, posteriormente, um indutor de novas crises demonstra claramente que não se trata de uma "disfunção passageira", mas de uma contradição fundamental e dinâmica da totalidade da estrutura da produção do capital em sua fase histórica de desintegração.

6. A emergência do desemprego crônico

Igualmente relevante é o novo padrão de desemprego que vem se delineando. Isso porque nas décadas recentes o desemprego, nos países capitalistas altamente desenvolvidos, limitava-se em grande parte "aos bolsões de subdesenvolvimento"; e as milhões de pessoas afetadas por ele costumavam ser otimisticamente ignoradas, no grande estilo de autocomplacência neocapitalista, como representando os "custos inevitáveis da modernização" sem que houvesse muita preocupação – se é que havia alguma – pelas repercussões socioeconômicas da própria tendência.

Na medida em que a transformação predominante se dava na substituição do trabalho *não qualificado* pelo qualificado, envolvendo grandes dispêndios de capital para o desenvolvimento industrial, o assunto podia ser ignorado com relativa segurança, dada a atmosfera de euforia provocada pela "expansão". Em tais circunstâncias, a miséria necessariamente associada a todos os tipos de desemprego – inclusive aquele produzido no interesse da "modernização"– podia ser capitalisticamente justificada em nome de um brilhante futuro de consumo para todos. Naqueles dias, os milhões de pessoas desafortunadas, patéticas e "desprivilegiadas", podiam ser facilmente relegadas à periferia da sociedade. Isoladas, como um fenômeno social da "Grande Sociedade" afluente, elas deveriam responsabilizar exclusivamente a sua própria "inutilidade" (falta de qualificação profissional, "preguiça" etc.) pelos seus apuros e resignar-se a consumir os restos do farto banquete neocapitalista, magnanimamente servidos sob a forma de "benefícios-desemprego" e cupons para o consumo dos excedentes invendáveis de alimentos. (Não devemos esquecer que naquela época alguns dos mais proeminentes economistas defendiam seriamente programas que teriam institucionalizado – em nome do "progresso técnico" e da "minimização de custos" – a condenação permanente de grande proporção da força de trabalho a uma existência brutalmente desumanizada, na forma de inatividade compulsória e da total dependência da "caridade social".)

No entanto, foi sistematicamente ignorado o fato de que a tendência da "modernização" capitalista e o deslocamento de uma grande quantidade de trabalho não qualificado, em favor de uma quantidade bem menor de trabalho qualificado, implicavam em última análise a *reversão* da própria tendência: ou seja, o colapso da "modernização" articulado a um desemprego maciço. Esse aspecto da maior gravidade simplesmente *precisa* ser ignorado, posto que seu reconhecimento é radicalmente incompatível com a contínua aceitação das perspectivas capitalistas do controle social. Pois a contradição dinâmica subjacente que conduz a uma drástica reversão da tendência de modo algum é inerente à *tecnologia* empregada, mas à cega subordinação *tanto do trabalho como da tecnologia* aos devastadores e estreitos limites do capital como árbitro supremo do desenvolvimento e do controle sociais.

Reconhecer, porém, o caráter socialmente determinado da tecnologia em questão teria sido o mesmo que admitir as limitações socioeconômicas das aplicações capitalistas da tecnologia. Essa é a razão pela qual os apologistas das relações capitalistas de produção tiveram que teorizar sobre o "crescimento", o "desenvolvimento" e a "modernização" *enquanto tais*, em vez de investigar os modestos *limites* do crescimento e do desenvolvimento *capitalistas*. Razão pela qual também foram obrigados a discorrer sobre a sociedade "afluente", "industrial-moderna" ou mesmo "pós-industrial" (!) e de "consumo" *enquanto tais*, em vez de analisar a afluência artificial e contraditória da *sociedade de consumo produtora de desperdício* que depende, para seu ciclo de reprodução "industrial-moderno", não apenas da mais cínica manipulação da demanda dos consumidores, mas também da mais desumana exploração dos "despossuídos".

Muito embora, no que concerne à *tecnologia propriamente dita*, não haja, em princípio, razão para que a tendência de modernização e a transferência do trabalho não qualificado para o trabalho qualificado não possam prosseguir indefinidamente, há de fato uma excelente razão por que essa tendência tenha de se reverter sob as relações capitalistas de produção: os critérios desastrosamente restritivos da lucratividade e da expansão do *valor de troca* aos quais tal "modernização" está necessariamente subordinada. Assim, o novo padrão emergente de desemprego como uma tendência socioeconômica adquire o caráter de um indicador do aprofundamento da crise estrutural do capitalismo atual.

Como resultado dessa tendência, o problema não mais se restringe à difícil situação dos trabalhadores não qualificados, mas atinge também um grande número de trabalhadores *altamente qualificados*, que agora disputam, somando-se ao estoque anterior de desempregados, os escassos – e cada vez mais raros – empregos disponíveis. Da mesma forma, a tendência da amputação "racionalizadora" não está mais limitada aos "ramos periféricos de uma indústria obsoleta", mas abarca alguns dos mais *desenvolvidos* e modernizados setores da produção – da indústria naval e aeronáutica à eletrônica, e da indústria mecânica à tecnologia espacial.

Portanto, não estamos mais diante dos subprodutos "normais" e voluntariamente aceitos do "crescimento e do desenvolvimento", mas de seu movimento em direção a um colapso; nem tampouco diante de problemas periféricos dos "bolsões de subdesenvolvimento", mas diante de uma contradição fundamental do modo de produção capitalista como um todo, que transforma até mesmo as últimas conquistas do "desenvolvimento", da "racionalização" e da "modernização" em fardos paralisantes de subdesenvolvimento crônico. E o mais importante de tudo é que quem sofre todas as consequências dessa situação não é mais a multidão socialmente impotente, apática e fragmentada das pessoas "desprivilegiadas", mas *todas* as categorias de trabalhadores qualificados e não qualificados: ou seja, obviamente, a *totalidade da força de trabalho* da sociedade.

Desnecessário dizer que delineamos aqui uma *tendência* importante do desenvolvimento social e não algum determinismo mecânico que anuncia o colapso imediato do capitalismo mundial. Contudo, muito embora o estoque de contramedidas manipuladoras esteja longe de ter se exaurido, nenhuma dessas medidas é capaz de suprimir a própria tendência a longo prazo. Qualquer que seja o grau de sucesso das medidas que surjam, ou que sejam compatíveis com os requisitos e limitações básicos do modo de produção capitalista, o fato crucial é – e persiste sendo – que, sob as circunstâncias e condições atuais da produção do capital, a totalidade da força de trabalho se envolve numa confrontação cada vez mais intensa com o capital monopolista – o que traz consigo profundas consequências para o desenvolvimento da consciência social.

7. A intensificação da taxa de exploração

Neste ponto podemos ver novamente a importância vital de bloquear o caminho de possíveis soluções para a crise estrutural do capitalismo por meio do deslocamento violento de seus problemas na forma de uma nova guerra mundial. Sob as novas circunstâncias, alguns dos mais poderosos instrumentos de mistificação – graças aos quais o capital conseguiu exercer, no passado, seu controle ideológico paralisador sobre o trabalho – tornaram-se ameaçadoramente debilitados e tendem ao completo colapso. Pois agora as imensas tensões geradas no interior do sistema de produção do capital não podem ser exportadas numa escala adequadamente maciça à custa de outros países. E desse modo o antagonismo social básico entre capital e trabalho, que se situa nas raízes de tais tensões, não pode ser contido indefinidamente: *as contradições têm de ser combatidas no lugar onde realmente são geradas.*

O capital, quando alcança um ponto de saturação em seu próprio espaço e não consegue simultaneamente encontrar canais para nova expansão, na forma de imperialismo e neocolonialismo, não tem alternativa a não ser deixar que sua própria força de trabalho local sofra as graves consequências da deterioração da taxa de lucro. De fato, as classes trabalhadoras de algumas das mais desenvolvidas sociedades "pós-industriais" estão experimentando uma amostra da real perniciosidade do capital "liberal".

A interação de vários fatores importantes – do dramático desenvolvimento das forças de produção à interposição de imensos obstáculos à livre expansão internacional do capital monopolista – expôs e debilitou o mecanismo tradicional do "caixa dois", que no passado habilitou o capital a se conformar internamente às regras do "liberalismo", enquanto praticava e perpetuava as formas mais brutais de autoritarismo no exterior. Expõe-se, assim, a natureza real das relações capitalistas de produção: a implacável dominação pelo capital evidenciando-se cada vez mais como um fenômeno *global.*

Na verdade, não poderia ser de outra forma. Enquanto os problemas do trabalho são meramente avaliados em termos parciais (ou seja, como questões locais de grupos fragmentados, estratificados e divididos de trabalhadores), eles permanecem um mistério para a teoria, e nada além de causa da crônica frustração na prática social politicamente orientada.

A compreensão do desenvolvimento e da autorreprodução do modo de produção capitalista é completamente impossível sem o conceito de capital social *total*, que por si só é capaz de explicar muitos mistérios da sociedade de mercado – desde a "taxa média de lucro" até as leis que governam a expansão e a concentração do capital. Do mesmo modo, é completamente impossível compreender os múltiplos e agudos problemas do trabalho, nacionalmente diferenciado e socialmente estratificado, sem que se tenha sempre presente o quadro analítico apropriado: a saber, o irreconciliável antagonismo entre o capital social *total* e a *totalidade* do trabalho.

Esse antagonismo fundamental, desnecessário dizer, é inevitavelmente modificado em função:

a) de circunstâncias socioeconômicas locais;

b) da posição relativa de cada país na estrutura global da produção do capital;

c) da maturidade relativa do desenvolvimento sócio-histórico global.

De fato, em diferentes períodos o sistema como um todo revela a ação de um complexo conjunto de diferenças objetivas de interesse em *ambos* os lados do antagonismo social. A realidade objetiva de diferentes *taxas de exploração* – tanto no interior de dado país como no sistema mundial do capital monopolista – é tão inquestionável como o são as diferenças objetivas nas *taxas de lucros* sob qualquer período em particular, e a ignorância de tais diferenças só pode resultar numa retórica altissonante, em lugar de estratégias revolucionárias. De todo modo, a realidade das diferentes taxas de exploração e de lucro não altera em nada a própria lei fundamental: isto é, a crescente *equalização* das taxas diferenciais de exploração como *tendência* geral do desenvolvimento do capital mundial.

Decerto, essa lei de equalização é uma tendência de longo prazo no que tange ao sistema global do capital. Contudo, as modificações do sistema como um todo também aparecem, inevitavelmente, já no curto prazo, como "distúrbios" de uma economia particular, quando esta é negativamente afetada pelas repercussões das mudanças que necessariamente ocorrem na estrutura global do capital social.

A dialética de tais mudanças e modificações é extremamente complexa e não pode ser aqui desenvolvida. Por ora, basta salientar que "capital social total" não deve ser confundido com o "capital nacional total". Quando este último sofre os efeitos de um enfraquecimento relativo de sua posição no sistema global, tenta inevitavelmente compensar suas perdas com o aumento de sua taxa de exploração específica sobre a força de trabalho diretamente sob seu controle – de outro modo terá sua competitividade ainda mais comprometida na estrutura global do "capital social total". Sob o sistema de controle social capitalista, não pode haver outra forma de escapar de tais "distúrbios e disfunções de curto prazo" a não ser pela intensificação das taxas específicas de exploração, o que só pode conduzir, tanto em termos locais como globais, a uma explosiva intensificação do antagonismo social fundamental a longo prazo.

Aqueles que pregaram a "integração" da classe trabalhadora – pintando o "capitalismo organizado" como um sistema que obtêve sucesso na dominação radical de suas contradições sociais – identificaram irremediavelmente mal o sucesso manipulador das taxas diferenciais de exploração (que prevaleceram na fase histórica, relativamente "livre de distúrbios", da reconstrução e expansão do pós-guerra), como um *remédio estrutural* básico.

Na realidade, não era nada disso. A frequência sempre crescente com que os "distúrbios e disfunções temporárias" aparecem em todas as esferas de nossa existência social e o completo fracasso das medidas e instrumentos manipuladores concebidos para enfrentá-los são uma clara evidência de que a crise estrutural do modo capitalista do controle social assumiu proporções generalizadas.

8. "Corretivos" do capital e controle socialista

O fracasso evidente das instituições existentes e de seus guardiões ao enfrentar nossos problemas só pode intensificar a explosiva ameaça de um impasse. E isso nos faz retornar ao nosso ponto de partida: o imperativo de um controle social adequado de que a "humanidade necessita para sua simples sobrevivência".

Reconhecer essa necessidade não é o mesmo que um convite à indulgência para com a produção de programas "praticáveis" de ajuste socioeconômico. Aqueles que geralmente estabelecem o critério da "praticabilidade" como "medida de seriedade" da crítica social omitem hipocritamente o fato de que sua medida real é o modo de produção capitalista, em cujos termos a praticabilidade de todos os programas de ação deve ser avaliada.

Praticável em *relação a quê?* – essa é a questão. Pois, se os critérios da produção do capital constituem a base "neutra" de toda avaliação, então evidentemente nenhum programa socialista pode resistir ao teste dessa abordagem "livre de valores", "não ideológica" e "objetiva". Essa é a razão pela qual Marx, que insiste que os homens devem modificar "*de cima a baixo* as condições de sua existência industrial e política e, consequentemente, *todo o seu modo de ser*"[22], tem de ser condenado como um "ideólogo irremediavelmente 'impraticável'". Pois como poderiam os homens mudar de cima a baixo as condições de sua existência se a conformidade às condições de produção do capital permanece sendo a premissa necessária de toda mudança admissível?

E, no entanto, quando a própria existência da humanidade está em jogo, como de fato está a essa altura de uma crise sem precedentes na história humana, o único programa realmente praticável – em agudo contraste com a praticabilidade contraproducente de medidas manipuladoras que apenas agravam a crise – é o programa marxiano de reestruturação radical, "*de cima a baixo*", da totalidade das instituições sociais, das condições industriais, políticas e ideológicas da existência atual, de "toda a maneira de ser" de homens reprimidos pelas condições alienadas e reificadas da sociedade de mercado. Excetuada a realização de tal "impraticabilidade" não há saída para a crise cada vez mais profunda da existência humana.

A demanda por programas "praticáveis" é a manifestação do desejo de integrar os elementos "construtivos" da crítica social; um desejo ao qual se soma a determinação de conceber contramedidas cruelmente efetivas contra aqueles elementos que resistem à integração e são, portanto, *a priori* definidos como "destrutivos". Mas ainda que não fosse assim: programas e instrumentos de ação sociopolíticos verdadeiramente adequados só podem ser elaborados pela própria prática social crítica e autocrítica no curso de seu efetivo desenvolvimento.

Assim, as instituições socialistas de controle social não podem ser definidas *em detalhe* antes da sua articulação prática. Neste momento de transição histórica, as questões relevantes dizem respeito ao seu caráter geral e à sua direção: ambos determinados, em primeiro lugar, pelo modo e pelas instituições de controle predominantes, em relação aos quais devem constituir uma alternativa radical. Nesse sentido, as características centrais do novo modo de controle social podem ser concretamente identificadas – no grau em que isso se torne necessário para a elaboração e a implementação de estratégias sociais flexíveis – pela apreensão das funções básicas e das contradições inerentes ao sistema de controle social em desintegração[23].

Aqui, devemos nos limitar apenas a mencionar os aspectos mais importantes – entre os quais, em primeiro lugar, a relação entre política e economia. Como se sabe, os críticos burgueses de Marx nunca deixaram de o acusar de "determinismo econômico". Porém, nada poderia estar mais distante da verdade. Isso porque o programa marxiano é formulado exatamente como a *emancipação* da ação humana do poder das implacáveis determinações econômicas.

---

[22] Karl Marx, *The Poverty of Philosophy* (Londres, Lawrence & Wishart, 1950), p. 123. [Ed. bras.: *A miséria da filosofia*, São Paulo, Global, 1985.]

[23] Ele se encontra em processo de desintegração precisamente porque – devido às suas contradições inerentes – é incapaz de cumprir as funções vitais que supostamente deve realizar na totalidade do intercurso social.

Quando Marx demonstrou que a força bruta do determinismo econômico, desencadeada pelas desumanizadoras necessidades da produção do capital, impera sobre todos os aspectos da vida humana, demonstrando ao mesmo tempo o caráter inerentemente *histórico* – ou seja, necessariamente *transitório* – do modo de reprodução predominante, ele tocou a ferida da ideologia burguesa: o vazio de sua crença metafísica na "lei natural" da permanência das relações de produção vigentes. E, ao revelar as contradições inerentes a esse modo de reprodução, ele demonstrou a necessária *ruptura* de seu determinismo econômico objetivo. Tal ruptura, todavia, teve de se consumar pela expansão aos seus limites extremos, submetendo absolutamente tudo – incluindo a suposta autonomia do poder de deliberação política – ao seu próprio mecanismo de controle estrito.

Ironicamente, porém, quando isso é alcançado (como resultado de um crescente apetite por "corretivos", concebidos para assegurar uma ilimitada expansão do poder do capital), o capital monopolista é compelido a assumir também o controle direto de áreas que é estruturalmente incapaz de controlar. Assim, além de um certo limite, quanto mais ele controla (diretamente), menos controla (efetivamente), enfraquecendo e finalmente destruindo até mesmo os mecanismos de "correção". A completa e, agora, patente subordinação da política aos ditames mais imediatos do determinismo econômico da produção do capital é um aspecto vital dessa problemática. Essa é a razão por que o caminho para o estabelecimento de novas instituições de controle social deve passar por uma radical *emancipação da política do poder do capital*.

Outra contradição básica do sistema capitalista de controle é que ele não pode separar "avanço" de *destruição*, nem "progresso" de *desperdício* – ainda que as resultantes sejam catastróficas. Quanto mais o sistema destrava os poderes da produtividade, mais libera os poderes de destruição; e quanto mais dilata o volume da produção tanto mais tem de sepultar tudo sob montanhas de lixo asfixiante. O conceito de *economia* é radicalmente incompatível com a "economia" da produção do capital, que necessariamente causa um duplo malefício, primeiro por usar com desperdício voraz os *limitados recursos* do nosso planeta, o que é posteriormente agravado pela *poluição e pelo envenenamento do meio ambiente humano*, decorrentes da produção em massa de lixo e efluentes.

Ironicamente, porém, mais uma vez, o sistema entra em colapso no momento de seu supremo poder; pois sua máxima ampliação inevitavelmente gera a necessidade vital de limites e *controle consciente*, com os quais a produção do capital é estruturalmente incompatível. Por isso, o estabelecimento do novo modo de controle social é inseparável da realização dos princípios de uma *economia socialista*, centrada numa *significativa economia da atividade produtiva*, pedra angular de uma rica realização humana numa sociedade emancipada das instituições de controle alienadas e reificadas.

O último ponto a enfatizar é a determinação necessariamente global do sistema alternativo de controle social, em confrontação com o sistema global do capital enquanto modo de controle. No mundo tal como tem sido – e continua a ser – transformado pelo imenso poder do capital, as instituições sociais constituem um sistema estreitamente articulado. Por isso, não há qualquer esperança de sucessos *parciais* isolados, mas somente de sucessos *globais* – por mais paradoxal que isso possa soar. De fato, o critério crucial para a avaliação de medidas parciais é se são ou não capazes de operar como "*pontos de Arquimedes*", ou seja, como alavancas estratégicas para uma reestruturação radical do sistema global de controle social. Por isso, Marx falou da necessidade vital de mudar, "de cima a baixo", as condições de existência *como um todo*, sem o que todos os esforços direcionados à emancipação socialista da humanidade estão destinados ao fracasso. Tal programa, desnecessário dizer, envolve as "microestruturas" (como a família) tanto quanto as instituições mais abrangentes (as "macroestruturas") da vida política e econômica. Na verdade, como Marx indicou, nada menos do que uma transformação radical de "toda a nossa maneira de ser" pode produzir um adequado sistema de controle social.

Sem dúvida, seu estabelecimento levará tempo e irá requerer o mais ativo envolvimento de toda a comunidade de produtores, ativando as energias criativas reprimidas dos vários grupos sociais a respeito de questões incomparavelmente mais relevantes do que decidir a cor dos postes locais às quais está confinado hoje em dia seu "poder" de decisão.

O estabelecimento desse controle social necessitará igualmente o consciente cultivo – não em indivíduos isolados, mas em toda a comunidade de produtores, qualquer que seja sua ocupação – de uma intransigente consciência crítica, associada a um intenso compromisso com os valores de uma humanidade socialista, que guiou o trabalho de Isaac Deutscher a uma rica realização.

Nossa homenagem não significa, portanto, uma recordação do passado, mas um desafio persistente para fazer face às exigências inerentes à nossa própria parcela de uma tarefa comum.

É com esse espírito que desejo dedicar a minha conferência à memória de Isaac Deutscher.

IV
POLÍTICA RADICAL E TRANSIÇÃO PARA O SOCIALISMO: REFLEXÕES NO CENTENÁRIO DE MARX*

Marx escreveu *O capital* com o propósito de contribuir para o rompimento, em condições favoráveis, do domínio do capital. Ou seja, quando – em seu rumo implacável de tudo subsumir a si em escala global – o "capital social total" não puder mais deslocar as suas contradições e for empurrado a seus limites intransponíveis, evidenciará, assim, o surgimento do "reino da nova forma histórica", nas palavras de Marx.

Cem anos após a morte de Marx, estamos, em grande medida, mais próximos das condições para a derrocada do capital e da real possibilidade dessa transformação fundamental, que a sua obra pretendeu identificar com rigor científico e paixão socialista. Todavia, é claro que seria um tanto ingênuo sugerir que daqui em diante não haveria mais saída para a expansão capitalista e para o deslocamento manipulador de muitos de seus problemas. Da mesma forma, não pode haver dúvidas de que estamos em meio a uma crise nunca dantes experimentada e numa escala incomparável.

Desse modo, não somente os riscos estão aumentando e as confrontações se aprofundando, mas também as possibilidades para um resultado positivo estão postas numa nova perspectiva histórica. Precisamente porque os riscos estão crescendo e tornando-se potencialmente mais explosivos; o repositório de compromissos, que formalmente tem servido tão bem às forças do "consenso político", está cada vez mais vazio, bloqueando certos caminhos e abrindo outros, enquanto demanda a adoção de novas estratégias.

Contra esse pano de fundo da crise estrutural do capital e a concomitância das novas potencialidades históricas, é necessário reexaminar os requisitos e as condições objetivas da ida *Para além do capital*, no espírito do projeto socialista original. A transição para o

---

* Texto publicado anteriormente em *Beyond Capital: Towards a Theory of Transition* (Londres, Merlin, 1995), p. 937-51. [Ed. bras.: *Para além do capital: rumo a uma teoria da transição*, trad. Paulo Cezar Castanheira e Sérgio Lessa, São Paulo, Boitempo, 2002, p. 1062-78.] (N. E.)

socialismo em escala global, visualizada por Marx, adquiriu uma atualidade histórica nova e mais urgente, em vista da intensidade e da severidade da crise.

Aqui, só posso abordar alguns poucos problemas, estreitamente vinculados. Primeiro, o que realmente significa ir para "além do capital", como objetivo necessário e perspectiva orientadora de uma estratégia socialista viável. Porque a meta escolhida necessariamente condiciona as etapas que a ela conduzem e, assim, a identificação equivocada do alvo apropriado da transformação socialista traz consigo, inevitavelmente, sérias consequências para o movimento socialista, como é dolorosamente bem conhecido da história passada.

Em segundo lugar, a necessidade de uma ofensiva socialista sob as condições da atualidade histórica, e o desafio de ter que corresponder a tal ofensiva, com as instituições existentes do movimento operário, que foram constituídas para a defensiva, sob condições históricas muito diferentes, no passado.

Nem é preciso dizer, ambos – ir para além do capital e visualizar uma ofensiva socialista – são objetivos paradigmáticos da transição ao socialismo. O que nos leva ao terceiro problema, que sumariamente pretendo discutir: a necessidade de uma teoria geral da transição, em conexão com as condições atuais, quando o assunto emergiu objetivamente na agenda histórica.

E, *finalmente* – em contraste com as discussões que tendem a responder à presente crise simplesmente advogando reestruturações limitadas da economia –, gostaria de considerar o papel que a política radical é chamada a jogar nessa reestruturação fundamental da sociedade como um todo, necessária em qualquer transição para o socialismo.

1. O significado de *Para além do capital*

Como ponto de partida, é necessário focalizar o significado de *Para além do capital*. Trata-se de um problema importante, tanto do ponto de vista teórico quanto prático, com vários aspectos claramente distintos:

1. Marx chamou seu primeiro trabalho de *O capital*, e não de "capitalismo", por uma boa razão, como veremos a seguir. Similarmente, ele definiu o objeto do volume primeiro como *Der Produktionsprozess des Kapitals*, isto é, o processo de produção do capital, e não como o processo da *Capitalist Production* [produção capitalista] – como foi erroneamente traduzido para o inglês, sob a supervisão de Engels –, pois este é um assunto radicalmente diferente.

2. Capital é uma categoria histórica dinâmica e a força social a ela correspondente aparece – na forma de capital "monetário", "mercantil" etc. – vários séculos antes de a formação social do capitalismo enquanto tal emergir e se consolidar. De fato, Marx estava muito interessado em apreender as especificidades históricas das várias formas do capital e suas transições de uma a outra, até finalmente o *capital industrial* se tornar a força dominante do metabolismo socioeconômico e objetivamente definir a fase clássica da formação capitalista.

3. O mesmo é verdadeiro para "a produção de mercadorias", que não pode ser identificada como a produção capitalista de mercadorias. A primeira precede a última, novamente data de muitos séculos atrás, o que requer, assim, uma definição precisa das especificidades históricas do modo capitalista de produção de mercadorias porque, como insiste Marx, "a produção de mercadorias, necessariamente, transforma-se em produção capitalista de mercadorias, num momento dado"[1].

4. A importância de (2) e (3) não é meramente teórica, mas cada vez mais diretamente *prática*. A dimensão histórica do capital e da produção de mercadorias não está confinada ao passado, esclarecendo a transição dinâmica das formações pré-capitalistas para o capitalismo, mas manifesta suas necessárias implicações práticas para o presente e para o futuro, pré-configurando os objetivos compulsórios e as determinantes estruturais inevitáveis da fase *pós-capitalista* de desenvolvimento. Da mesma forma que o próprio capitalismo não é inteligível sem a dimensão histórica de suas características estruturais fundamentais, remetendo a um passado mais ou menos distante, os problemas reais da transformação socialista não podem ser apreendidos sem o completo conhecimento de que o capital e a produção de mercadorias não só precedem, mas também necessariamente sobrevivem ao capitalismo; e assim é não apenas em razão do "atraso asiático" (que se torna um complicador adicional, sob circunstâncias sócio-históricas e políticas determinadas), mas como questão da profundidade das determinações estruturais.

5. Tudo isso tem implicações no longo prazo para a estratégia socialista: para seus objetivos necessários e realizáveis no cenário das determinações estruturais e históricas prevalecentes. Dados tais parâmetros, o projeto socialista, paradoxalmente, só pode definir-se a si mesmo, em primeiro lugar, como uma disjunção radical entre seus objetivos históricos fundamentais e seus objetivos imediatamente realizáveis. Os primeiros se voltam para o estabelecimento da sociedade socialista, que representa qualitativamente uma "nova forma histórica" (Marx), que implica avançar para além do próprio capital, superando assim, efetivamente, o mundo do capital propriamente dito; enquanto os últimos são forçados a definir seu alvo apenas como o ataque e a superação das forças dominantes do capitalismo, permanecendo, necessariamente, num sentido vitalmente importante, no interior dos parâmetros estruturais do capital. Em contraste, sem a reestruturação radical do arcabouço estrutural do capital, inerente não apenas a um dado mecanismo econômico, mas ao sociometabolismo herdado em geral – realizável somente como um processo histórico complexo, com todas as suas contradições e potenciais retrocessos e perturbações –, é inconcebível levar o projeto socialista à sua efetivação apropriada.

Confundir (não importa quão urgente e candente seja a razão político-histórica) o objetivo estratégico fundamental do socialismo – avançar *Para além do capital* – com

---

[1] Karl Marx, "Marginal Notes on Wagner", em *Value Studies by Marx* (London, New Park Publications, 1976), p. 228.

o objetivo imediatamente realizável, necessariamente limitado, de negação do capitalismo, e consequentemente pretenderem em nome deste último ter realizado o primeiro leva à desorientação, à perda de toda medida objetiva e finalmente "a girar em círculos", na melhor das hipóteses, na falta de direção e de uma medida viável.

O objetivo estratégico real de toda transformação socialista é, e continua sendo, a radical transcendência do próprio capital, em sua complexidade global e na totalidade de suas configurações históricas dadas e potenciais, e não meramente dessa ou daquela forma particular de capitalismo mais ou menos desenvolvida (subdesenvolvida).

É possível visualizar a negação e a superação do capitalismo numa estrutura sócio-histórica particular, dado que as próprias condições específicas favorecem tal intervenção histórica. Ao mesmo tempo, a estratégia muito debatida do "socialismo num só país" é efetivável apenas como um projeto pós-capitalista limitado – isto é, ainda não inerentemente socialista. Em outras palavras, é realizável apenas como um passo na direção de uma transformação sócio-histórica global, cujo objetivo não pode ser outro senão ir para além do capital em sua totalidade.

Além disso, o fato inevitável é que a fase pós-capitalista como um todo permanece – mesmo se em grau potencialmente diminuído – no interior dos limites e dos parâmetros estruturais objetivos das determinações últimas do capital, os quais, contrariamente às práticas stalinistas, não podem ser concebidos como se fossem nada mais do que a subjetiva manipulação conspirativa do "inimigo".

Consequentemente, o verdadeiro processo de reestruturação radical – condição crucial para o sucesso do projeto socialista – só pode progredir se os objetivos estratégicos para a supressão radical do capital, enquanto tal, reduzirem consciente e persistentemente o poder de regulação do capital sobre o próprio sociometabolismo em vez de proclamarem como realização do socialismo algumas limitadas conquistas pós-capitalistas. Isso pode ser conseguido pela alocação de mecanismos e processos neutralizadores e transformadores, que favoreçam a requerida transformação complexa, em contraste com o simples disparar "de tiros no escuro". Também pode ser conseguido pela adoção de medidas mais ou menos fortuitas, devido à falsa identificação entre o objetivo estratégico fundamental do socialismo com alguns objetivos imediatamente realizáveis, mas necessariamente restritos.

Numa colocação ainda mais forte, dado o caráter inerente ao processo envolvido: enquanto várias formas do empreendimento pós-capitalista são indubitavelmente realizáveis, não importa quão limitado seja o cenário, precisamente pelo mesmo motivo – a necessária limitação desse cenário – elas também continuam sob uma ameaça permanente. E prosseguem sob tal ameaça enquanto o objetivo fundamental de avançar *Para além do capital* não for resolvido. Posto de outra maneira, esta ou aquela forma particular de capitalismo pode, na verdade, ser "abolida" numa estruturação limitada, mas tal "abolição" não pode oferecer nenhuma garantia contra a sua revitalização ou "restauração" potencial, dependendo da configuração total de circunstâncias sociais e históricas definidas pelo papel mais ou menos importante do capital na totalidade do sociometabolismo em escala global.

2. Condições históricas da ofensiva socialista

A necessidade e a atualidade histórica da ofensiva socialista não significam a defesa de uma perspectiva agitadora imediatista, fácil e ingenuamente otimista. Longe disso. Em primeiro lugar, a atualidade histórica do processo de transformação – como inerente à multiplicidade de determinações de diversos níveis conflitivos de uma tendência histórica objetiva – refere-se à fase histórica na sua inteireza, com todas as suas complicações e retrocessos, e não a algum evento repentino que produz um desenvolvimento linear não problemático.

Consequentemente, "atualidade histórica" significa, precisamente, a emergência e a atualização de uma tendência em toda a sua complexidade histórica, abarcando toda uma época e delimitando seus parâmetros estratégicos – para melhor ou para pior, conforme possa estar o caso sob as circunstâncias mutáveis – e finalmente afirmando a tendência fundamental da época em questão, apesar de todas as flutuações, os reflexos e as irregularidades.

Além disso, nunca é demais acentuar que, em meio à crise estrutural do capital que se aprofunda, só podemos falar sobre a atualidade histórica da ofensiva socialista se também falamos no sentido de que grandes mudanças institucionais são necessárias para que possa ser trazida à efetivação a tendência histórica em questão. Isso decorre do fato negativo e constrangedor de que instrumentos e instituições da luta socialista existentes foram constituídos numa conjuntura histórica qualitativamente diferente, tendo eles se definido: a) em oposição ao capitalismo (não ao capital enquanto tal) e b) de um modo fundamentalmente defensivo, de acordo com sua função e potencial original, essencialmente negativo-defensivo.

Assim, a atualidade histórica da ofensiva socialista, sob a nova fase histórica da crise estrutural do capital, afirma-se como:

1. Crescente dificuldade e, por fim, impossibilidade de obter ganhos defensivos – ao molde do passado –, por meio das instituições defensivas existentes (e, em consequência, o fim do consenso político, trazendo com isso uma notória postura mais agressiva das forças dominantes do capital *vis-à-vis* ao trabalho).

2. A pressão objetiva pela reestruturação radical das instituições de luta socialista existentes, para se ser capaz de ir ao encontro do novo desafio histórico, numa base organizacional que se evidencie adequada à necessidade crescente de uma estratégia ofensiva.

O que está em jogo, então, é a constituição de uma estrutura organizativa capaz não só de negar a ordem dominante, mas também, simultaneamente, de exercer as funções vitais positivas de controle, na nova forma de autoatividade e autogestão, se, realmente, as forças socialistas estão para romper o círculo vicioso do controle social do capital e a sua própria dependência negativa e defensiva em relação a ele.

A novidade histórica dessa nova situação se manifesta na redefinição qualitativa das condições de sucesso mesmo dos mais limitados objetivos socioeconômicos.

Pois, no passado, não somente era possível obter do capital ganhos parciais significativos, por meio das instituições defensivas existentes – tanto que, de fato, hoje as classes operárias dos países capitalistas dominantes têm incomparavelmente mais a perder do que seus grilhões –, mas tais ganhos, na verdade, eram uma constituinte necessária e positiva da dinâmica interna da autoexpansão do capital (o que significa, é claro, que o capital nunca teve de pagar um único níquel por esses ganhos).

Em agudo contraste, sob as novas condições históricas da crise estrutural do capital, até a pura manutenção do padrão de vida conquistado, para não mencionar a aquisição de ganhos adicionais significativos, requer uma grande mudança na estratégia, de acordo com a atualidade histórica da ofensiva socialista.

3. A necessidade de uma teoria da transição

Na época em que Marx explicitou sua concepção original, a ênfase tinha que recair sobre a demonstração das contradições internas do capital, ficando indicado apenas o contorno esquemático daquilo que Marx chamou de "a nova forma histórica".

A questão de como passar do mundo negado do capital ao reino da meramente "aludida" (expressão de Marx) nova forma histórica não poderia ocupar nenhuma parte no projeto teórico de Marx (de fato, ele menosprezou aqueles que se engajaram em tais "especulações sobre o futuro").

Nem para Lenin, o problema da transição foi relevante antes da Revolução de Outubro, uma vez que estava engajado na elaboração de uma estratégia para "quebrar o elo mais débil da cadeia", na esperança de iniciar uma reação em série que resultaria numa problemática muito diferente daquela que, realmente, se apresenta nos constrangimentos históricos de uma Revolução Soviética isolada. Assim, a necessidade de uma teoria da transição apareceu com urgência candente, "nem mais nem menos", como fruto da Revolução de Outubro e, consequentemente, mesclou-se com as determinações específicas e os interesses da sociedade soviética. A controvérsia sobre o "socialismo num só país" foi, desde logo, um complexo desconcertante, um assunto, na realidade, que confunde, no qual é suposto que um país subdesenvolvido e devastado, em situação de isolamento e cerco, daria, por si próprio, o grande salto à frente por toda a humanidade. Mas o pior estava por vir. Com a história do stalinismo no movimento operário internacional, esse ponto se tornou ainda mais confuso, na medida em que o "caminho soviético para o socialismo" veio a ser proclamado como modelo compulsório para toda transformação socialista possível, e acriticamente adotado como tal pelos integrantes do Comintern*, inclusive pelos maiores partidos comunistas ocidentais, cujas circunstâncias socioeconômicas objetivas careciam da relativa justificativa histórica do "atraso asiático" e do cerco para advogar aquela estratégia.

Como resultado, a teoria da transição infelizmente descambou logo após sua primeira aparição, desembocando, de um lado, no beco sem saída do voluntarismo stalinista e, de outro, nas suas várias negações abstratas. Houve, é claro, alguns esforços individuais que buscaram um caminho alternativo para esse beco sem saída – as heroicas contribuições tanto humanas como teóricas de Antônio Gramsci representam seu ápice incomparável, mas foram condenadas a permanecer, nas circunstâncias, tragicamente isoladas.

---

* Comintern [Internacional Comunista], também conhecida como a Terceira Internacional, foi criada em 1919 por bolcheviques e reuniu integrantes de partidos comunistas de diversas partes do globo. (N. E.)

Nem a intenção abertamente anunciada de "desestalinização" produziu uma mudança fundamental a esse respeito. Enquanto, sem dúvida, reabriu as possibilidades de autocrítica (especialmente no movimento comunista do Ocidente), a sufocação da crítica no Leste, depois de um curto período de "degelo", conduziu aos levantes e às explosões na Alemanha, Polônia, Hungria, Tcheco-Eslováquia e novamente na Polônia – sublinhando a seriedade da crise. Tornou-se cada vez mais óbvio que o que estava realmente em jogo não era meramente um fator ideológico – conceituado em categorias iludidas subjetivas que aludiram a isso, mas sem nunca explicar realmente nem mesmo a possibilidade do "culto à personalidade", nem propiciar uma garantia para a sua efetiva supressão –, mas o poder persistente da inércia de enormes estruturas e forças objetivas que não poderiam ser efetivamente desalojadas, exceto no esquema estratégico global de desenvolvimento socialista e de transformação estrutural.

—⁂—

Se a experiência histórica dos países do Leste Europeu não pôde propiciar o terreno suficiente para o desenvolvimento de uma teoria crítica e autocrítica da transição, não foi apenas por conta das pressões e tabus ideológicos e políticos – embora, é claro, esses também tenham desempenhado seu papel –, mas primordialmente pelas limitações sociais e históricas da própria experiência.

A urgente necessidade de tal teoria apareceu na agenda histórica com a Revolução de Outubro, mas ela se afirmou numa forma inevitavelmente parcial. Assim teve de ser, primeiramente, por causa do peso dos constrangimentos e contradições locais, sob os quais a revolução teve de ser empreendida como uma *holding operation* (Lenin) para que pudesse sobreviver. Mas, além disso, a parcialidade em questão foi consequência das determinações históricas essencialmente defensivas a que as forças combatentes socialistas do período estavam sujeitas, na sua confrontação desigual com o capital. Essas determinações defensivas representaram um condicionamento esmagadoramente negativo, que Stalin, apologeticamente, transformou em virtude e modelo, frustrando e paralisando, assim, por décadas até mesmo a limitada dinâmica potencial do movimento socialista internacional.

Hoje, a situação é qualitativamente diferente. Nela, a "transição" não pode mais ser conceituada num sentido histórico-social limitado, já que sua necessidade emerge da relação com o aprofundamento da crise estrutural do capital como um fenômeno global.

É sempre difícil estabelecer com precisão as grandes linhas de demarcação histórica e o início de uma nova fase histórica, porque as raízes das novas tendências fundamentais inevitavelmente remetem às profundezas de determinações passadas e porque leva muito tempo antes de elas se desdobrarem em todas as suas dimensões e se afirmarem inteiramente em todos os níveis da vida social. Mesmo terremotos históricos gigantescos como os de 1789 e 1917 – a partir dos quais agora contamos a origem de algumas das maiores mudanças históricas subsequentes – somente são inteligíveis em termos de que suas raízes no passado e sua longa e dramática resultante tiveram de superar resistências formidavelmente fortes no propósito de sustentar a afirmação de seu significado como eventos históricos seminais.

Mas, ainda que não se possa localizar o começo da nova fase histórica da necessária ofensiva socialista em torno de alguma data ou evento precisos, podemos, no entanto, identificar três grandes confrontações sociais que assinalaram dramaticamente a erupção da crise estrutural do capital em torno dos fins da década de 1960:

1. a Guerra do Vietnã e o colapso da forma mais abertamente agressiva do intervencionismo norte-americano;

2. Maio de 1968, na França (e, aqui e ali, mais ou menos ao mesmo tempo, em situações sociais similares), demonstrando clamorosamente no coração do capitalismo "avançado" a doença da sociedade, a fragilidade, o vazio de suas ruidosamente anunciadas realizações e a impressionante alienação de um vasto número de pessoas do "sistema", denunciada com palavras de amargo desprezo;

3. a repressão às tentativas de reforma na Tcheco-Eslováquia e na Polônia, sublinhando o crescimento das contradições nas sociedades do "socialismo real", como parte integrante da crise estrutural geral.

Significativamente, tudo o que aconteceu, desde então, recai nas mesmas três categorias, as quais encerram:

1. as relações de exploração dos países subdesenvolvidos pelos países capitalistas "metropolitanos", nas suas determinações recíprocas;

2. os problemas e contradições dos "países capitalistas avançados", tomados em si e na conjunção de uns com os outros;

3. os vários países pós-capitalistas ou sociedades do "socialismo real" como relacionados e, às vezes, confrontando-se, mesmo militarmente, uns aos outros.

Desenvolvimentos das últimas duas décadas sublinham, com respeito a todas as três dimensões, a ação de algumas forças e tendências poderosas que, na sua inter-relação, definem a crise estrutural do capital que se aprofunda. Listemos meramente uns poucos grandes eventos e alguns traços indicativos desses desenvolvimentos, tal como manifestos nas três áreas que nos ocupam:

1. O fim do regime colonial em Moçambique e Angola; a derrota do racismo branco e a transferência do poder à Zanu no Zimbábue; o colapso do regime tutelado pelos Estados Unidos e administrado pelos coronéis na Grécia e a vitória subsequente das forças de Papandreou; a desintegração do governo vitalício de Somoza – bancado pelos EUA na Nicarágua – e a admirável vitória da Frente Sandinista; a luta armada de libertação em El Salvador e em outras partes na América Central e o fim do até então fácil controle da região pelo imperialismo norte-americano; a total bancarrota – não só figurativamente, mas também em sentido literal – das "estratégias de desenvolvimento" inspiradas e dominadas pela "metrópole" em todo o "Terceiro Mundo" e a erupção de maciças contradições estruturais nas três principais forças industriais da América Latina: Argentina, Brasil e mesmo no México, rico em petróleo; a total e dramática

desintegração do regime do xá no Irã e, com isso, a grande falência da estratégia há muito estabelecida pelos Estados Unidos, na região, impelindo desesperadamente à existência de estratégias substitutivas perigosas – desde então – a serem implementadas diretamente ou por procuração.

2. A crescente crise da dominação econômica dos Estados Unidos e suas consequências se propagando por todo o mundo; a permanente intensificação dos conflitos com o sucesso industrial do Japão e os sinais ampliados de uma guerra comercial potencialmente mais devastadora; a erupção de grandes contradições no interior da Comunidade Econômica Europeia, ameaçando-a de colapso; o fracasso catastrófico do keynesianismo do pós-guerra e sua substituição ainda mais catastrófica pelas estratégias "monetaristas", voltadas à revitalização do capital em crise; o maciço e ainda crescente "desemprego estrutural" e a correspondente erupção de grandes distúrbios sociais sobre as ruínas do *welfare state* e da estratégia do pós-guerra que presunçosamente anunciou a realização do "pleno emprego numa sociedade livre"; o fracasso das estratégias "neocolonialistas" do pós-guerra – ligadas à expansão do "neocapitalismo", com sua ideologia da "modernização" e sua egoísta "transferência de tecnologia" – e o controle disfarçado dos países capitalistas avançados sobre o "Terceiro Mundo", potencialmente com consequências de longo alcance.

3. O colapso da Revolução Cultural Chinesa e a reaproximação entre a China e o Ocidente, trazendo com isso, por vezes, consequências devastadoras para as aspirações socialistas; a indescritível tragédia do Camboja; a confrontação armada entre a China e o Vietnã, e entre o Vietnã e o Camboja; a ocupação soviética do Afeganistão e o consequente conflito armado; as crises renovadas na Tcheco-Eslováquia; o aumento da dívida de vários países do Leste Europeu com banqueiros ocidentais, até o ponto da bancarrota, polidamente rebatizada em termos capitalistas de "reescalonamento da dívida"; a crise econômica maciça na Polônia e a emergência, bem como da repressão militar, da base do movimento Solidariedade.

Considerado contra esse pano de fundo de disseminadas contradições, que se multiplicam perigosamente, resultando numa verdadeira crise estrutural, é impossível levantar o problema da transição como algo de significado apenas parcial e, assim, aplicável a não mais que às circunstâncias específicas de uma conjuntura historicamente limitada. Não é mais possível conceber o objetivo das estratégias pós-capitalistas como um tipo de operação de manutenção com sentido estritamente defensivo, na expectativa de um crescimento significativo de todas as condições históricas e da relação de forças que favoreçam as chances de uma genuína transformação socialista.

A "força das circunstâncias" que tragicamente constrangeu e determinou o caráter do esforço de transição como uma operação de manutenção é uma coisa, a necessidade de uma transformação social radical em escala global é bem outra. Nesse sentido, a necessidade, hoje, de uma teoria compreensiva da transição aparece na agenda histórica da perspectiva de uma ofensiva socialista, baseada em sua atualidade histórica geral, em resposta à crescente crise estrutural do capital que ameaça a verdadeira sobrevivência da humanidade.

4. A "reestruturação da economia" e suas precondições políticas

4.1 A dinâmica do desenvolvimento pós-guerra

Há hoje, não sem razão, um interesse crescente a respeito da necessidade de uma "reestruturação da economia". Durante certo tempo, os anos do pós-guerra – por cerca de duas décadas – assistiram a uma expansão e revitalização sem precedentes do capital pela inclusão à sua órbita, pela primeira vez na história, da totalidade das forças produtivas globais, bem como uma bem-sucedida reestruturação da economia para atender às exigências insaciáveis do complexo militar-industrial; agora toda dinâmica estancou e o sistema não pode mais "distribuir os bens", de que depende necessariamente a tranquilidade de seu desenvolvimento.

Contudo, o objetivo de "reestruturar a economia" aparece como problemático por mais de uma razão, não importando quão justificável seja o interesse que está por trás dele. Do ponto de vista de que o presente estado de coisas é o resultado direto da dramática reestruturação, no período pós-guerra, das saídas produtivas do capital, não é óbvio, de modo algum, que a transferência dos recursos, atualmente, de algumas áreas para outras produziria os resultados econômicos esperados, para não mencionar o peso das complicações políticas envolvidas em tal empreendimento.

Considerado sob todos os seus aspectos principais, qualquer esforço no sentido da "reestruturação da economia" está fadado a enfrentar imensa resistência, enquanto a alavanca de poder com a qual opera permanecer confinada às determinações objetivas e aos mecanismos de controle do capital que apenas a ele favoreçam e a nada mais. Destacando três dimensões principais, não é muito difícil perceber as irreconciliáveis contradições inerentes:

A. no problema da própria produtividade (isto é, a produtividade, em última instância, autodestruidora do capital, que consideraremos em seguida);

B. nas demandas crescentes do complexo militar-industrial em confronto com o restante da economia;

C. na emergência de áreas industrializadas do "Terceiro Mundo" – sob a irrefreável dinâmica da autoexpansão do capital – como competidoras diretas do capital "metropolitano".

Analisemos, rapidamente, esses pontos, um a um.

A. O período de desenvolvimento do pós-guerra foi preenchido pela habilidade do capital em ativar imensos recursos humanos e materiais, antes reprimidos ou latentes, em seus propósitos de autoexpansão, ampliando e intensificando as áreas de atividade econômica produtiva em todo o mundo, tanto pelo incremento da grandeza absoluta da força de trabalho quanto pela sua produtividade relativa. Enquanto tal processo de autoexpansão produtiva pudesse avançar sem impedimentos, não haveria problema que o capital não pudesse, em princípio, superar.

As coisas tiveram que mudar dramaticamente, contudo, quando a própria "produtividade" crescente principiou a conflitar com a exigência de ampliação (ou mesmo apenas de manter estacionária) da força de trabalho.

Sob tais condições de "desemprego estrutural", o modo de funcionamento necessário e a verdadeira *raison d'être* do capital são questionados como tema de um imperativo histórico objetivo, mesmo se não são imediatamente concebidos dessa forma pelos agentes envolvidos.

É impossível visualizar uma solução para tal problema estrutural pela simples "criação de mais empregos", pela "reestruturação da economia".

O que está em jogo não é realmente a eficiência do capital, que pode ser aperfeiçoada pela maior ou menor realocação drástica dos recursos econômicos, mas, ao contrário, a verdadeira natureza da sua produtividade: uma produtividade que necessariamente define a si mesma por meio do imperativo da sua implacável autoexpansão alienada como produtividade destrutiva, que sem cerimônia destrói tudo que esteja em seu caminho.

Mais ainda – devido à natureza inerentemente contraditória do capital –, nos períodos de recessão, a pesada superprodução (e ao mesmo tempo a sua brutal subutilização) da quantidade de capital se autoapresenta, absurdamente, como uma extrema escassez de capital, constrangendo, assim, todo avanço produtivo posterior e agregando uma dimensão financeira aventureira (e a sua contrapartida quixotesca, na forma do monetarismo) a todos os outros problemas. É, assim, impossível ver como os recursos maciços necessários para a configuração da "reestruturação da economia" poderiam ser encontrados dentro dos limites das determinações internas do capital, tal como se manifestam, tanto na sua "produtividade" devastadora quanto na "escassez" crônica nos tempos de perturbação econômica.

B. O segundo grande fator na dinâmica da expansão do capital no pós-guerra: o desenvolvimento cambaleante do complexo militar-industrial que se tornou igualmente inoportuno, apesar de determinados esforços do Estado dirigidos a estender seu poder, ou no mínimo a mantê-lo intacto, sob as circunstâncias das "dificuldades" e cortes.

Ironicamente, o fato mesmo de que hoje o problema possa ser formulado desse modo – literalmente, como uma grita pelo aumento ou manutenção dos gastos militares, à custa de serviços sociais e da atividade econômica que os sustenta – indica que estamos, aqui, diante de uma contradição estrutural fundamental. No passado, o propalado "resíduo tecnológico" do desenvolvimento militar e seus alardeados benefícios sobre a indústria de consumo serviram como uma evidente justificação ideológico-econômica dos gastos militares, ao lado da habilidade do complexo militar-industrial em estimular o desenvolvimento econômico em vários setores pela sua enorme demanda no uso – a princípio aparentemente ilimitada – de recursos materiais e humanos, que ajudou a multiplicar.

Que pudesse vir um tempo no qual a multiplicação de tal demanda dissipadora não fosse mais sustentável e que, então, opções teriam de ser feitas entre os gastos militares e os de "consumo", nunca passou pela cabeça dos estrategistas da expansão do capital no pós-guerra. Dadas certas leis e contradições internas ao capital "avançado", era preciso seguir o caminho aberto pelo complexo militar-industrial, à prova de saturação e autoconsumidor, independente das complicações potenciais que, de fato, pareciam não existir, enquanto a autoexpansão desimpedida do capital pôde ser tomada como garantia.

As mudanças que ocorreram nessas circunstâncias equivaleram, sem qualquer dúvida, a uma "reestruturação da economia" muito poderosa, profundamente assentada, muito influente, que a tudo incorporava, de modo que sua intensidade e impacto não encontram paralelo na história do capital desde a própria Revolução Industrial. Visualizar, assim, uma nova "reestruturação econômica" pela simples reversão dessa tendência, transferindo recursos do complexo militar-industrial para o uso socialmente produtivo, parece ser uma grande subestimação das dificuldades do problema, mesmo em termos estritamente econômicos. Sem mencionar as complicações político-militares inerentes ao objetivo de restringir, na forma drástica necessária, bem como de manter sob controle, mesmo depois, a força de tão poderoso adversário.

C. A industrialização do "Terceiro Mundo", apesar da sua óbvia subordinação às exigências e aos interesses do capital ocidental, alcançou proporções significativas na configuração global do capital durante os anos do pós-guerra, especialmente nas últimas duas décadas.

Com certeza, nunca teve o sentido de satisfazer as necessidades da população faminta e socialmente carente dos países envolvidos, mas a de prover escoadouros irrestritos para a exportação de capital e gerar nos primeiros tempos níveis inimagináveis de superlucro, sob a ideologia da "modernização" e a eliminação do "subdesenvolvimento". Entretanto, devido à magnitude dos recursos humanos e materiais ativados pelo capital, o impacto geral de tal desenvolvimento não poderia ter sido outro do que pura e simplesmente extraordinário, tanto quanto o da produção total de lucro na referida estrutura global do capital. Apesar de todo um discurso unilateral sobre "dependência", para não mencionar o discurso obscenamente hipócrita da "ajuda ao desenvolvimento", o capital ocidental tornou-se muito mais dependente do "Terceiro Mundo" – de matérias-primas, energia, mercados de capital e superlucros avidamente repatriados – do que o contrário.

Naturalmente, nesse contexto, não menos do que em qualquer outro, o processo sublinhado só pode ser caracterizado como o deslocamento do capital de uma contradição para outra, guardando a contraditoriedade insolúvel de sua natureza interna: como um movimento que deriva sua dinâmica original da necessidade de deslocar algumas grandes contradições, apenas para concluir pela restauração delas com um acréscimo, numa escala incomparavelmente maior que aquela que trouxe à existência, pela primeira vez, o processo de deslocamento em questão.

Consequentemente, não importa quão abastardada e cinicamente manipulada teve de ser a industrialização neocapitalista do "Terceiro Mundo", em sua origem e execução, inevitavelmente ela também adquiriu sua própria dinâmica e impulso local, levando ao extremo uma contradição irreconciliável entre a dinâmica local e os objetivos "metropolitanos" originais. Isso toma a forma do estabelecimento de poderosas unidades produtivas cuja existência efetiva intensifica as expectativas de uma incontrolável guerra comercial, além de causar a bancarrota estrutural e a quebra de setores inteiros das indústrias de trabalho intensivo nos "países-mãe" avançados no explosivamente contraditório – gerador de desemprego – interesse geral do capital metropolitano expatriado.

Aqui não é o lugar para entrar em detalhes sobre tal desenvolvimento. No entanto, é preciso enfatizar, no presente contexto, que as complicações competitivas emergentes dessa dinâmica, com suas repercussões potencialmente mais destrutivas no âmago do "capital avançado", não representam, em nenhum sentido, a soma total das dificuldades e contradições desses conjuntos de relações. Devemos acrescentar a elas as crescentes contradições internas das próprias "economias em desenvolvimento": atualmente é mais do que óbvio o colapso das muito alardeadas "estratégias de desenvolvimento" e a consequente freada da originária espetacular taxa local de expansão.

Tudo isso junto só faz acentuar as dificuldades insuperáveis que qualquer esforço dirigido à "reestruturação da economia" enfrentará, tal como se apresentam sob essa dimensão crucial do capital global. Pois o problema da reestruturação não pode ser considerado a não ser de forma abrangente, em todos os sentidos da palavra, desde que nos confrontamos, em realidade, com uma rede imensamente complexa e contraditória de *dependências recíprocas* em escala global, com problemas e demandas multiplicadores e intensificadores em cada área particular, que atualmente estão muito além do controle de qualquer "centro" singular, não importa quão poderoso e avançado seja.

4.2 Alternativas para o domínio dos "imperativos econômicos"

Assim – vista em relação com suas principais dimensões nacionais e internacionais –, a questão da "reestruturação da economia" define-se como:

1. a necessidade de gerar um novo tipo de produtividade sobre as ruínas da destrutiva e dispendiosa subordinação das energias e forças produtivas da sociedade ao capital, em função de suas perversas necessidades de autoexpansão. No mesmo contexto, essa necessidade implica também a produção de uma oferta adequadamente expansível de fundos e recursos, em harmonia com o novo tipo de produtividade, em lugar de uma que o restrinja e potencialmente o paralise, já que a absurda superprodução/escassez de capital tolhe hoje necessariamente o modo de produtividade vigente;

2. o desafio de estabelecer uma alternativa viável ao complexo militar-industrial. Isso se apresenta: a) como a necessidade de encontrar uma solução econômica para a mais destrutiva lei do capital, que de início o trouxe à existência: a taxa de utilização decrescente, que está tendendo a zero; b) a criação de condições políticas de segurança coletiva e desarmamento mundial, paralelamente ao estabelecimento de um novo esquema institucional de relações entre Estados, sob o qual o complexo militar--industrial perde sua justificativa e legitimação;

3. a instituição de uma relação igualitária radicalmente nova e verdadeira com o "Terceiro Mundo", na base de um positivo reconhecimento das dependências recíprocas e necessárias *interdeterminações*, num mundo cujos constituintes socioeconômicos não podem mais permanecer nem isolados, nem estruturalmente subordinados um ao outro, caso queiramos ver um desenvolvimento global sustentável. Problema que, não surpreendentemente, esforços como o "Relatório da Comissão Brandt" nem sequer arranham (sem mencionar a maneira ridícula pela qual são saudados e postos de lado pelo *establishment*). Eis um problema da maior importância, para o qual, infeliz e, ainda mais, incompreensivelmente, os socialistas ocidentais dedicam demasiado pouco de sua atenção.

Considerada nesses termos, a tarefa de "reestruturar a economia" torna-se primariamente político/social, e não *econômica*.

Para ser preciso, todos os objetivos sociopolíticos têm suas necessárias implicações econômicas: regra para a qual a execução da meta de "reestruturar a economia", sem uma maior intervenção econômica no nível apropriado, representaria, na verdade, uma exceção muito estranha. Entretanto, definitivamente o caminho oposto não é válido – ou seja, não estamos diante de um desafio originalmente econômico, com implicações políticas mais ou menos sérias como frequentemente é concebido – quando o objetivo é a maneira de romper o círculo vicioso das "determinações férreas" do capital para o qual nenhum mecanismo econômico conhecido pode oferecer resposta. Se, então, "reestruturar a economia" significa igualmente "reestruturar a sociedade" como um todo – "de cima a baixo", como Marx uma vez sugeriu –, não pode haver nenhum desacordo com esse propósito. Mas é sempre bom enfatizar que as resistências e os obstáculos a serem superados, no curso da realização de tal objetivo, estão limitados a permanecerem primariamente político/sociais por todo o período histórico de transição cujo objetivo é ir para além do capital a fim de criar as estruturas socioeconômicas da "nova forma histórica".

Tempos de grande crise econômica abrem sempre uma brecha razoável na ordem estabelecida, que não mais tem êxito na distribuição de bens que servirá como sua inquestionável justificativa. Tais brechas podem ser alargadas a serviço da reestruturação social ou, de fato, fechadas por um prazo maior ou menor, no interesse da continuada sobrevivência do capital, dependendo das circunstâncias históricas gerais e da relação de forças na arena política e social. Dada a dimensão temporal do problema – isto é, a escala de tempo relativamente longa para a produção de resultados econômicos significativos durante o enfrentamento de urgência da crise –, somente uma iniciativa política pode influir na brecha: fato que muito enfatiza o poder da ação política sob tais condições. (Teorias que exageram a "autonomia" do político – a ponto de afirmar ou sugerir, de maneira fantasiosa, a sua efetiva independência – tendem a generalizar as características válidas para a fase inicial de uma grande crise, mas não sob circunstâncias normais.)

Entretanto, uma vez que as manifestações imediatas da crise são econômicas – da inflação ao desemprego e da bancarrota de empresas industriais e comerciais locais à guerra comercial em geral e ao colapso potencial do sistema financeiro internacional –, a pressão que emana da referida base social inevitavelmente tende a definir a tarefa imediata em termos de encontrar respostas econômicas urgentes no nível das manifestações da crise, enquanto são deixadas intactas as suas causas sociais.

Assim, a definição econômica do que necessita ser feito, bem como do que pode ser feito sob as circunstâncias da reconhecida "emergência econômica" – "apertar os cintos" e "aceitar os sacrifícios necessários" para "criar empregos reais", "injetar novos fundos de investimento", "aumentar a produtividade e a competitividade" etc. –, impõe premissas sociais da ordem estabelecida (em nome de imperativos puramente econômicos) sobre a iniciativa política socialista, potencialmente favorecida pela crise antes de sua readoção inconsciente no horizonte socioeconômico do capital. Como resultado, o potencial reestruturador da política revolucionária é anulado ao dissipar-se no curso do enfrentamento com tarefas econômicas estreitamente definidas – invariavelmente à custa de suas próprias bases – dentro do marco das velhas premissas sociais e determinações estruturais, terminando, desse modo, contra a intenção original, por ajudar a revitalização do capital.

4.3 O momento histórico da política radical

A dificuldade é que o "momento" da política radical é limitado estritamente pela natureza da crise em questão e pelas determinações temporais de seu desdobramento.

A brecha aberta em tempos de crise não pode ser deixada assim para sempre, e as medidas adotadas para fechá-la, desde os primeiros passos em diante, têm sua própria lógica e impacto cumulativo nas intervenções subsequentes. Além disso, tanto a estrutura socioeconômica existente quanto seu correspondente conjunto de instituições políticas tendem a agir contra as iniciativas radicais por meio da sua própria inércia, tão logo tenha passado o pior momento da crise e assim se tornando possível contemplar novamente "a linha de menor resistência". E ninguém pode considerar uma "reestruturação radical" a linha de menor resistência, já que pela sua verdadeira natureza envolve necessariamente superação e reversão prospectiva do desconhecido.

Nenhuma conquista econômica imediata pode oferecer uma saída para esse dilema, prolongando o espaço vital da política revolucionária, já que tais conquistas – feitas nos limites das velhas premissas – atuam em direção oposta, aliviando os sintomas da crise que mais pressionam, reforçando, assim, o velho mecanismo reprodutivo abalado pela crise.

Como a história mostra exaustivamente, ao primeiro sinal de "recuperação", a política é empurrada para seu papel tradicional de sustentar e reforçar as determinações socioeconômicas dominantes – a própria alardeada "recuperação", alcançada na base das "motivações econômicas bem-intencionadas", atua como justificativa ideológica autoevidente para reverter à subserviência o papel rotineiro da política, em harmonia com a estrutura institucional dominante. Por consequência, a política radical só pode acelerar sua própria renúncia (encurtando, ao invés de estender como poderia, o "momento" favorável de maior intervenção política), consentindo em definir o seu próprio escopo em termos de alvos econômicos determinados, os quais, de fato, são necessariamente ditados pela estrutura socioeconômica estabelecida em crise.

Por mais paradoxal que possa parecer, somente uma autodeterminação radical da política pode prolongar o momento da política radical. Se não se deseja que esse "momento" seja dissipado sob o peso da pressão econômica imediata, tem de ser encontrada uma maneira para estender sua influência para muito além do pico da própria crise (quando a política radical tende a afirmar sua efetividade como uma lei). E, desde que a duração temporal da crise como tal não pode ser prolongada à vontade – nem poderia ser, pois uma política voluntarista, com seu "estado de emergência" artificialmente manipulado, só poderia tentar fazê-lo em seu próprio risco, por meio do despojamento das massas em vez de assegurar o seu sustento –, a solução só pode surgir de uma bem-sucedida conversão de um "tempo transitório" a um "espaço permanente" por meio da reestruturação dos poderes de tomada de decisão.

Em outras palavras, a política radical só é beneficiada temporariamente pela crise, a qual pode desfavorecê-la muito facilmente a partir de determinado ponto – ou seja, após o momento em que seu sucesso econômico revitalizar o capital ou, então, quando seu fracasso em gerar a melhoria econômica desejada solapar dramaticamente seu próprio mandato e sua pretensão de legitimidade. Assim, para ter êxito em seu objetivo, a política radical precisa transmitir, no auge da crise, suas aspirações – na forma de efetivos *poderes de tomada de decisão* – ao próprio corpo social, do qual as demandas materiais e políticas subsequentes podem emanar e, assim, sustentar sua própria linha estratégica, em lugar de militar contra ela.

Tal transferência do poder político, juntamente com a sua íntima ligação com a própria estrutura socioeconômica, só é possível em tempos de grandes crises estruturais: quando, eis o ponto, as premissas tradicionais do metabolismo socioeconômico dominante não só podem, mas precisam ser questionadas.

Dada a atual divisão social do trabalho, esse questionamento, de início, não pode surgir em qualquer outro lugar a não ser na "arena política propriamente dita". Se, todavia, o questionamento permanecer preso aos limites das formas estritamente institucionais da ação política, está destinado a ser derrotado pela necessária reemergência do passado econômico e da inércia político-institucional.

A alternativa, ao ardil desse caminho, é utilizar os potenciais crítico-liberadores inerentes ao momento historicamente favorável à política socialista, bem como tornar suas metas radicais uma dimensão permanente do corpo social como um todo, defendendo e difundindo seu próprio poder transitório por meio de uma efetiva transferência de poder para a esfera da autoatividade da massa.

O fracasso em perseguir conscientemente tal linha de ação só pode transformar a derrota, de uma possibilidade mais ou menos real, numa certeza autoimposta. Essa é a razão pela qual a meta de "reestruturar a economia" precisa tanto de qualificações. Para o nosso contexto atual, a verdade interna revela-se como a necessidade de reestruturação radical da própria política, pela qual a realização dos objetivos econômicos socialistas tornam-se, pela primeira vez, factíveis como um todo. (Eis a urgência de complementar a política parlamentar-institucionalizada pela ampliação de áreas e formas de ação extraparlamentar.) A ofensiva socialista não pode ser levada à sua conclusão positiva, a menos que a política radical tenha êxito em prolongar seu momento e seja capaz de implementar as políticas requeridas pela magnitude de suas tarefas. O único caminho, entretanto, no qual o momento histórico da política radical pode ser prolongado e estendido – sem, eis o ponto, recorrer a soluções ditatoriais, contra as intenções originais – é fundir o poder de tomada de decisão política com a base social da qual ele foi alienado durante tanto tempo, criando, por esse meio, um novo modo de ação política e uma nova estrutura – determinada genuinamente pela massa – de intercâmbios socioeconômicos e políticos. É por isso que uma "reestruturação da economia" socialista só pode processar-se na mais estreita conjugação com uma reestruturação política, orientada pela massa, como sua necessária precondição.

V
BOLÍVAR E CHÁVEZ:
O ESPÍRITO DA DETERMINAÇÃO RADICAL*

1. Penas levadas pelo vento

Em agosto de 2005, a Venezuela comemorou o bicentenário do juramento de Simón Bolívar, feito na presença de seu grande professor, Simón Rodríguez – um homem que, bem antes de Marx, frequentou sociedades secretas socialistas em Paris e regressou à América do Sul apenas em 1823. O juramento de Bolívar ocorreu em 15 de agosto de 1805, nos arredores de Roma. O próprio local – a colina do Monte Sacro –, escolhido em conjunto para a ocasião solene, já constituía uma indicação da natureza do compromisso histórico do jovem Bolívar. Pois foi precisamente na colina do Monte Sacro, 23 séculos antes, que consta ter ocorrido o protesto revoltoso dos plebeus contra os patrícios da Roma Antiga, sob a liderança de Sicínio. Diz-se que a rebelião da população romana daquele tempo foi apaziguada graças à retórica de um notório pilar da ordem estabelecida, o senador Menênio Agripa, que pregou a eterna visão familiar de que o povo "que não está destinado a governar"*, deveria aceitar de boa vontade "*seu lugar* na *ordem natural* da sociedade". Num firme desafio à visão resignada que emana das iníquas relações de poder impostas com êxito por toda a parte, o jovem Bolívar exprimiu no Monte Sacro sua determinação em dedicar sua vida à luta, com vista a um final vitorioso contra o domínio colonial em sua parte do mundo. Foram estas as suas palavras:

> Juro diante de ti, juro pelo Deus de meus pais, juro pelos meus antepassados, juro pela minha honra e juro pela minha pátria que não permitirei que nem o meu braço nem a minha alma descansem até termos rompido os grilhões que nos oprimem por vontade do poder espanhol.[1]

---

* Artigo publicado anteriormente em *Margem Esquerda*, trad. João Alexandre Peschanski, São Paulo, Boitempo, n. 8, 2006, p. 76-108. (N. E.)

[1] "Juro delante de usted; juro por el Dios de mis padres; juro por ellos; juro por mi honor, y juro por mi patria, que no daré descanso a mi brazo, ni reposo a mi alma, hasta que haya roto las cadenas que nos oprimen por voluntad del poder español."

Bolívar nunca vacilou em sua determinação radical, conforme expressa seu juramento, nem mesmo sob as circunstâncias mais adversas. Os anos seguintes fizeram-no perceber que era preciso haver mudanças fundamentais não só nas relações políticas e militares internacionais como, mais profundamente, na ordem social existente, se quisesse que o projeto de acabar com a dominação colonial tivesse êxito. As mudanças radicais incluíam a libertação dos escravos, ao que sua própria classe se opunha com veemência. Até sua querida irmã o considerou "louco", em razão de sua inquebrantável insistência na *igualdade*.

Bolívar considerava a igualdade "a lei das leis", acrescentando que "sem igualdade todas as liberdades, todos os direitos perecem. Por ela, devemos fazer sacrifícios"[2]. Professava tudo isso de uma forma verdadeiramente intransigente. E para provar com ações a validade de seus princípios e crenças profundos, não hesitou nem por um instante em libertar todos os escravos de suas propriedades em sua determinação de dar uma base social tão vasta quanto possível à luta por uma emancipação completa e irreversível do domínio colonial profundamente instituído. Em seu magnífico discurso no Congresso de Angostura, em fevereiro de 1819, destacou a libertação dos escravos como a mais essencial de suas ordens e decretos, afirmando que:

> Deixo à vossa soberana decisão a reforma ou a revogação de todos os meus estatutos e decretos, mas imploro a confirmação da *liberdade absoluta dos escravos*, como imploraria pela minha vida e pela vida da República.[3]

Isso se passou várias décadas antes de ser levantada e parcialmente resolvida a questão humana vital da emancipação dos escravos na América do Norte. Os Pais Fundadores da Constituição dos Estados Unidos nunca tiveram a mínima preocupação, nem em seu espírito nem em seus corações, em acabar com o desumano sistema da escravidão, do qual eles mesmos se beneficiavam. A terrível herança de sua funesta omissão continuou a se exprimir de diferentes formas durante séculos e ainda em nossos dias se manifesta de modo trágico, como pudemos testemunhar em Nova Orleans quando da passagem do furacão Katrina, entre agosto e setembro de 2005.

Como contrapeso necessário não só à Santa Aliança, que incluía também a Espanha, mas ainda mais notoriamente às crescentes ambições imperialistas dos Estados Unidos da América do Norte, Bolívar tentou constituir uma confederação permanente das nações latino-americanas. Não é de estranhar, porém, que os esforços destinados a tal objetivo fossem frustrados e totalmente anulados pelo cada vez mais poderoso país do Norte e por seus aliados.

Mostrando uma grande visão quanto à tendência preponderante do desenvolvimento histórico, que chega até os nossos dias, Bolívar foi finalmente forçado a reconhecer que "os Estados Unidos da América do Norte parecem destinados pela providência a infestar a América de miséria em nome da Liberdade"[4]. Como todos nós sabemos, os discursos

---

[2] "La ley de las leyes: la *Igualdad*. Sin ella perecen todas las libertades, todos los derechos. A ella debemos hacer los sacrificios."

[3] "Yo abandono a vuestra soberana decisión la reforma o la revocación de todos mis estatutos y decretos; pero imploro la confirmación de *la libertad absoluta de los esclavos*, como imploraría mi vida y la vida de la República."

[4] "Los Estados Unidos de Norteamérica parecen destinados por la providencia para plagar la América de miseria a nombre de la Libertad."

de George W. Bush – seja quem for que os escreva – são apimentados com a palavra "liberdade", untuosamente recitada. A única coisa que mudou desde os tempos de Simón Bolívar é que, hoje, os Estados Unidos da América do Norte afirmam estar destinados pela divina providência a tratar como lhes aprouver, "em nome da Liberdade", não só a América do Sul, mas todo o mundo, e a empregar os meios mais violentos de agressão militar contra aqueles que ousarem se opor a seu desígnio imperial global.

Até os bispos anglicanos, num documento tornado público em 19 de setembro de 2005, rejeitaram tal presunção de virtude e destino providencial como princípio orientador da política externa norte-americana, embora eles – compreensível, mas erroneamente – a tenham atribuído à influência do fundamentalismo cristão. É compreensível, porque, nessa base, puderam proferir *ex officio* uma condenação autorizada de uma posição "teologicamente distorcida". Mas estão errados, porque essa orientação da política externa das classes dominantes norte-americanas é muito antiga na história – desde os tempos de Simón Bolívar, se não antes. E aqueles que gostam de atribuí-la simplesmente ao Partido Republicano de George W. Bush deveriam lembrar que foi o presidente democrata Bill Clinton quem declarou, de forma arrogante, enquanto ainda estava no poder, em total uníssono com seu governo – desde a secretária de Estado, Madeleine Albright (que continuou a repetir a fórmula de Clinton), até o secretário de Trabalho, Robert B. Reich[5] – que havia "apenas uma nação necessária: os Estados Unidos da América". Com tal afirmação, proferida nada menos do que por uma figura governamental eleita duas vezes, o presidente Clinton alertava as outras nações que poderiam ser condenadas pela "única nação necessária" por sua aspiração totalmente inaceitável de tomar decisões soberanas, sem a menor preocupação com a democracia e a liberdade, como culpadas de "pandemônio étnico", nas palavras do senador democrata Daniel Patrick Moynihan[6].

Bolívar considerava que a igualdade legal, a sua "lei das leis", era absolutamente indispensável para a constituição de uma sociedade politicamente sustentada contra os poderes que internamente tendiam a entravar seu desenvolvimento potencial, e tentavam violar, e até mesmo anular, sua soberania nas relações internacionais. Repetia que a "desigualdade física" precisava ser combatida de modo incansável sob todas as circunstâncias, porque era uma "injustiça da natureza". E era realista o suficiente para reconhecer que a igualdade legal não podia corrigir a desigualdade física para além de uma certa medida e de forma limitada[7]. Nem mesmo quando as medidas legais adotadas pelos legisladores possuíam um significado social fundamental, como de fato a sua libertação dos escravos acabou por revelar.

O que era obrigatoriamente necessário para tornar realmente viável a ordem social era a transformação de todo o tecido social para muito além de medidas como a emancipação

---

[5] Robert B. Reich, secretário do Trabalho de Bill Clinton e ex-professor da Universidade de Harvard, defendia a adoção efetiva do "nacionalismo econômico positivo" em seu próprio país. Ver seu livro, *The Work of Nations: a Blueprint for the Future* (Hemel Hempstead, Simon & Schuster, 1994), p. 311. [Ed. bras.: *O trabalho das nações: preparando-nos para o capitalismo do século XXI*, São Paulo, Educator, 1994.]

[6] Moynihan afirmou, de forma autoritária, que a democracia não é "uma opção universal para todas as nações" em seu livro *Pandaemonium: Ethnicity in International Relations* (Oxford, Universidade Oxford, 1993), p. 169.

[7] "La igualdad legal es indispensable donde hay desigualdad física, para corregir *en cierto modo* la injusticia de la naturaleza."

legal dos escravos. Portanto, não é de surpreender que, em sua busca por soluções necessárias para as quais o tempo histórico ainda não havia chegado, Bolívar tenha enfrentado grande hostilidade, mesmo nos países latino-americanos, aos quais prestou serviços inigualáveis, onde era conhecido pelo título único de *El Libertador*, como foi homenageado na época. Por isso, embora hoje nos pareça ultrajante, ele acabou seus últimos dias em um isolamento trágico.

Quanto a seus adversários dos Estados Unidos da América do Norte, que se sentiram ameaçados pelo alastrar do seu conceito iluminado de igualdade – tanto internamente como na gestão das relações interestados –, não hesitaram em condená-lo e apelidá-lo de "o perigoso louco do Sul"[8].

Com um grande *senso de proporção* – virtude absolutamente vital para qualquer um e, em especial, para todas as figuras políticas importantes, que têm o privilégio em nossas sociedades de tomar decisões que afetam profundamente a vida de inúmeras pessoas –, Bolívar disse sobre si mesmo que era "uma pena arrastada pelo vento". Esse tipo de constatação sobre o papel de uma pessoa na sociedade não poderia ser mais estranho aos apologistas da ordem social e política instituída, que gostariam de tornar impossível a instituição de qualquer mudança significativa, seja ela provocada por tempestades sociais, seja em etapas vagarosas, apesar dos elogios dispensados por vezes a estas últimas. Além disso, as pessoas estão invariavelmente empenhadas na fútil tarefa de tentar *desfazer* as mudanças que acabaram por se instalar ao longo do desenvolvimento histórico. E assim continuam a negar que possa haver causas reais, bem enraizadas, por trás das impetuosas tempestades sociais e políticas que transportam em suas asas, assim como as "penas" de Bolívar, as figuras políticas que insistem, com paixão radical, na necessidade de mudanças sociais fundamentais. E quando, todos juntos, nossos apologistas incuráveis não conseguem fechar os olhos para o fato da erupção periódica das tempestades sociais, preferem atribuí-las convenientemente à "irracionalidade", à "aceitação pela população do populismo ingênuo" e coisas do gênero, pretendendo com isso dar uma resposta racional ao desafio que deveriam enfrentar. Estão, na verdade, fugindo do verdadeiro problema. Fazem-no porque não têm absolutamente nenhum senso de proporção, nem nunca o terão.

Dentro desse espírito, um semanário largamente difundido, *The Economist*, de Londres, recusa-se a procurar o sentido da expressão Revolução Bolivariana, apesar do fato de a liderança política da Venezuela, com suas consistentes referências ao projeto inacabado da época de Simón Bolívar, estar empenhada em pôr em movimento uma transformação de longo alcance no país. Na verdade, uma transformação que ainda repercute em todo o continente e gera reações significativas também em outras partes da América Latina. Com uma intenção insultuosa deliberada, *The Economist* coloca sempre entre sarcásticas aspas a palavra "bolivariano" – como se tudo o que fosse bolivariano devesse ser considerado obrigatoriamente absurdo –, em vez de comentar de forma séria as questões que tenta rejeitar de forma ansiosa, sem apresentar argumentos. As aspas pretendem significar uma rejeição, sob a forma de uma desqualificação apriorística dos acontecimentos em curso na América do Sul, e dessa maneira peculiar fornecer uma prova irrefutável. No entanto,

---

[8] "El peligroso loco del Sur."

a única coisa que os editores de *The Economist* conseguem provar, com o pungente uso repetitivo de suas aspas sarcásticas, é sua estupidez venenosa. Ao serem totalmente subservientes aos interesses dos círculos governantes dos Estados Unidos, como propagandistas autonomeados do ritual anual do Fórum Econômico de Davos, parece que, ainda hoje, pensam que Bolívar não passou de um "perigoso louco do Sul". Dentro do mesmo espírito com que também tentam caracterizar (e rejeitar peremptoriamente) todos os que estão destinados a trazer seu projeto de volta.

Contudo, a verdade é que apenas a partir de uma apropriação significativa da tradição progressista que precedeu as tentativas em curso se poderão instaurar realizações radicais duradouras – sustentadas *cumulativa* e conscientemente – e seguir caminhando na mesma direção, apesar de todas as adversidades. Não é possível escolher, de modo arbitrário, a natureza do que realmente se pode instaurar sobre essa tradição, e portanto apropriar-se dela de forma positiva, nem a direção geral a longo prazo do próprio desenvolvimento histórico da humanidade. Nosso universo social está sobrecarregado de enormes problemas, tanto no que se refere às desigualdades herdadas do passado, e que são cada vez mais intensamente explosivas, quanto à invasão cada vez mais desenfreada do modo de reprodução sociometabólica do capital na natureza, ameaçando-nos com um desastre ecológico. Essas razões condenam ao fracasso as tentativas conservadoras e reacionárias de *inverter* a direção do tempo histórico, na medida em que são *estruturalmente incapazes* de produzir realizações cumulativas, independentemente de eventuais sucessos que possam impor temporariamente na sociedade – dadas as relações de poder preponderantes, mas cada vez mais *instáveis*, que acarretam formas de controle cada vez mais repressivas, mesmo em países antes democráticos – à custa de grande sofrimento infligido a centenas de milhões de pessoas. A fuga e a repressão intensificada não podem funcionar indefinidamente. Afinal, ambas são *completa e catastroficamente devastadoras*. Os tremendos problemas de nosso universo social serão confrontados, mais cedo ou mais tarde, com as suas dimensões *substantivas*, em oposição à *camuflagem formal de democracia e liberdade* que todos conhecemos.

Como sabemos bem demais, os ventos históricos que transportam penas como Simón Bolívar podem serenar temporariamente sem cumprir sua promessa original. Os objetivos estabelecidos pelas figuras históricas, mesmo as mais ilustres, só podem ser atingidos quando chegar realmente sua época, tanto em sentido objetivo quanto subjetivo. Apesar de seu trágico isolamento final, a contribuição de Bolívar para resolver alguns dos maiores desafios de seu tempo e, num sentido bem identificável também do nosso, é monumental, tal como foi a de José Martí em Cuba, que seguiu seus passos. Não poderemos ter êxito se não construirmos conscientemente sobre a herança que eles nos legaram algo como uma tarefa para o futuro redefinida no presente, de acordo com as circunstâncias vigentes. Em seus apelos ao povo em algumas ocasiões vitais, Bolívar destacou sua convicção de que "chegou o dia da América e nenhum poder humano pode adiar o curso da natureza guiado pela mão da providência"[9]. No fim de sua vida, foi forçado a reconhecer que, tragicamente, o dia da América, tal como ele havia visualizado antes, ainda não havia chegado.

---

[9] "El día de la América ha llegado, y ningún poder humano puede retardar el curso de la naturaleza, guiado por la mano de la providencia."

O principal obstáculo para isso foi o profundo contraste entre a unidade política dos países latino-americanos, defendida por Bolívar, e os componentes intensamente adversos/conflituosos de seus microcosmos sociais. Como seus microcosmos sociais estavam dilacerados por antagonismos internos, os mais nobres e eloquentes apelos à unidade política só poderiam ter êxito quando a ameaça feita pelo adversário colonial espanhol se tornasse grave. Mas, por si só, a ameaça não poderia remediar as contradições internas dos microcosmos sociais existentes. Nem a situação poderia ser alterada radicalmente pela identificação premonitória de Bolívar do novo perigo acima citado, ou seja, de que "os Estados Unidos da América do Norte parecem destinados pela providência a condenar a América à miséria em nome da Liberdade". Um perigo sublinhado ainda mais fortemente, dentro do mesmo espírito, por José Martí sessenta anos depois[10]. Ambos foram tão realistas em seus diagnósticos dos perigos quanto generosos na defesa de uma solução ideal para os graves problemas da humanidade. Bolívar, quando propôs uma forma de todas as nações da humanidade se reunirem harmoniosamente no istmo do Panamá para fazerem a capital de nosso globo, tal como "Constantino queria fazer de Bizâncio a capital do antigo hemisfério"[11], e Martí, quando insistia que *"patria es humanidad"*, ilustram tal generosidade.

Mas quando esses ideais foram formulados, os tempos ainda apontavam para a direção oposta: a terrível intensificação dos antagonismos sociais e a horrível carnificina das duas guerras mundiais, que nasceram desses antagonismos. Além disso, a ameaça concomitante em nossos dias é maior do que nunca. Com efeito, é *qualitativamente* maior, porque hoje o que está em jogo é nada menos do que a própria sobrevivência da humanidade. Claro que isso não quer dizer que os ideais há muito defendidos estejam obsoletos. Muito pelo contrário, são ainda mais urgentes. Apesar disso, é hoje verdade, como era no tempo de Bolívar, que não se pode encarar o funcionamento sustentável do *macrocosmo* social da humanidade sem ultrapassar os antagonismos internos de seus *microcosmos*: as células adversas/conflituosas constitutivas de nossa sociedade sob o modo de controle sociometabólico do capital, já que um macrocosmo coeso e socialmente viável só é concebível com base nas células constitutivas correspondentes e humanamente recompensadoras das relações interpessoais.

As circunstâncias históricas atuais são completamente diferentes da época dos triunfos de Bolívar, e também de sua trágica derrota final. São diferentes porque o perturbador desenvolvimento social e histórico pôs em pauta a realização dos objetivos outrora rejeitados, em dois sentidos. Em primeiro lugar, abrindo a *possibilidade* de instituir um macrocosmo potencialmente harmonioso em uma escala *global*, para além dos conflitos devastadores dos confrontos passados interessados que iriam culminar nas pilhagens do imperialismo. É essa possibilidade que o Fórum Social Mundial está tentando evidenciar em seu repetido apelo: "Um outro mundo é possível". O segundo aspecto, da mesma proposta, é inseparável do primeiro e elimina a imprecisão de qualquer conversa limitada apenas à *possibilidade*, visto que, se a possibilidade em causa não indicar um grau de

---

[10] Ver José Martí, "Discurso", proferido em Hardman Hall, Nova York, em 10/10/1890, e "La verdad sobre los Estados Unidos", *Patria*, 17/04/1884.

[11] "Acaso sólo allí podrá fijarse algún día la capital de la tierra, como pretendió Constantino que fuese Bizancio la del antiguo hemisferio."

probabilidade e *necessidade*, não terá qualquer sentido. Na atualidade, é inconcebível um macrocosmo social coeso e globalmente sustentável – em profundo contraste com toda a propaganda capitalista, ansiosamente anunciada, mas irrealizável, sobre a "globalização" neoliberal – sem a definição teórica e a articulação prática das células constitutivas da mudança social em uma *forma genuinamente socialista*.

É assim que a *possibilidade* e a *necessidade* se conjugam em uma unidade dialética em nosso universo social, historicamente específico, dos dias de hoje. *Possibilidade* porque sem ultrapassar as determinações estruturais dos antagonismos irreconciliáveis do capital, a partir dos quais emergiu o projeto socialista ao longo do desenvolvimento histórico da humanidade, é completamente inútil sonhar com a instituição de um universo social globalmente sustentado. E *necessidade* – não uma espécie de fatalidade mecanicista, mas uma necessidade irreprimível e literalmente vital –, porque o destino do ser humano será a aniquilação se, no decorrer das próximas décadas, não conseguirmos *erradicar totalmente o capital* de nosso modo instituído de reprodução sociometabólica. A principal lição da implosão soviética é que só podemos esperar uma reabilitação capitalista se a definição de socialismo, em termos de queda do estado capitalista, for substituída pela tarefa muito mais fundamental, e difícil, de erradicar o capital de toda a nossa ordem social.

É completamente impossível empenhar-se hoje na grande tarefa histórica da erradicação do capital, orientada de modo positivo para um futuro sustentável, sem ativar todos os recursos do espírito de *determinação radical*, em consonância com as exigências de nossa época, como Bolívar fez da forma que pôde de acordo com as circunstâncias do seu próprio tempo. É de fato verdade que, agora, chegou a hora da realização dos objetivos bolivarianos em sua perspectiva mais ampla, como o presidente Chávez vem defendendo há algum tempo. É por isso que os propagandistas do capital que usam a expressão *projeto bolivariano* entre sarcásticas aspas fazem apenas papel de tolos. A *continuidade histórica* não significa uma repetição mecânica, mas uma *renovação criativa* no sentido mais profundo do termo. Assim, dizer que chegou a hora da realização dos objetivos bolivarianos – no sentido de que devem ser atualizados de acordo com nossas próprias condições históricas, com toda a sua urgência premente e com um significado claramente identificável também para o resto do mundo –, significa precisamente que se deve dar um sentido *socialista* às transformações radicais previstas, se estivermos verdadeiramente interessados em implementá-las. Os discursos mais importantes e as entrevistas do presidente Chávez – nos quais ele realça a dramática alternativa de "Socialismo ou Barbárie" – clarificam e atualizam tal processo[12].

A tarefa de renovação radical não está de forma alguma limitada à América Latina. Os movimentos sociais e políticos da esquerda europeia, assim como os da América do Norte, também estão precisando de uma reavaliação profunda de suas estratégias passadas e presentes, diante de suas dolorosas derrotas das últimas décadas. O fermento social e político claramente identificável na América Latina, que vem desde os tempos da revolução cubana

---

[12] Em especial: "Hay que ir organizando un gran movimiento continental", discurso proferido na Universidad Nacional de Asunción, no Paraguai, em 20/6/2005, e "La Revolución Bolivariana y la construcción del socialismo en el siglo XXI", proferido em Caracas em 13/8/2005. Para uma importante entrevista recente, ver Manuel Cabieses, "¿Qué diferenciaría al socialismo del siglo XXI de aquel socialismo que se derrumbó? – ¿Dónde va Chávez?", *Punto Final* (Santiago), n. 598, 19/8/2005.

e se manifestou durante décadas em diferentes partes do continente e não apenas na Venezuela, tem muito a dizer sobre a questão fundamental de "o que fazer?". Precisamente por essa razão devemos abrir os olhos e expressar nossa solidariedade com a renovação criativa da tradição bolivariana na Venezuela nas últimas duas décadas. Infelizmente, fora da América Latina, pouco se sabe sobre o passado recente desse movimento, apesar da relevância direta de algumas de suas doutrinas para todos nós. Assim, antes de abordar a questão das atuais perspectivas de desenvolvimento, na seção final deste artigo, reproduzo a seguir, sem nenhuma alteração, o que escrevi em 1993 sobre o projeto bolivariano, cinco anos antes das decisivas eleições presidenciais na Venezuela[13]; esse texto foi publicado em 1995, no capítulo 18 de *Para além do capital*: "Atualidade histórica da ofensiva socialista"*.

2. Crítica radical da política por Hugo Chávez em 1993[14]

A crítica do sistema parlamentar segundo uma perspectiva radical não começou com Marx. Encontramo-la vigorosamente expressa já no século XVIII, nos escritos de Rousseau. Partindo da posição de que a soberania pertence ao povo e, portanto, não pode ser legitimamente alienada, Rousseau também defendeu que, pela mesma razão, ela não pode legitimamente ser transformada em qualquer forma de abdicação representativa:

> Os deputados do povo, portanto, não são e não podem ser seus representantes; são apenas seus administradores, e não podem realizar quaisquer atos decisórios. Qualquer lei que o povo não tenha ratificado pessoalmente é nula e sem validade legal – de fato, não é uma lei. O povo da Inglaterra considera-se livre; mas está redondamente enganado; só é livre durante a eleição dos membros do Parlamento. Depois de os eleger, surge a escravatura, e fica reduzido a nada. O uso que faz dos curtos momentos de liberdade de que desfruta mostra realmente que merece perdê-la.[15]

Ao mesmo tempo, Rousseau evidencia a importante questão de que, embora o poder da legislação não possa estar divorciado do povo por meio da representação parlamentar, as funções administrativas ou "executivas" devem ser consideradas sob uma luz muito diferente. Como afirmou:

> [...] no exercício do poder legislativo, o povo não pode ser representado; mas no do poder executivo, que é apenas a força que é aplicada para pôr a lei em funcionamento, pode e deve ser representado.[16]

---

[13] Em 6/12/1998, Hugo Chávez Frías foi eleito presidente da Venezuela no primeiro turno das eleições, com expressivos 56,24% dos votos. Assim, todos os outros candidatos em conjunto tiveram de se contentar com apenas 43,76% dos votos válidos.

* István Mészáros, *Para além do capital: rumo a uma teoria de transição* (São Paulo, Boitempo, 2002), p. 787- 861. A íntegra do capítulo 18 está disponível em <http://www.resistir.info/meszaros/meszaros_cap_18.html>. (N. E.)

[14] As páginas aqui reimpressas constituem a seção 18.4.3 de *Para além do capital*, cit., p. 827-31. A seção 18.4 intitula-se "A necessidade de se contrapor à força extraparlamentar do capital".

[15] Jean-Jacques Rousseau, *The Social Contract* (Londres, Everyman, 1993), p. 78. [Ed. bras.: *O contrato social*, São Paulo, Martins, 2006.]

[16] Ibidem, p. 79.

Dessa forma, Rousseau, que tem sido sistematicamente deturpado e insultado por ideólogos "democráticos", até mesmo pelo "*jet set* socialista", porque insistia em afirmar que a "liberdade não pode existir sem igualdade"[17] – o que, por conseguinte, excluía até a melhor forma possível de representação, forma de hierarquia obrigatoriamente discriminatória/iníqua – propôs um exercício muito mais prático de poder político e administrativo do que de hábito lhe atribuem ou mesmo de que o acusam. Significativamente, nesse processo de deturpação tendenciosa, os importantes princípios vitais da teoria de Rousseau, utilizáveis também pelos socialistas numa forma adequadamente adaptada, foram desqualificados e atirados ao mar. No entanto, a verdade é que o poder de tomada de decisões fundamentais nunca deveria estar divorciado das massas populares, como foi demonstrado de modo conclusivo pela história de horror do sistema do Estado soviético, dirigido contra o povo da forma mais autoritária possível pela burocracia stalinista, em nome do socialismo. Ao mesmo tempo, a realização das funções específicas dos setores administrativo e executivo em todos os domínios do processo social reprodutivo pode ser claramente *delegada* a membros da comunidade, desde que isso seja feito com normas estabelecidas, de modo autônomo e devidamente controladas em todas as fases do processo de tomada de decisões substantivas por seus autores associados.

As dificuldades não residem nos dois princípios básicos formulados por Rousseau, mas na forma como eles se ligam ao controle material e político do processo sociometabólico do capital. Faz-se necessário reestruturar por inteiro e radicalmente os domínios materiais antagônicos do capital para estabelecer uma forma socialista de tomada de decisões, de acordo com o princípio do poder inalienável de determinação das normas (isto é, a "soberania" da classe trabalhadora não como uma classe especial, mas como a condição universal da sociedade) e com o princípio da delegação de tarefas e funções específicas sob regras bem definidas, distribuídas flexivelmente e supervisionadas adequadamente. Um processo que terá de ir muito além do que poderia ser regulamentado com sucesso por considerações derivadas do princípio de Rousseau sobre a soberania popular inalienável e seu corolário de delegação. Em outras palavras, numa ordem socialista o processo "legislativo" terá de ser fundido ao próprio processo de produção, de tal forma que a necessária *divisão horizontal do trabalho* – discutida no capítulo 14 de *Para além do capital* – terá de ser complementada com um sistema de *coordenação* autodeterminada do trabalho, desde o nível local até os níveis globais. Tal relação contrasta profundamente com a perniciosa *divisão vertical do trabalho* do capitalismo, que é complementada com a "separação de poderes" num "sistema político democrático" alienado e imposto de modo inalterável sobre as massas trabalhadoras. Pois a divisão vertical do trabalho sob a lei do capital afeta necessariamente e infecta de forma irremediável todas as facetas da divisão horizontal do trabalho, desde as funções produtivas mais simples até os processos de equilíbrio mais complicados da selva legislativa. Esta última é ainda mais densa, não só porque suas infindáveis regras e constituintes institucionais têm de desempenhar seu papel vital de manter firmemente sob controle o comportamento real ou potencialmente contestatário dos trabalhadores, mas também porque tem de estar atenta às reduzidas lutas dos trabalhadores

---

[17] Ibidem, p. 42.

e ainda, de forma geral, salvaguardar a lei total do capital na sociedade. Também tem, de certa forma, de reconciliar, em determinadas fases do processo histórico em curso – sempre que essa reconciliação for possível –, os interesses distintos da pluralidade de capitais com as dinâmicas incontroláveis da totalidade do capital social com vista à sua autoafirmação final como uma entidade global.

Numa recente resposta às críticas a Rousseau feitas por uma representação parlamentar, Hugo Chávez Frías, dirigente de um movimento radical na Venezuela – o Moviemiento Bolivariano Revolucionario (MBR-200) –, escreve em resposta à crise crônica do sistema sociopolítico do país:

> Com o aparecimento dos partidos populistas, o sufrágio transformou-se em uma ferramenta para adormecer e escravizar o povo venezuelano em nome da democracia. Durante décadas, os partidos populistas basearam seu discurso em inúmeras promessas paternalistas, com a intenção de amolecer a consciência popular. As mentiras políticas alienadoras descreviam a chegada à "terra prometida" através de um mar de rosas. A única coisa que os venezuelanos tinham de fazer era ir às urnas eleitorais e aguardar que tudo fosse resolvido sem o mínimo esforço popular... Assim, o ato do voto foi transformado no começo e no fim da democracia.[18]

O autor dessas linhas encontra-se em segundo lugar na estima popular na Venezuela (logo abaixo de Rafael Caldera) entre todas as figuras públicas, de todos os estilos de vida, muito acima de todos os ambiciosos políticos partidários. Assim, poderia facilmente alcançar um alto cargo político se assim o quisesse, o que desmente o argumento habitual de que as pessoas que criticam o sistema político existente só o fazem porque não são capazes de satisfazer as difíceis exigências das eleições democráticas. Na realidade, Chávez, quando escreveu isso (em 1993), rejeitava o "canto da sereia" dos formadores de opinião política – que tentam pacificar o povo dizendo que não há necessidade de se preocupar com a crise, porque falta "apenas pouco tempo" para as novas eleições – por razões muito diferentes. Chama a atenção para o fato de que, enquanto o conselho político habitual é "um pouco mais de paciência" até as eleições marcadas para daí a uns meses,

> [...] em cada minuto nascem centenas de crianças na Venezuela, cuja saúde está ameaçada pela falta de alimentos e medicamentos, ao mesmo tempo que desaparecem milhões e milhões do sistema de saúde nacional, e no final o país fica completamente empobrecido. Não há razão para que se dê qualquer crédito a uma classe política que demonstrou à sociedade que não tem vontade nenhuma de instaurar qualquer mudança.[19]

Por isso, Chávez contrapõe ao atual sistema de representação parlamentar a ideia de que "o povo soberano deve se transformar no objeto *e no sujeito* do poder. Essa opção não é negociável para os revolucionários"[20]. Quanto ao quadro institucional dentro do qual tal princípio deve ser realizado, prevê-o no decurso de uma mudança radical:

---

[18] Hugo Chávez Frías, *Pueblo, sufragio y democracia* (Yara, Ediciones MBR-200, 1993), p. 5-6.

[19] Ibidem, p. 9.

[20] Ibidem, p. 11.

O poder eleitoral do Estado federal tornar-se-á o componente político-jurídico pelo qual os cidadãos serão os depositários da soberania popular, cujo exercício se manterá, portanto, efetivamente nas mãos do povo. O poder eleitoral será alargado a todo o sistema sociopolítico da nação, estabelecendo os canais para uma verdadeira distribuição policêntrica do poder, deslocando o poder do centro para a periferia, e reforçando o poder efetivo da tomada de decisões e a autonomia das diversas comunidades e municipalidades. As Assembleias Eleitorais de cada municipalidade e estado elegerão Conselhos Eleitorais, que possuirão um caráter permanente e funcionarão com independência absoluta dos partidos políticos. Terão capacidade para estabelecer e dirigir os mais diversos mecanismos da Democracia Direta: assembleias populares, referendos, plebiscitos, iniciativas populares, vetos, revogação etc. [...] Assim, o conceito de democracia *participativa* será transformado em uma forma em que a democracia, baseada na soberania popular, se constitua como *protagonista* do poder. É precisamente nessas fronteiras que temos de traçar os limites do avanço da democracia bolivariana. Então estaremos muito próximos do território da *utopia*.[21]

Se essas ideias poderão vir a ser realidade ou se permanecerão como ideais utópicos, isso não será decidido dentro dos limites da esfera política a qual está necessitando do tipo de transformação radical que se anuncia com o aparecimento da perspectiva do "enfraquecimento do Estado". Na Venezuela, não se pode considerar demasiado agressiva a condenação do oco paternalismo parlamentar, quando em muitos pontos do país *90% da população* demonstra sua "rebelião contra o absurdo do voto, por meio da abstenção eleitoral"[22], contra as práticas políticas tradicionais e contra o uso legitimador apologético com que se apresenta o "sistema eleitoral democrático", o qual reclama falsamente para o sistema a justificativa sem discussão de um "mandato conferido pela maioria". Nem se pode argumentar seriamente que uma alta participação eleitoral é por si só prova da existência, de fato, de um consenso popular democrático. No fim das contas, em algumas democracias ocidentais, o ato de votar é obrigatório e pode, em seu valor legitimador, caracterizar apenas as formas mais extremas de um abstencionismo abertamente crítico ou de um pessimismo resignado. Apesar disso, a medida de validade para submeter o sistema representativo parlamentar à necessária crítica radical é a obrigação estratégica de exercer a "soberania dos trabalhadores", não apenas nas assembleias políticas, independentemente de quão *diretas* estas possam ser no que se refere à sua organização e ao modo de tomada de decisões políticas, mas na autodeterminada atividade da vida diária, produtiva e distributiva, dos indivíduos sociais em todos e cada um dos domínios, ou seja, em todos os níveis do processo sociometabólico. É isso que traça a linha de demarcação entre a revolução socialista que é socialista em suas *intenções* – como a Revolução de Outubro de 1917 – e a *"revolução permanente"* da efetiva transformação socialista. Pois sem a progressiva e derradeira transferência total da tomada de decisões reprodutiva e distributiva para os responsáveis associados, não pode haver esperança para os membros da comunidade pós--revolucionária de se transformarem em *sujeitos* do poder.

---

[21] Ibidem, p. 8-11.

[22] Ibidem, p. 9.

3. Perspectivas de desenvolvimento

Como podemos ver pelas citações feitas na seção anterior de *Pueblo, sufragio y democracia*, a teimosia em almejar uma transformação socialista sustentável em nossos dias, dentro do espírito de uma determinação radical, é deveras notável. E com razão. Pois, após tanta luta e tantos sacrifícios dedicados em todo o mundo à causa da emancipação humana ao longo de séculos, permanece sendo uma profunda verdade, e hoje mais do que nunca – em meio à profunda crise estrutural do sistema do capital que ameaça nossa própria sobrevivência –, o fato de que "o povo soberano deve transformar-se no objeto e no sujeito do poder. Essa opção *não é negociável* para os revolucionários". Uma verdade firmemente sublinhada por Chávez em seu panfleto de 1993, cinco anos antes de ser eleito presidente.

Sem essa transformação, no sentido mais profundo e mais duradouro do termo – que significa nada menos do que a necessidade de os indivíduos sociais adquirirem um *controle consciente* sobre suas condições de existência –, é inevitável que a velha ordem da dominação hierárquica volte a se impor, mesmo contra as melhores intenções de uma mudança radical. É isso que coloca a questão do socialismo na ordem do dia com uma urgência inegável no século XXI. Uma forma de socialismo em que – e por meio do qual – o povo possa não só *vir a ser*, mas também *se manter* como o sujeito soberano do poder em todos os domínios. Só dessa forma é possível enfrentar com sucesso os enormes desafios e os perigos cada vez maiores do nosso tempo. Claramente, não pode haver outra forma.

Nesse aspecto, o fermento social e intelectual na América Latina promete mais para o futuro do que o que podemos encontrar por ora nos países de capitalismo avançado. E é compreensível que assim seja, pois a necessidade de uma mudança deveras radical é muito mais premente na América Latina do que na Europa e nos Estados Unidos. Pois as soluções infindavelmente prometidas de "modernização" e "desenvolvimento" se mostraram promessas vazias e um completo fracasso em relação ao povo no extremo limite das políticas efetivamente adotadas. Assim, embora seja verdade que o socialismo como ordem reprodutiva social alternativa deva ser classificado como uma abordagem viável universal, abrangendo também as áreas capitalistas mais desenvolvidas do mundo, incluindo os Estados Unidos, não podemos pensar nesse problema em termos de uma sequência temporal, de acordo com a qual uma futura revolução social nos países de capitalismo avançado tenha de tomar a precedência sobre a possibilidade de mudança radical geral. Longe disso. Visto que, diante da inércia maciça gerada pelos interesses adquiridos do capital nos países capitalistas privilegiados, ao lado da cumplicidade consensual reformista dos sindicatos em seu desenvolvimento autossatisfatório, é muito mais provável, num futuro não muito distante, que se verifique o rebentar de uma revolução social na América Latina e não nos Estados Unidos ou na Europa ocidental, com implicações de longo alcance para o resto do mundo.

Numa entrevista, em janeiro de 2003, a *Folha de S.Paulo* colocou-me essa questão: "Qual a sua opinião sobre os paralelos traçados entre Luiz Inácio Lula da Silva e outros líderes latino-americanos, como Fidel Castro e Hugo Chávez?". Eis a minha resposta:

> Os paralelos são de longo alcance, apesar das óbvias diferenças entre as circunstâncias nas quais esses líderes radicais vieram a ocupar sua posição atual como chefes dos seus respectivos

governos. Os paralelos são dominantes, porque sublinham forçosamente que toda a América Latina mostra a necessidade de uma mudança mais profunda, verdadeiramente radical [...] A vitória por maioria esmagadora do presidente Lula seguiu-se – e não foi por acaso – ao colapso estrondoso de todo o tipo de tentativas de acomodação na Argentina, um país considerado durante muito tempo como o modelo insuperável da América Latina. E quando falamos dos três líderes radicais, Lula, Fidel Castro e Chávez, não podemos esquecer o presidente Allende, que também tentou introduzir uma mudança radical em seu país, e morreu por ela. Sem dúvida, aqueles que se recusam a considerar a simples ideia de uma mudança significativa vão continuar tentando apagar o tempo em que aparecem na cena histórica líderes radicais latino-americanos. Mas, também, sem dúvida, os líderes voltarão a aparecer, vezes sem conta, enquanto as profundas razões sociais e históricas para a sua chegada não estiverem positivamente resolvidas.

Evidentemente, podemos agora acrescentar à lista dos líderes radicais latino-americanos o nome de Evo Morales, que foi eleito presidente da Bolívia com uma votação maciça nas eleições de dezembro de 2005. Sua campanha foi seguida com grande expectativa pelas massas populares de seu país, muito exploradas, especialmente porque ele prometeu levar a cabo uma *revolução bolivariana* de longo alcance. O apoio esmagador que recebeu quando do anúncio de seu programa é uma clara indicação do forte desejo na Bolívia de uma mudança radical. Naturalmente, à luz das dolorosas desilusões do passado em outras partes da América Latina, teremos de ver até que ponto Evo Morales irá satisfazer as expectativas de seu povo, em circunstâncias sem dúvida muito difíceis e que ninguém pode ignorar. Mas, qualquer que venha a ser o veredicto sobre essa questão, podemos ter certeza absoluta de que, à medida que o tempo passa, aparecerão sempre mais líderes políticos radicais, em diversas partes do continente latino-americano, incluindo os países em que as forças radicais sofreram algumas desilusões importantes no passado recente em resultado da acomodação covarde de seus governos aos ditames políticos e financeiros dos Estados Unidos. Esses líderes surgirão, forçosamente, em resposta ao aprofundamento da crise de suas sociedades, assim como do sistema do capital global em geral, com um empenho inevitável na instauração de uma alternativa viável, mesmo contra o obstrucionismo mais hostil do exterior e contra os graves problemas estruturais herdados do passado em seus próprios países. Só a articulação e a intensificação de uma alternativa radical ancorada nas largas massas populares, com uma estratégia intransigente para impulsionar uma transformação da sociedade verdadeiramente abrangente, podem indicar para uma saída do atual labirinto de contradições agora obviamente paralisante.

Naturalmente, seria uma ilusão esperar um desenvolvimento ascendente linear a esse respeito. Temos de enfrentar com bom-senso o fato de que os adversários do socialismo têm enormes recursos à sua disposição, para proteger o poder do capital profundamente entrincheirado. É a dimensão *negativa* do grande desafio histórico que devemos encarar. Mas, ao mesmo tempo, a condição *positiva* para um sucesso duradouro ainda tem mais peso. Pois a elaboração de estratégias socialistas viáveis, assim como a articulação e a consolidação bem-sucedidas das formas organizacionais correspondentes, tanto internamente como no plano internacional, continuam sendo um desafio fundamental para o futuro. Dadas essas razões, não se pode desprezar atrasos realistas e, mesmo, recuos importantes, independentemente de quão grande seja a necessidade de soluções positivas e de quão promissoras forem as realizações iniciais.

No Brasil, a ala radical do movimento da classe trabalhadora, tanto nos sindicatos como nos partidos políticos, desempenhou um papel crucial para pôr fim à ditadura militar, apoiada pelos Estados Unidos, há bem mais de duas décadas. Inspirou movimentos radicais por toda a América Latina. Mais ainda, subsequentemente, o PT registrou um grande sucesso eleitoral com a chegada de Lula à Presidência da República. E, no entanto, apesar de algumas inegáveis realizações tangíveis em áreas limitadas, a ordem do capital, há muito estabelecida no Brasil, conseguiu se manter firmemente no controle do processo de reprodução social geral, marginalizando seus opositores na política, para grande desapontamento das forças populares de todo o país. Compreensivelmente, portanto, os militantes socialistas no Brasil se veem forçados a argumentar hoje que, ainda, há um longo caminho a percorrer antes que se possa afirmar que as restrições herdadas da esquerda histórica organizada – que tendiam a ser confinadas em *todos* os países capitalistas a um espaço e a um papel políticos dificilmente compatíveis com o modo de operação da velha ordem – se alteraram de maneira significativa, para não dizer que foram ultrapassadas em uma base duradoura.

Mas, mesmo assim, apesar de todos os atrasos identificáveis e potenciais, seria completamente errado pintar um quadro pessimista a respeito das perspectivas do desenvolvimento em geral, no que se refere à viabilidade contínua (ou não) do sistema do capital em seu todo. Porque é muito importante sublinhar que, apesar dos sucessos espantosos do capital nas últimas duas décadas em diversas partes do mundo, principalmente nas antigas sociedades de "socialismo realmente existente", as forças que concorrem para a instituição de uma ordem social radicalmente diferente encontraram manifestações encorajadoras em diversos locais do "quintal geopolítico" dos Estados Unidos, entre eles não apenas a Venezuela, mas também os militantes que continuam a desafiar as injustas vantagens concedidas à ordem estabelecida na Colômbia.

Além disso, é muito significativo que os movimentos sociais radicais, em diversas partes do mundo, independentemente de estarem relativamente fracos no momento atual, livrem-se progressivamente das limitações organizativas da esquerda política tradicional, geradas historicamente, mas, agora, completamente anacrônicas. Não estão mais dispostos a aceitar a explicação simplista de que o fracasso de algumas estratégias adotadas no passado, assim como a correspondente implosão sofrida pelo movimento socialista, foi acidental ou simples questão de traições pessoais. Percebendo que é necessário um novo exame crítico – e autocrítico – de algumas importantes concepções estratégicas e organizativas do passado, com base nas circunstâncias históricas atuais, estão empenhados em um processo doloroso, mas necessário, de reorientação de suas forças. Pretendem implementar pela ação não apenas a necessária negação do que existe, mas também a dimensão positiva de uma *alternativa hegemônica* sustentável. É importante salientar essa circunstância para poder combater a difundida propaganda da ordem instituída, que continua a apregoar seu triunfo permanente sobre seus adversários socialistas de outrora.

Quando a primeira-ministra Margaret Thatcher – dedicada partidária ideológica e política do neoliberalismo na Grã-Bretanha – conseguiu derrotar a longa greve de um ano dos mineiros ingleses, gastando impiedosamente contra eles todos os recursos econômicos e policiais do Estado capitalista, com uma ajuda nada desprezível do próprio Partido Trabalhista (apesar de o Partido Trabalhista ainda estar na oposição), gabou-se de ter se "despedido do socialismo para sempre". A declaração foi uma presunção ridícula, apesar de parecer confirmada pela apressada transformação, submissa, do Partido Trabalhista britânico em "Novo Trabalhista": o "amigo dos negócios", nas palavras de seus líderes, ou melhor ainda, o *Big Business*. Na realidade, o alastramento relativamente fácil do neoliberalismo a partir dos anos 1970 não foi apenas um fenômeno britânico, mas uma impressionante evolução internacional que se estendeu de uma forma ou de outra a todo o planeta.

O que é ainda mais importante realçar, nesse sentido, é que o reforço brutal dos principais dogmas do neoliberalismo praticamente por toda a parte – surpreendentemente até mesmo nas sociedades de "socialismo realmente existente", como eram chamadas antigamente – não foi, de forma alguma, a manifestação de uma revitalização irresistível do capital, dando-lhe saúde para assegurar-se permanentemente em direção ao futuro. Pelo contrário, foi provocado pelo aparecimento da *crise estrutural* do sistema, devido às *margens perigosamente reduzidas* da expansão *do capital* sustentável. Em resposta a essa crise estrutural qualitativamente nova, só era possível assumir uma postura ainda mais agressiva.

Desse modo, ao longo de sua evolução, nas últimas três décadas, o capital teve de pôr de lado as "concessões" do Estado de bem-estar social, anteriormente concedidas aos trabalhadores. É preciso notar que não precisou pagar absolutamente nada na época que o Estado de bem-estar social começou a existir, já que as alegadas "concessões" faziam parte das dinâmicas da expansão do capital despreocupada e altamente lucrativa do pós-guerra. O insensível espírito do neoliberalismo redefiniu a orientação estratégica da ordem instituída, colocando em prática políticas cada vez mais exploradoras e repressivas, ditadas pela grosseira rotação autoritária do capital e por sua cínica justificação ideológica.

Com efeito, o que torna muito piores esses fatos para os adeptos do capital é não ser possível, de forma alguma, afirmar que, por sua postura abertamente autoritária, o neoliberalismo conseguiu resolver a crise estrutural do sistema, abrindo as portas para uma nova fase de expansão da riqueza, como prometeu repetidas vezes, mas nunca cumpriu. O fato de, nos últimos anos, os poderes dominantes do capital global terem chegado ao ponto de se empenhar nas mais agressivas e catastróficas aventuras esbanjadoras, incluindo o desencadear de guerras genocidas – cínica e hipocritamente em nome da "democracia e liberdade" – para as quais parece não haver "estratégia de saída"[23] (para usar as suaves palavras críticas dos próprios apoiadores do sistema), demonstra o total fracasso das soluções experimentadas, além do significativo agravamento da própria crise.

---

[23] Os dirigentes políticos mais reacionários do poder imperialista hegemônico defendem, repetidas vezes, novos objetivos militares para continuar a desencadear "guerras preventivas" desavergonhadamente agressivas, como uma alegada solução da crise, contra países que vão desde o Irã e a Síria até a Coreia do Norte e outros integrantes do grupo arbitrariamente chamado "Eixo do Mal". São encorajados pelas ainda mais extremistas eminências pardas de seus governos, considerando assim, esperançosamente, mas de forma absurda, que a necessária solução benéfica será a imposição ditatorial de uma forma de ação que só poderá agravar os problemas do sistema até a catastrófica explosão global.

Outra dimensão, do mesmo problema, diz respeito diretamente às perspectivas de evolução da força do trabalho como antagonista estrutural do capital. Em contraste com todo o falatório sobre a propalada "integração da classe trabalhadora", encontramos hoje uma deturpação total da – indubitavelmente concretizada – capitulação da tradicional *liderança política* dos trabalhadores, como sendo uma integração necessária e inalterável para todo o sempre da *própria classe* trabalhadora, isto é, a integração irreversível da única força social capaz de oferecer uma alternativa hegemônica à lei do capital. Uma lei que deixou de ser sustentável numa base duradoura – por causa de suas determinações internas, cada vez mais destruidoras.

É verdade que a transformação submissa do Partido Trabalhista britânico em "Novo Trabalhista" não foi de forma alguma um fenômeno isolado. Na mesma época, alguns partidos bem à esquerda do Partido Trabalhista britânico – por exemplo, os partidos comunistas francês e italiano – seguiram rumos igualmente negativos. Os apologistas da ordem instituída festejam todas as metamorfoses, tal como festejaram a bem-sucedida imposição do neoliberalismo por toda a parte. Ou seja, como a feliz prova da revitalização duradoura do sistema do capital e, por consequência, como o triunfo sem contestação da opinião arbitrariamente proclamada segundo a qual "não há alternativa".

No entanto, tal interpretação dos acontecimentos e evoluções, que formam um todo, não pode mais ser míope e errada. A própria evidência histórica aponta na direção oposta – justamente porque, em muitos países, as tradicionais forças predominantes da esquerda se subordinaram, de forma incondicional, aos ditames do capital em época de crises estruturais. A verdade, pensamento que deve ser desconfortável para os defensores da ordem existente, é que mesmo a mais submissa acomodação da tradicional liderança dos trabalhadores – na ausência de uma estratégia viável própria desde os tempos do oco *slogan* de "socialismo evolutivo" velho de mais de um século, e agora abandonado – é completamente incapaz de remediar a situação. Nesse sentido, a verdade mais perturbadora é que nada parece funcionar, mesmo a curto prazo, nas atuais circunstâncias históricas, sem a intensificação da agressividade socioeconômica do capital e sua extensão direta a uma *violência do Estado crescente*.

O que realmente aconteceu por meio da imposição do neoliberalismo, com a mais ativa contribuição dos próprios sindicatos reformistas em diversos países – na Grã-Bretanha, no governo de Harold Wilson, já com o ministro de Assuntos Econômicos do Partido Trabalhista, Dennis Healy, que iniciou o primeiro assalto das brutais políticas neoliberais, bem antes de Margaret Thatcher –, foi o abandono final da "grande ilusão", segundo a qual uma *acomodação de classe* e uma *reforma gradual* eram as únicas respostas para os graves problemas estruturais da sociedade.

Fazer depender a eliminação dos graves *defeitos estruturais do sistema* do capital de *remendos graduais* possíveis temporariamente e limitados conjunturalmente foi – é evidente – uma *contradição de conceitos* desde o início. Claro que a circunstância ditou o destino do "socialismo evolutivo", embora se tenha demorado a abandonar a abordagem mistificadora – finalmente, foi deixada de lado até mesmo por seus principais proponentes. Como é hoje dolorosamente óbvio, pelo fracasso humilhante das estratégias mais acomodatícias que se viram em toda a história dos sindicatos reformistas, a acomodação de classe e a reforma gradual não foram resposta alguma para os cada vez mais graves problemas *sistêmicos* da *estrutura social* instituída. Nem poderiam ser.

A raiz do neoliberalismo agressivo está na perigosa diminuição do intervalo entre a desatravancada expansão do capital e o crescimento de amortecedores de conflitos, o que leva o sistema a ter cada vez menos capacidade para gerir, sem aventureirismo destrutivo, seus principais problemas estruturais, sem haver oposição dos sindicatos anteriormente reformistas, hoje ao lado do capital neoliberal. Tudo isso realça a gravidade da crise de nossos tempos e o total absurdo dos discursos sobre ter-se "despedido do socialismo para sempre". Pois a desatravancada *expansão do capital* – em conjunto com o *crescimento de amortecedores de conflitos* – e a tranquila *acomodação submissa* dos sindicatos reformistas à lei do capital são dois lados da mesma moeda.

Como a via para a tranquila e sustentável expansão do capital está reduzida, e acabará por ficar bloqueada pelo aprofundamento da crise estrutural do sistema, a principal força motivadora para a autoacomodação voluntária dos trabalhadores tornar-se-á fraca quando os fatos começarem a se esclarecer. Isso é assim, mesmo se, no início da espiral descendente, a liderança trabalhista reformista – que nunca teve outro conceito de melhoria socioeconômica além da aceitação agradecida de uma fatia maior do "bolo crescente" da sociedade que recebia da mão benevolente do capital: um bolo proverbial que outrora se considerava cegamente ser do tipo de *crescimento eterno* – tentar fazer tudo o que estiver a seu alcance para minimizar as consequências negativas e fatalmente desestabilizadoras do fracasso do capital em "cumprir as promessas". Adota uma posição incondicional e humilhantemente servical diante do capital, na vã esperança de contribuir com êxito para a revitalização e funcionamento saudável do sistema. E faz isso com o espírito untuoso de "não há alternativa" para manter as ordens socioeconômica e política instituídas. Claro, nessas circunstâncias volta-se a recitar vezes sem conta o esconjuro, podre de velho, do "keynesianismo de esquerda". Mas não pode haver nada que lhe confira realidade.

Assim, tanto a permanência do neoliberalismo (muitas vezes associada à grotesca pseudoteoria que prega um "fim da história" quando da feliz chegada do neoliberalismo) quanto a proclamada necessidade absoluta da eterna autoacomodação dos trabalhadores não são mais do que *ilusões ópticas* enganadoras, desenhadas para a conveniência da ordem instituída. São temporariamente reforçadas de duas maneiras. De um lado, pela bem compreensível aliança positiva do neoliberalismo com seu recém-achado interlocutor ideal, o trabalhismo submisso. E, de outro, pela necessidade de o trabalhismo autoacomodatício ter um adversário um tanto engrandecido (poderoso, mas "razoável" e benevolente), promovido ao status de um verdadeiro "parceiro", agora respeitavelmente descrito como "produtor de riqueza", apesar do crescente parasitismo de sua dimensão dominante, o capital financeiro especulativo. Dessa forma, o trabalhismo reformista justifica diante de seus apoiadores eleitorais sua cumplicidade aberta com a perpetuação da grosseira ordem exploradora tal como existe, nada embaraçado por ter abandonado suas antigas aspirações reformistas de "mudança gradual" para uma ordem justa, alternativa outrora prometida, em favor de uma base hoje proclamada ainda mais vazia de que "*não pode haver* qualquer alternativa".

Porém, surgiu na agenda histórica a necessidade vital de uma *alternativa hegemônica* à lei do capital. Visto que todas as modalidades conhecidas de acomodação reformista, ao longo de 130 anos de história (desde o tempo do "Programa de Gotha"), não conseguiram ter o mais ínfimo impacto nas graves contradições e desumanidades do sistema do capital. Esse estado de coisas podia manter-se, apesar dos antagonismos e desumanidades do sistema, se o capital conseguisse se impor – se possível com a ajuda de realizações produtivas, ou mesmo pela força bruta – como o controlador incontestado da reprodução social. Mas é precisamente isso que está se tornando extremamente problemático em nossos dias. Extremamente problemático até, em parte, porque mesmo a postura mais autoritária do capital, ao lado de uma acomodação submissa do trabalhismo reformista hoje total, não consegue produzir a prometida expansão econômica da riqueza. E, ainda mais importante, porque os agressivos acontecimentos aventureiros em curso puseram nitidamente em relevo a perigosa direção do capital para a destruição da humanidade, irracionalmente no interesse da sobrevivência a todo o custo da ordem reprodutiva instituída, para a qual o capital na verdade *não pode conceber*, quanto mais *aceitar*, qualquer alternativa.

Seguir a "linha da menor resistência" é, por definição, sempre muito mais fácil do que lutar pela instituição de uma alternativa hegemônica realmente possível. Porque esta última requer não só um empenho ativo à causa escolhida pelos participantes, mas também a aceitação de prováveis sacrifícios. É esse o grande trunfo de nossos adversários, o que realça a importância vital da elaboração e implementação de estratégias políticas e sociais viáveis para combater a significativa vantagem posicional da inércia institucionalizada. Já que, num aspecto, não é possível o necessário afastamento das ilusões ópticas enganadoras acima mencionadas – em especial a permanência absoluta do neoliberalismo e da benéfica autoacomodação do trabalhismo para com ele – sem uma consciência absoluta do que hoje está realmente em jogo para garantir a sobrevivência da humanidade e, em outro aspecto, sem um empenho prático na necessária transformação fundamental da atual ordem social em seu todo, dentro do espírito de uma *determinação radical*.

Remendar aqui e ali, nos tempos atuais, não conduz a parte alguma. Só conseguirá reforçar a posição de vantagem dos que detêm hoje o controle do sistema do capital historicamente anacrônico. Em outras palavras, combater com sucesso as mistificações da invencibilidade neoliberal sustentada ativamente pelo trabalhismo acomodatício não é apenas uma questão de esclarecimento ideológico. A batalha não pode ser ganha apenas no terreno da persuasão política, visto que as convicções consistentemente críticas coexistem com frequência com a impotência prática. Só é possível um êxito duradouro por meio da mobilização sustentada, de forma organizada, das grandes massas para a realização de uma *alternativa hegemônica abrangente* ao modo de reprodução sociometabólico existente.

O espírito de determinação radical hoje é inseparável de um empenho firme – exigido pela necessidade de enfrentar os perigosos desenvolvimentos históricos – para a instauração da desejada alternativa hegemônica à lei do capital cada vez mais aventureira e destrutiva. É por isso que o presidente Chávez salientou, repetidas vezes, a inevitabilidade do dilema de *socialismo* ou *barbárie* nos nossos dias, e a correspondente necessidade de envolvimento na única forma possível de ação bem-sucedida: uma *ofensiva estratégica* sustentável, dada a magnitude e a urgência literalmente vital da tarefa histórica. Em sua intervenção no Fórum Social Mundial de janeiro de 2003, em Porto Alegre, ele alertou com toda a razão para a prejudicial tentativa de permitir que as reuniões mundiais dos principais movimentos sociais se transformassem em *acontecimentos folclóricos* ritualizados anualmente. E repetiu o mesmo alerta no Fórum Social Mundial de janeiro de 2006, em Caracas, insistindo que a transformação dos movimentos sociais potencialmente radicais num

[...] *encontro turístico/folclórico seria terrível, porque estaríamos apenas perdendo tempo, e não temos tempo a perder.* Creio que não nos é permitido falar em termos de séculos futuros [...] não temos tempo a perder; o desafio é salvar as condições de vida neste planeta, salvar a espécie humana, modificar o curso da história, mudar o mundo.[24]

Nesse sentido, para ir ao encontro do desafio histórico de nossos dias, radicalmente novo, que diz respeito à sobrevivência da humanidade, o projeto original bolivariano deve ser modificado em duas de suas dimensões fundamentais. Num primeiro aspecto, a necessária mudança qualitativa afeta diretamente a superimportante questão da *igualdade* e, em outro aspecto, tem de considerar o dilema não resolvido, nem mesmo pelos maiores e mais radicais pensadores políticos do Iluminismo, incluindo Rousseau (que foi, em muitos aspectos, o modelo insuperável para o próprio Bolívar). A saber: como ultrapassar numa base duradoura – ou, pelo menos, como arranjar um denominador comum sustentável para um inevitável período de transição – os conflituosos e potencialmente desintegradores interesses produtores em ação na sociedade.

Como é óbvio, essas duas dimensões fundamentais de uma solução historicamente viável para os grandes dilemas da humanidade – que apareceram em suas primeiras formulações utópicas milhares de anos antes do Iluminismo, mas se mantiveram sempre frustradas e marginalizadas desde esses dias longínquos – estão estreitamente entrelaçadas. É impensável ultrapassar as contradições, potencialmente mais ameaçadoras, explosivas até, e os interesses que se excluem mutuamente, condições perpetuadas pela estrutura social instituída há muito antagônica, sem encontrar uma solução viável – de *forma substantiva* – para o problema da igualdade que, historicamente, tem se mostrado rebelde, e cujas formas (em princípio reversíveis) de tratamento legal apenas arranham a superfície. E vice-versa: é impensável encontrar uma solução *substantiva*, e portanto irreversível legalmente, para a questão seminal, sobre a qual repousam todos os outros valores sociais recomendáveis – nas palavras memoráveis de Bolívar, "de todas as liberdades para todos os direitos", incluindo a justiça – sem relegar de forma permanente para o passado histórico os conflitos e antagonismos gerados necessariamente e reproduzidos de uma forma ou de outra pelas relações sociais *substantivas* (e não apenas legalmente codificadas), entrincheiradas estrutural/hierarquicamente e salvaguardadas.

No mais profundo sentido das questões em jogo, as duas dimensões fundamentais dos grandes dilemas da humanidade estão unidas – dissociadas porque foi assim que foram tratadas no discurso político do passado. E, mais importante ainda, têm de ser dissociadas para a elaboração de uma solução prática viável e duradoura – e hoje historicamente possível e necessária – para as explosivas contradições da sociedade. No entanto, hoje, à luz das desilusões passadas, temos de estar conscientes do fato extremamente complicado de que elas são inseparáveis em sua substância mais íntima. Pois se deve tanto à indiferença

---

[24] "[...] seria nefasto, así lo creo, que permitamos que el Foro Social Mundial se folklorice, que se convierta en un encuentro folklórico de todos los años. Encuentro turístico, folklórico, eso seria terrible, porque estaríamos sencillamente perdiendo el tiempo y no estamos para perder el tiempo. Creo que a nosotros no nos está dado el pensar en los siglos futuros [...] no estamos para perder tiempo, se trata de salvar la vida en el planeta, se trata de salvar la especie humana, cambiando el rumbo de la historia, cambiando el mundo." Hugo Chávez Frías, discurso proferido em 27/1/2006.

passada – determinada socialmente – quanto à sua inseparabilidade substantiva que até as intenções mais nobres para ultrapassar as violações da igualdade mediante uma reforma legislativa (que pode ser necessária como primeiro passo sob determinadas circunstâncias históricas[25]), mas deixando ao mesmo tempo as hierarquias substantivas entrincheiradas em seu lugar na sociedade, acabaram por sofrer revezes, mais cedo ou mais tarde.

Temos de recordar a esse respeito que, para Bolívar, a igualdade era "a lei das leis" porque "sem igualdade, todas as liberdades, todos os direitos desaparecem. Por ela devemos fazer todos os sacrifícios". Definindo o problema dessa forma, Bolívar faz um apelo direto ao espírito de *esclarecimento e moral* de seus colegas legisladores. Assim como caracterizou as duas exigências básicas de uma forma de legislação politicamente viável, em seu discurso no Congresso de Angostura: "A moral e o esclarecimento são os polos de uma República; a moral e o esclarecimento são nossas necessidades primárias"[26]. Embora essa fosse uma fórmula indubitavelmente válida para alguns princípios políticos vitais orientadores em um dado contexto social, a forma como Bolívar definiu o problema da igualdade, como uma *igualdade promulgada legalmente*, dependente da visão esclarecida e da compreensão moral de seus colegas legisladores (muitos dos quais na verdade estavam pouco dispostos a fazer os sacrifícios estipulados), impôs inevitavelmente restrições à abordagem radical proposta. Com efeito, as qualificações expressas por Bolívar em algumas ocasiões[27] indicaram, pelo menos em suas implicações, sua consciência dos limites sociais do nível de igualdade efetivamente atingido. Afinal de contas, até a emancipação legal dos escravos podia vir a ser posteriormente cancelada por um conjunto de alternativas pseudocontratuais legalmente estabelecidas, que cinicamente mantinham muitas das características da escravatura anterior, incluindo o acordo brutalmente escravizante chamado de "trabalho indentado", para não falar do *triunfo substantivo da escravatura salarial* por toda a parte, glorificado nos anais da economia política liberal como "trabalho livre". E, mais uma pequena nota: sob as circunstâncias predominantes na época de Bolívar na América Latina, o grau do radicalismo social e político por ele defendido provou estar adiantado demais para muitos de seus contemporâneos.

Quanto à *igualdade substantiva*[28], sua realização é sem dúvida a maior e mais difícil de todas as tarefas históricas. Por isso mesmo, o avanço real na direção de uma igualdade

---

[25] Por exemplo, quando um líder político radical chega à posição de chefia do governo de seu país por um processo eleitoral – a que se segue a instituição de uma Assembleia Constituinte – e não por uma revolução social e política abrangente. Basta pensar, quanto a isso, no contraste entre Venezuela e Cuba.

[26] "Moral y luces son los polos de una Republica; moral y luces son nuestras primeras necesidades."

[27] Por exemplo, quando se dirigia a uma assembleia de soldados dessa forma: "¡Soldados! Vosotros lo sabeis. *La igualdad, la libertad y la independencia* son nuestra divisa. ¿La humanidad no ha recobrado sus derechos por nuestras leyes? Nuestras armas, ¿no han roto las *cadenas de los esclavos*? *La odiosa diferencia de clases y colores*, ¿no ha sido abolida para siempre? Los bienes nacionales, ¿no se han mandado repartir entre vosotros? ¿La fortuna, el saber y la gloria no vos esperan? ¿Vuestros méritos no son recompensados con profusión, o *por lo menos por justicia?*". Ver Felipe Larrazábal, *Vida y escritos del Libertador Simón Bolívar* (Caracas, Presidência da República, 1999, v. 2), p. 76-7.

[28] Ver "The Challenge of Sustainable Development and the Culture of Substantive Equality", minha conferência feita na Cúpula sobre a Dívida Social e a Integração Latino-Americana do Fórum Cultural dos Parlamentos Latino-Americanos, em Caracas, Venezuela, em 10/7/2001 e 13/7/2001; publicada em *Monthly Review*, Nova York, v. 53, n. 7, dez. 2001, p. 10-9.

substantiva só se torna possível quando as *condições objetivas materiais* de sua realização – incluindo a *potencialidade produtiva positiva* da sociedade, historicamente atingida – forem adequadamente acompanhadas no nível das ideias e dos valores. Estes últimos bem podem ser chamados de *condições espirituais* para a derrota das antigas hierarquias sociais, estruturalmente entrincheiradas durante milhares de anos e reforçadas pela mais problemática cultura da *desigualdade substantiva*, mesmo nos escritos de alguns dos maiores intelectuais da burguesia progressista. Dadas as circunstâncias, o êxito só é possível se forem satisfeitas historicamente algumas condições vitais. Pois, de um lado, a "distribuição justa da pobreza", na ausência de requisitos materiais favoráveis, não pode ser sustentada socialmente como uma condição de normalidade durante muito tempo. Simultaneamente, de outro lado, a pretensa realização da "abundância material" – isto é, o pernicioso mito da "sociedade abundante" – não pode resolver absolutamente nada se faltar uma dedicação genuína à solidariedade mutuamente benéfica (e valores associados), sejam quais forem as razões, no conceito de avanço produtivo do indivíduo, independentemente do grau de conhecimento disponível da prática tecnológica e científica que possa existir, em dadas circunstâncias. Na ausência de valores que possibilitem o desenvolvimento global de uma individualidade rica, em vez da atual competitividade antagonista dominante, toda a abundância material festejada de modo fetichista é transformada invariavelmente em uma *escassez* que nunca poderá ser eliminada e, por conseguinte, o círculo vicioso autojustificante do "progresso" devastador para a conversão irracional de uma *potencialidade produtiva* cada vez maior em uma *realidade destrutiva* pode continuar livremente até que uma catástrofe global a faça parar.

É aqui o ponto em que podemos ver a linha de demarcação que nos separa do passado, na qual só poderá haver preocupação com a igualdade, mesmo para os estadistas mais esclarecidos, como um objetivo político legalmente definido (e restritivo). Foi também forçosamente o caso quando as questões em jogo tinham importantes conotações sociais, tal como a libertação formal – mas de forma alguma a verdadeira emancipação socioeconômica – dos escravos. O que é radicalmente novo em nossas condições de existência na atual época histórica é que não pode haver êxito duradouro na luta pela sobrevivência da humanidade sem o estabelecimento de uma *ordem social* baseada em uma *igualdade substantiva* como princípio orientador central da esfera da *produção* e *distribuição*. E é assim porque a *capacidade de destruição* incorrigível do capital afeta, em nossos dias, todas as pequenas facetas de nossa vida, desde a irresponsável dilapidação de objetivos produtivos orientados para o lucro até a degradação suicida da natureza, assim como a exaustão irreversível de seus recursos reprodutivos vitais; e desde a desumanizante produção maciça de "gente supérflua", sob a forma de desemprego crônico, até as mais extremas variedades do atual aventureirismo militar, acompanhado da ultrajante justificativa de nada menos do que o uso de armas nucleares pelo país imperialista dominante, os Estados Unidos, feita não só retrospectivamente, em relação ao atentado inesquecível contra o povo de Hiroshima e de Nagasaki, mas de forma mais sinistra também em relação ao futuro. Nesse sentido, a defesa tradicional das personificações do capital de "imaginar o inimaginável" – em seu espírito autocongratulatório que proclama as virtudes de uma "destruição produtiva" levada a bom termo – encontra sua realização final em uma forma na qual a *contemplação e a ameaça da destruição da humanidade*, absurdamente no interesse da sobrevivência do sistema socioeconômico a qualquer preço, são *legitimadas* como um *objetivo estratégico* necessário pela mais poderosa formação estatal do capital.

Na raiz de todas as manifestações destrutivas, encontramos os imperativos intransponíveis que emergem das *hierarquias estruturais* autoperpetuantes da ordem instituída, que excluem obrigatoriamente qualquer *alternativa racional* ao modo de controle sociometabólico do capital. Evidentemente, compreende-se que as considerações de igualdade substantiva não podem fazer parte do quadro do capital das tomadas de decisão quando o essencial está em jogo. Isso torna extremamente grave a crise estrutural de nosso sistema de controle reprodutivo social na presente conjuntura histórica, indicando ao mesmo tempo a única forma viável de ultrapassá-la. As determinações destrutivas da ordem instituída exigem hoje uma *mudança estrutural* fundamental no interesse da sobrevivência humana.

Como a *desigualdade estruturalmente imposta* é a característica definidora mais importante do sistema do capital, sem a qual ele não poderia funcionar nem um só dia, torna-se necessária a instauração de uma *mudança estrutural fundamental* para produzir uma *alternativa substantivamente igual* como única forma futura viável para o controle sociometabólico da humanidade. Além disso, não pode estar em jogo nenhum objetivo mais elevado para os seres humanos do que garantir e salvaguardar a sobrevivência e o avanço positivo da humanidade, a possibilidade de instituir uma ordem humanamente satisfatória de *igualdade social substantiva* que, nas atuais circunstâncias, não é uma *possibilidade abstrata*, mas uma *necessidade vital*. Por isso, as forças dedicadas a essa grandiosa tarefa histórica podem aspirar à realização de seu objetivo com a racionalidade a seu lado, confiantes da total justificação dos valores por elas defendidos em sua luta contra o imperialismo, o monopólio e a opressão, em profundo contraste com seus adversários. Na verdade, vivemos em uma época que se pode chamar de choque de imperativos, embora de forma alguma de "choque de civilizações". A confrontação crítica de nossos dias afirma-se como um imperativo para criar uma ordem social igual e sustentável – isto é, uma ordem que seja sustentável historicamente, justamente em virtude de sua determinação mais íntima de ser igual e justa em todas as suas dimensões substantivas –, contra os imperativos insuperáveis do capital de autopreservação destrutiva. Dada a natureza das questões envolvidas e a urgência de sua concretização, nunca houve uma perspectiva comparável, nem sequer de perto, para tornar realidade a defesa já antiga da igualdade substantiva como a principal determinação da mudança humana.

Nesse sentido, também devem ser reexaminadas as razões para a questão cronicamente ainda por resolver de como ultrapassar, numa base duradoura, os interesses produtores conflituosos e potencialmente desintegradores que atuam na sociedade. A resposta dada no passado até pelos estadistas mais esclarecidos, incluindo Bolívar, era *equilibrar* politicamente as diferentes forças sociais, de forma "a manter o *equilibrium* não só entre os membros do governo, mas também entre as diferentes frações que compõem nossa sociedade"[29]. Essa estratégia acabou por se revelar frágil em seus próprios termos de referência,

---

[29] "[...] mantener el *equilíbrio*, no sólo entre los miembros que componen el gobierno, sino entre las diferentes fracciones de que se compone nuestra sociedad."

resultando em convulsões periódicas e retrocessos em seu cenário político, apesar do fato de que o que estava em jogo se referia apenas à redefinição parcial e à redistribuição do *quinhão relativo* das diferentes forças sociais nas relações de poder estruturalmente dadas. No entanto, os parâmetros estruturais hierárquicos da ordem social dada não foram eles mesmos postos em questão. Pelo contrário, tinham de ser considerados como garantidos pelos princípios orientadores do "equilíbrio". Em contraste, está hoje na ordem do dia a discussão radical dos parâmetros estruturais do sistema social instituído. Pois, evidentemente, até o equilíbrio político mais hábil das forças sociais sob a lei do capital não consegue realizar a tarefa de instituir a exigida *mudança estrutural fundamental*, independentemente de quão forte seja a sua necessidade, como parece ser o caso hoje. É por isso que só a busca consistente do objetivo para estabelecer uma ordem social de igualdade substantiva consegue responder ao desafio histórico de nossos dias, sob as condições da irreversível crise estrutural do sistema do capital.

Como vimos antes, no fim de sua vida, Bolívar foi forçado a reconhecer que, tragicamente, o dia da América, tal como ele tinha previsto anteriormente, ainda não havia chegado. Hoje, a situação é muito diferente, em virtude de uma série de determinações fundamentais. Em outras palavras, o "dia da América" de Bolívar já chegou no sentido em que as condições antiquíssimas da dominação quase colonial da América Latina pelos Estados Unidos não podem se perpetuar no futuro. Quanto a isso, os interesses da soberania nacional, política e socioeconômica, dos países latino-americanos coincidem totalmente com o impulso necessário para superar os descontentamentos gerais, já que o domínio nacional de muitos países, há muito predominante, por alguns poderes imperialistas se tornou um anacronismo histórico irremediável.

A nova condição histórica não pode ser desfeita pelo fato de os antigos poderes imperialistas, e acima de tudo o mais poderoso de todos, os Estados Unidos da América, tentarem fazer as rodas da história andarem para trás e *recolonizar* o mundo. Seu desígnio para esse fim já é visível na forma como empreenderam recentemente algumas aventuras militares devastadoras sob o pretexto da chamada "guerra contra o terrorismo". Com efeito, a nova panaceia dos poderes mais agressivos é afirmar que embarcar no que de fato representa uma grosseira aventura recolonizadora – na África e no Sudeste da Ásia, assim como na América Latina – é uma condição essencial para o êxito de sua virtuosa "guerra contra o terrorismo internacional" na "nova ordem mundial". Mas estão condenados a fracassar.

No passado, muitas tentativas de corrigir justificáveis descontentamentos nacionais foram sabotadas pela adoção de estratégias chauvinistas. Visto que, dada a natureza dos problemas em jogo, os interesses *nacionais* reprimidos não podem prevalecer à custa dos objetivos sociais viáveis de outras nações, violando assim as necessárias *condições internacionais totalmente igualadas* das relações interestados. Assim, não podia ser mais clara a validade histórica a longo prazo do projeto bolivariano, que reivindica a unidade estratégica e a igualdade dos países latino-americanos, não apenas contra os EUA, mas no seio do quadro mais amplo da desejada associação internacional harmoniosa de todos. Com efeito, concretizando sua unidade social e política baseada na solidariedade, os países latino-americanos podem desempenhar hoje um papel pioneiro, no interesse de toda a humanidade. Nenhum deles pode ter êxito sozinho, mesmo negativamente, contra seu poderoso antagonista na América do Norte, mas, em conjunto, podem mostrar a todos nós uma saída para a frente, de forma exemplar. Só a renovação histórica adequada e a busca consistente de uma estratégia capaz de reduzir as dimensões nacionais e internacionais da mudança social a um denominador comum por toda a parte, no espírito de uma determinação radical, pode resolver a grave crise estrutural da nossa ordem social.

VI
A IMPORTÂNCIA DO PLANEJAMENTO E DA IGUALDADE SUBSTANTIVA*

1. A "mão invisível" e a "astúcia da razão" como um providencial capataz postulado ilusoriamente pelo capital

O planejamento ocupa um lugar de extrema relevância entre as categorias da teoria socialista. Isso se põe em agudo contraste com o sistema do capital, no qual – devido à determinação centrífuga interna de seus microcosmos produtivo e distributivo – não há escopo real para o planejamento no sentido pleno do termo. Tal sentido é definido como um *planejamento abrangente almejado de forma consciente* tanto da produção como da distribuição, e simultaneamente ultrapassa as limitações da coordenação técnica/ideológica, não importando o quanto amplamente nelas esteja baseado.

Naturalmente, os grandes pensadores que conceituaram o mundo do ponto de vista do capital perceberam que algo *essencial* estava ausente de sua descrição da ordem sociorreprodutiva estabelecida sem o qual esta não poderia de forma alguma ser sustentada sobre uma base duradoura, e muito menos estar qualificada como a primeira e única forma de reprodução sociometabólica da humanidade, já que a declararam ser. Assim, a partir de uma impressionante – ainda que misteriosa – reconsideração, eles introduziram as ideias da "mão invisível" (Adam Smith), do "espírito comercial" (Kant) e da "astúcia da razão" (Hegel).

Como uma misteriosa entidade supra-individual, independentemente de sua denominação, presume-se que alcance aquilo que numa sociedade humana estruturada de forma não antagônica deveria ser obtido pelo *planejamento abrangente* livremente determinado. E supõe-se que a agência supra-individual projetada iria cumprir as tarefas de coordenação e direção globais incomparavelmente melhor, por definição, do que os indivíduos particu-

---

* Trecho extraído de István Mészáros, "Método em uma época histórica de transição", em *Estrutura social e formas de consciência I: a determinação social do método* (trad. Francisco Raul Cornejo, Luciana Pudenzi e Paulo Cezar Castanheira, São Paulo, Boitempo, 2009). (N. E.)

lares jamais poderiam sonhar. Pois nas concepções formuladas do ponto de vista do capital duas – *irreconciliáveis* – condições têm de ser satisfeitas.

Primeiro, a *retenção* da mitologia econômico-política da "sociedade civil" (abstraída do Estado capitalista), com sua insolúvel conflitualidade/adversidade *individual*, contenciosidade e conflitos (de forma tão apropriada para a "madeira torta" de Kant segundo a qual os indivíduos particulares teriam sido fabricados pela Providência Divina ou determinada pela natureza). Daí que não poderia ser possivelmente confiada aos indivíduos particulares a tarefa vital de assegurar a coesão ordenada da atividade reprodutiva em uma escala societal sem que a nova ordem econômica se esfacelasse.

E a segunda condição que tinha de ser satisfeita era a produção da coesão societal global. Esse processo era colocado contraditoriamente na forma de uma reafirmação daquilo que os pensadores em questão consideravam ser as determinações ontológicas objetivas da "sociedade civil" insuperavelmente conflituosa. A solução imaginária para a conflitualidade insuperável da sociedade civil era por eles oferecida na forma da transubstanciação do intercâmbio *negativo* de conflitualidade/adversidade egoística particularista enquanto tal, nos benefícios *positivos* que se presumia surgirem dos próprios conflitos para o *todo*, de forma que, nas palavras de Hegel, graças a um movimento "dialético" milagroso, "*cada um*, ao ganhar e produzir para sua fruição, ganha e produz também para a fruição dos *outros*", como vimos acima ser decretado pelo grande filósofo alemão[1].

Esse tipo de transmutação benéfica do negativo no positivo – a ser realizado do modo postulado, mas nunca explicado ou demonstrado – foi celebrado pelos pensadores que viram o mundo do ponto de vista do capital como a harmonização *ideal* do processo sociorreprodutivo em sua totalidade. Apenas uma misteriosa agência supra-individual – seja ela a "mão invisível" de Adam Smith, o "espírito comercial" de Kant ou a "astúcia da razão" de Hegel – poderia cumprir tal *reconciliação ideal* do *irreconciliável*.

Dessa forma a projeção da agência supra-individual no lugar do órgão social exigido do *planejamento abrangente* – como deveria haver sido instituído na realidade pelos indivíduos *sociais* livremente associados (e não isolados de forma egoísta) – pôde criar do ponto de vista da economia política a *aparência* de resolução do problema real. Mas até para criar somente essa aparência era necessário distorcer, em primeiro lugar, *o antagonismo social fundamental* da sociedade capitalista de *classes,* classificando-a como conflituosidade estritamente *individual* prevalente na eternizada "sociedade civil". E, em segundo lugar, também era necessário caracterizar o próprio *objeto* estipulado do conflito, ao redor do qual as pessoas teriam de confrontar-se, como uma simples matéria de *desfrute individual,* pertencente à esfera do *consumo*, e assim quantitativamente extensível – nas palavras de Hegel,

---

[1] É assim que Hegel argumenta seu indefensável exemplo em *Princípios da filosofia do direito* (trad. Orlando Vitorino, São Paulo, Martins Fontes, 2003), p. 178: "No entanto, o que há de universal e de objetivo no trabalho liga-se à abstração que é produzida pela especificidade dos meios e das carências e de que resulta também a especificação da produção e a divisão dos trabalhos. [...] Esta abstração das aptidões e dos meios completa, ao mesmo tempo, a dependência mútua dos homens para a satisfação de outras carências, assim se estabelecendo uma necessidade total. [...] Na dependência e na reciprocidade do trabalho e da satisfação das carências, a apetência subjetiva transforma-se numa contribuição para a satisfação das carências de todos os outros. Há uma tal mediação do particular pelo universal, um tal movimento dialético, que cada um, ao ganhar e produzir para sua fruição, ganha e produz também para a fruição dos outros".

"de todos os outros". Dessa maneira, a *divisão hierárquica do trabalho estruturalmente imposta* e determinada por *classes* – que constitui o real substrato do irreconciliável e definitivamente explosivo antagonismo fundamental do sistema do capital – poderia ser deixada intocada na sociedade. E, paradoxalmente, esse *duplo* desvirtuamento do problema era em impressionante medida justificado, no sentido de ser teoricamente consistente.

E assim o fora precisamente na qualidade de uma dupla distorção. Pois, da perspectiva privilegiada do capital, era necessário desvirtuar, por um lado, a natureza real do insuperável antagonismo de classe – profundamente inerente ao arcabouço *estrutural* historicamente dado da sociedade e, da mesma forma, requerendo a sua transformação radical – como se fossem conflitos puramente *individuais* na "sociedade civil" (elaborados para tal propósito), cuja reconciliação não exigiria *mudança estrutural* alguma na sociedade efetivamente existente. Por outro lado, também era necessário descrever tendenciosamente o objeto real de conflito – a confrontação histórica sobre dois modos de *produção* alternativos incompatíveis e hegemônicos como uma franca questão de *consumo* individual, cuja magnitude poderia ser ampliada por meio do prontamente quantificável valor de troca do processo de produção autoexpansivo do capital. Esses dois aspectos principais das determinações estruturais do capital sempre estiveram intimamente interconectados. Assim, escolhendo a opção da perspectiva privilegiada do capital, em sintonia com a exclusão absolutamente necessária de qualquer ideia de mudança estrutural no modo de produção estabelecido, carregando consigo a exigência de também englobar a outra – ou seja, o confinamento de todos os ajustes remediais plausíveis à esfera do consumo individual. Nesse sentido, não poderia haver maneira alternativa de conceituar os problemas em jogo do ponto de vista da economia política do capital. Já que seria inconcebível instituir no mundo existente a alternativa histórica requerida – a saber, o social e futuramente inevitável planejamento abrangente do processo de reprodução – sem superar *qualitativamente* de modo sustentável a então estruturalmente reforçada *divisão hierárquica do trabalho* por meio de uma *organização do trabalho* conscientemente controlável no sistema orgânico comunal.

Porém, nem mesmo a misteriosa entidade supra-individual poderia superar o caráter *post festum* do planejamento: o único tipo plausível no interior da estrutura incuravelmente fetichista do controle sociometabólico do capital. Pois as *funções corretivas* vislumbradas em tal sistema, por meio da operação do mercado idealizado, falham ao se qualificarem para o real sentido do planejamento em dois importantes modos. Primeiro, porque apenas podem ser *retroativas*, em resposta a erros de cálculo e falhas percebidos e – mesmo que relutantemente – reconhecidos "após o evento". E, segundo, porque pela própria natureza de sua característica retroativa podem apenas ser *parciais*, sem qualquer discernimento das conexões potencialmente duradouras das instâncias particulares reconhecidas. Em consequência, a previdência global – uma característica definidora vital do planejamento abrangente almejado de modo consciente no sentido apropriado do termo – não teria papel algum a desempenhar aqui. Já que o pré-requisito necessário para a realização dessa característica tão vital é a efetiva substituição da *conflitualidade/adversidade* não apenas pela superação dos *interesses investidos* estabelecidos e necessariamente prejudiciais sob as circunstâncias históricas dadas, mas também pela prevenção, por meio de uma *mudança estrutural* apropriada na sociedade, contra sua reconstituição no futuro.

A concepção econômico-política do mundo, assim, *tem de* idealizar a conflitualidade/ adversidade dos interesses investidos "de forma egoística" em suas manifestações *individualistas* na "sociedade civil" para ser capaz de (mais ou menos conscientemente) desviar a atenção, e assim, legitimar e eternizar "por procuração" os interesses investidos *estruturalmente entrincheirados* do capital sobre o controle sociorreprodutivo, que por sua vez está baseado em tais interesses de classe investidos e produtores de antagonismos. Tal concepção não tem como concebivelmente satisfazer as condições exigidas para a realização da previdência global do planejamento mesmo como uma misteriosa e reparadora reflexão posterior.

Isso explica também porque até mesmo sob as condições de desenvolvimentos monopolistas globalmente almejados, independentemente do quão grandes possam ser as gigantes corporações transnacionais trazidas ao mundo por meio da concentração e centralização do capital que avança de modo irresistível, a dissimulada solução racionalizante deste defeito fundamental do sistema do capital pode apenas produzir um tipo de "planejamento" *post festum* parcial, e em larga escala técnico/ideológico, sem a proclamada capacidade de remediar os antagonismos estruturais subjacentes.

Naturalmente, o genuíno processo de planejamento socialista é impensável sem a superação do fetichismo da mercadoria, com sua *quantificação* perversa de todas as relações e atividades humanas. Para serem realmente significativos, os critérios do planejamento socialista devem ser definidos em termos qualitativos, no sentido de não apenas incrementarem a viabilidade produtiva dos processos econômicos gerais como também enriquecer diretamente, em termos humanos, a vida dos indivíduos sociais particulares. Esse é o sentido a que Marx se refere ao falar de "ser humano rico" e "necessidades humanas ricas", em contraste com a concepção fetichista da riqueza e da pobreza pela economia política. Pois, como vimos anteriormente, ele insiste que:

> O homem *rico* é simultaneamente o homem *carente* de uma totalidade da manifestação humana de vida. O homem no qual a sua efetivação própria existe como necessidade (*Notwendigkeit*) interior, como *falta* (*Not*).[2]

É por isso que o sistema comunal deveria definir-se em termos do intercâmbio de *atividades*, em oposição direta à troca de mercadorias sob o domínio do capital. Pois o fetichismo da mercadoria prevalece na ordem sociometabólica do capital de tal modo que as mercadorias se *sobrepõem* à *necessidade*, mensurando e legitimando (ou insensivelmente negando a legitimidade da) necessidade humana. É a isso que estamos habituados como horizonte normativo de nossa vida cotidiana. A alternativa óbvia é ter os próprios produtos submetidos a critérios significativos de avaliação baseados no fato de que seriam produzidos em resposta a necessidades reais e, sobretudo, em consonância com a necessidade básica dos indivíduos de *atividade vital humanamente satisfatória*. Já que, no entanto, tal consideração não pode entrar na estrutura de contabilidade de custos do capital, porque a organização e exercício de tal atividade é uma questão inerentemente qualitativa (cujos juízes podem apenas ser os próprios indivíduos sociais), não se espera sequer que pensemos nas atividades enquanto pertencentes à categoria da necessidade. Naturalmente, tampouco é esperado que vislumbremos a possibilidade de adotar medidas

---

[2] Karl Marx, *Manuscritos econômico-filosóficos* (São Paulo, Boitempo, 2004), p. 112.

práticas necessárias por meio das quais pudéssemos remodelar as relações sociais produtivas sobre uma base qualitativa, em harmonia com os objetivos que nós mesmos, na qualidade de produtores livremente associados, nos estabeleceríamos com vistas a satisfazer e desenvolver nossas necessidades genuínas e realizar nossas aspirações.

O ponto importante a esse respeito é que se definirmos planejamento desta forma *qualitativa*, em sua correlação vital com a necessidade humana, como devido, ele assume uma relevância direta na vida de todos os indivíduos. Pois aqui temos uma relação de reciprocidade dialética entre as dimensões social geral e individual do planejamento. Nenhuma das duas pode funcionar sem a outra. A reciprocidade em questão significa que, por um lado, em íntima consonância com o papel que o planejamento tem de desempenhar no processo sociorreprodutivo global, também simultaneamente desafia os indivíduos para a criação de uma vida *significativa* para eles mesmos, no nível mais elevado, enquanto reais *sujeitos de sua atividade vital*. Isto os desafia a controlarem suas próprias vidas como *autores* de seus próprios atos, em conjunção com as potencialidades em desenvolvimento de sua sociedade, da qual são eles mesmos uma parte integral e ativamente contributiva. E a reciprocidade deve prevalecer também no outro sentido. Pois somente se os indivíduos tornarem-se reais sujeitos de sua atividade vital e assumirem responsabilidade livremente, enquanto autores reais, por seus próprios atos no empreendimento social como um todo, somente neste sentido o processo de planejamento global pode perder seu distanciamento dos – não mais recalcitrantes – indivíduos particulares, os quais podem identificar-se plenamente com os objetivos e valores globais de sua sociedade. Deste modo nada poderia ser mais alheio à concepção burocrática de planejamento, imposta sobre os indivíduos. Pelo contrário, por meio da reciprocidade dialética de um planejamento qualitativamente definido, as consciências individual e social podem finalmente unir-se no interesse do progresso humano positivo. Decerto é assim que se torna possível constituir uma ordem sociometabólica alternativa numa escala temporal historicamente sustentável. E é isto que confere o verdadeiro sentido ao planejamento enquanto um princípio vital do empreendimento socialista.

2. A longa gestação histórica das categorias da teoria socialista

Muitas das categorias da teoria socialista, vislumbrando uma solução positiva para os problemas aparentemente intratáveis da humanidade, possuem um longo período histórico de gestação. Em alguns casos, têm sido advogadas há milhares de anos, como a ideia de uma vida comunal, mas impedidas de sequer chegar perto de sua realização possível; em parte pelas condições ausentes do desenvolvimento produtivo requerido e, em outra, pelos persistentes e contumazes antagonismos de troca através da trajetória global das sociedades de classe. Pois a exploração e dominação da maioria esmagadora do povo por uma diminuta minoria não foi inventada pelo capital. Ele apenas aperfeiçoou uma variedade particular de dominação econômica, política e cultural estruturalmente reforçada, assegurando-se em sua tendência geral numa escala global, em contraste com os predecessores históricos do sistema capitalista mais particularistas e bem menos eficientes.

Isto torna o desafio da transformação socialista viável algo muito mais complexo. Pois apenas ajustes específicos, com a manutenção do arcabouço estrutural de desigualdade há muito estabelecido, são desgraçadamente inadequados, como ocorreu regularmente na transição de uma forma de sociedade de classes para outra no passado. Tampouco é viável atualmente separar de forma conveniente as "camadas históricas" da dominação exploratória umas das outras, concentrando-se, na vã esperança de um êxito abrangente apenas nas relativamente mais recentes por meio dos dispositivos legais escolhidos. Tivemos de aprender uma amarga lição a esse respeito no decorrer do século XX. Já que se provou ser totalmente insuficiente "expropriar os expropriadores" – os capitalistas privados – por meio de medidas estatais-legislativas em sociedades pós-capitalistas de tipo soviético, instituídas para o objetivo anunciado de emancipação do trabalho.

Não pode haver muita dúvida a respeito de que o alcance do nível mais elevado de produtividade sob as condições do desenvolvimento socialista é necessário para satisfazer a necessidade humana negada em uma escala maciça no curso da história. Dessa forma, portanto, não importa o quão bem-intencionado seja, qualquer chamado para uma distribuição equitativa da miséria, por vezes defendido de maneira sincera no passado, apenas pode provar-se auto-derrotado. Como já fora forçosamente enfatizado em *A ideologia alemã*,

> Esse desenvolvimento das forças produtivas [...] é um pressuposto prático, absolutamente necessário, pois sem ele apenas se generaliza a escassez e, portanto, com a *carestia*, as lutas pelos gêneros necessários recomeçariam e toda a velha imundice acabaria por se restabelecer.[3]

Em contraste às condições precárias do passado mais remoto, por vezes ingenuamente idealizadas em teorias utópicas, as exigências produtivas da emancipação humana podem ser conquistadas hoje. Mas precisam ser *conquistadas* por meio da superação radical do sistema produtivo do capital, articulado de forma dispendiosa e destrutiva, para que as potencialidades agora viáveis possam ser convertidas em realidades, aptas para o propósito da transformação emancipatória.

Na alvorada da era moderna, uma das aspirações históricas que apontava na direção de uma futura transformação socialista referia-se à questão da própria atividade produtiva. Um dos mais originais e radicais pensadores do século XVI, Paracelsus – um dos modelos históricos do "espírito faustiano" de Goethe –, escreveu que "a conduta apropriada reside no trabalho e na ação, em fazer e produzir; o homem perverso nada faz"[4]. De acordo com ele, o trabalho (*Arbeit*) teve de ser adotado como princípio organizador da sociedade em geral, até mesmo ao ponto de confiscar os bens dos ricos ociosos, na intenção de compeli-los a levar uma vida produtiva[5]. Entretanto, a realização de tais princípios orientadores sempre depende das reais condições históricas e do modo pelo qual as mudanças projetadas são sustentáveis na estrutura global da sociedade. Portanto, não surpreende que Marx tenha criticado de forma perspicaz a maneira pela qual o "comunismo ainda totalmente rude e irrefletido"[6] tratou do problema. Ele assinalou que, em tal abordagem crua,

---

[3] Karl Marx, *A ideologia alemã* (São Paulo, Boitempo, 2007), p. 38, nota c.
[4] Paracelsus, *Selected Writings* (Londres, Routledge & Kegan Paul, 1951), p. 176.
[5] Paracelsus, *Leben und Lebensweisheit in Selbstzeugnissen* (Leipzig, Reclam, 1956), p. 134.
[6] Karl Marx, *Manuscritos econômico-filosóficos*, cit., p. 103-4.

A determinação de *trabalhador* não é suprassumida, mas estendida a todos os homens; a relação da propriedade privada permanece [sendo] a relação da comunidade com o mundo das coisas (*Sachenwelt*).[7]

Assim, o postulado totalmente indefensável do "comunismo cru" era a retenção do alienante sistema de propriedade privada enquanto imaginava sobrepujá-lo ao estender a condição do trabalho a todos os homens. Assim, de forma paradoxal,

[a] comunidade é apenas uma comunidade do *trabalho* e da igualdade do *salário* que o capital comunitário, a *comunidade* enquanto o capitalista universal, paga. Ambos os lados da relação estão elevados a uma universalidade *representada*, o *trabalho* como a determinação na qual cada um está posto, o *capital* enquanto a universalidade reconhecida e [como] poder da comunidade.[8]

A extensão da *atividade produtiva* a todos os membros da sociedade é, obviamente, um princípio vital da organização socialista. Mas não poderia ser imaginada como a imposição do *trabalho* – herdada do modo sociorreprodutivo do capital – com suas *determinações salariais quantificadas/fetichistas vindas do topo*, mesmo propondo a (jamais realizada) "igualdade salarial". O que faltava de modo irremediável na concepção de "comunismo cru e impensado" era a compreensão da *differentia specifica* das condições históricas efetivamente dadas sob as quais as mudanças transformadoras tinham de ser levadas a cabo, e a necessidade da superação das relações antagônicas entre o capital e o trabalho por meio da *abolição* substantiva da propriedade privada sob essas circunstâncias, em vez de seu agravamento imaginário. Tais exigências objetivas se encontravam ausentes nos postulados do comunismo cru e, sem elas, é impensável dar os passos necessários em direção à emancipação do trabalho na única forma *qualitativa* viável. Pois o único sentido no qual uma concepção do trabalho – qualitativamente diversa – como *atividade produtiva autodeterminada* poderia (e deveria) ser estendida a todos os membros da sociedade é a visão positiva citada acima de indivíduos sociais livremente associados "*carentes* de uma totalidade da manifestação humana de vida"[9], os quais cumpririam entre si suas tarefas autonomamente determinadas na comunidade sobre a base do que é necessário *interiormente*, ou seja, de sua real *necessidade*.

Igualdade é outra categoria de relevância socialista fundamental com um longo período de gestação histórica. Dessa forma, está conectada de forma íntima com a questão da atividade produtiva genuinamente autorrealizadora na vida dos indivíduos. Sem dúvida, foi concebida em sua origem como igualdade *substantiva*. Pois fora propalada como um tipo de relação humana adequada para diminuir as constrições discriminatórias e contradições de forma significativa, assim enriquecendo a vida dos indivíduos não apenas em termos materiais, mas também como resultado da introdução de um grau maior de equanimidade e justiça em suas trocas uns com os outros. É claro, havia também um aspecto óbvio de classe nessas questões, argumentando a favor da eliminação de algumas medidas

---

[7] Ibidem, p. 104.

[8] Idem. (Itálicos do original.)

[9] Ibidem, p. 112.

e regras preestabelecidas e ossificadas de sujeição e subordinação. Postulava o aprimoramento das condições gerais de bem-estar na sociedade, graças a um gerenciamento de seus problemas mais ilustrado e menos esgarçado por conflitos, em contraste com as *reviravoltas* posteriores, as quais, de modo diametralmente oposto, afirmaram que qualquer tentativa de disseminar igualdade resultaria inevitavelmente em um *nivelamento por baixo* e assim traria consigo a criação de *conflitos insuperáveis*.

As acusações desqualificantes *a priori* que afirmavam a necessária conexão entre introduzir um maior grau de igualdade substantiva e a *distribuição equitativa da miséria* eram uma típica manifestação dessa linha de abordagem, refletindo a relação de forças efetivamente existente de modo esmagador sobre a injusta ordem estabelecida. A liquidação brutal da secreta Sociedade dos Iguais, de François Babeuf, também fora uma clara indicação do quão negativamente selado estava o destino daqueles que pressionavam pela igualdade substantiva com a consolidação das novas formas de desigualdade no crepúsculo da Revolução Francesa. A ordem socioeconômica estabilizada do capital, assegurando firmemente a *subordinação estrutural* da classe de trabalho subjugada, não poderia oferecer escopo para nada além das restritas medidas de igualdade estritamente *formal*, confinada à legitimação da subjugação *contratual* dos trabalhadores aos interesses materiais dominantes. Foi assim que uma das grandes promessas do movimento Iluminista terminou seus dias como uma distante lembrança de uma nobre ilusão.

Contudo, isso não é de maneira alguma o fim da história propriamente dito. Pois com o surgimento do trabalho organizado no estágio histórico, com suas prerrogativas de portador de uma ordem hegemônica alternativa viável de cunho socioeconômico, político e cultural, a questão da igualdade substantiva fora recolocada de um modo radicalmente diferente. Surgiu na forma de uma afirmação não da *igualdade de classes*, mas da necessidade de pôr fim à *desigualdade de classes enquanto tal* em sua totalidade por meio do estabelecimento de uma *sociedade sem classes*. Consequentemente, a questão é definida nessa forma revivida como mais uma defesa enfática da *igualdade substantiva*. E isso não é um *desideratum* [algo que se deseja]. Pois o fato é que a ordem societal socialista é absolutamente inatingível por qualquer outro caminho. Em outras palavras, a alternativa a esse respeito é que ou a ideia de instituir uma ordem sociometabólica qualitativamente diferente – sem classes – deve ser abandonada como uma ilusão insustentável, assim como as grandes ilusões do movimento Iluminista, ou essa ideia deve ser articulada praticamente e consolidada firmemente em todos os seus aspectos cruciais na qualidade de uma sociedade também historicamente sustentável baseada na *igualdade substantiva*.

3. O papel chave da igualdade substantiva no desenvolvimento da "autoconsciência positiva da humanidade"

As razões para apresentar a questão na forma dessa franca alternativa são absolutamente convincentes. Pois as acusações dirigidas contra aqueles que mantêm como sua preocupação a realização da igualdade substantiva – de que são "idealistas" e "sonhadores utópicos" incorrigíveis, presos aos restos de uma ilusão do Iluminismo – não são apenas convenientemente populares, mesmo que certamente também o sejam. Existe um aspecto muito mais sério nesse tipo de crítica – seja feita por trás da cara risonha e que é, de fato, a mais agressiva, ou com o férreo punho sob a luva aveludada. Em sua apologia falaciosa da ordem estabelecida, tal afirmação propõe não ser necessário provar e fundamentar sua posição categoricamente desdenhosa. Presume a seu próprio favor que uma vazia referência desqualificativa a um passado supostamente enterrado para sempre (o imperdoavelmente ilusório movimento Iluminista) faz com que qualquer prova seja algo extremamente supérfluo, trata-se do dispositivo metodológico favorito a serviço de justificar o injustificável.

Desse modo, um terreno vital de contestação teórica praticamente mais importante é proscrito de forma arbitrária como algo "além dos limites" apenas por estar vinculado a uma tradição intelectual que, em seu tempo, tentou responder genuinamente a alguns dos maiores problemas e dificuldades da ordem social dada, mesmo que tenha sido incapaz de fazê-lo sem postular suas próprias ilusões para resolvê-los. Não podem sequer ser mencionados os fatos de que o passado desqualificado – desdenhado no intento visivelmente camuflado de desqualificar o presente – pertença, na verdade, à longa *gestação histórica* de uma questão *socialmente irreprimível* e o de que uma crítica legítima do Iluminismo deveria investigar porque suas soluções tiveram de ser ilusórias sob vários aspectos devido às *determinações subjacentes de classe*. O que precisa ser ocultado é a circunstância em que a questão da igualdade refere-se a um princípio orientador estrategicamente crucial de *necessária transformação qualitativa* da insustentável ordem estabelecida, mesmo se o imperativo da supressão radical de tal ordem, orientado pelo princípio da *igualdade substantiva* e não formal, somente possa ser formulado no estágio atual do desenvolvimento histórico na forma de nossa pura alternativa. Pois ao desqualificar *a priori* toda preocupação com a igualdade, eles podem facilmente fazer o mesmo com todos os demais princípios orientadores seminais de uma transformação socialista sustentável da sociedade, intimamente ligados às exigências da igualdade substantiva.

Redefinir as condições fundamentais do modo alternativo historicamente viável de reprodução sociometabólica da sociedade em consonância ao princípio de igualdade substantiva é parte essencial da estratégia socialista. Pois não é apenas *um* dos muitos princípios orientadores do empreendimento socialista, mas sim ocupa uma *posição-chave* no interior da estrutura geral de categorias da alternativa hegemônica do trabalho à ordem sociorreprodutiva estabelecida. Quase todos os demais princípios orientadores vitais da estratégia socialista podem apenas adquirir seu *sentido pleno* em íntima conjunção com a exigência da igualdade substantiva. Não em um sentido absoluto, evidentemente, pois nem uma primazia estrutural ou tampouco uma antecedência histórica poderia ser afirmada a favor da igualdade substantiva enquanto oposta a outras importantes características definidoras da estratégia socialista (já que nos ocupamos aqui com um conjunto de inter-relações dialéticas e determinações recíprocas). Todavia, a igualdade substantiva ocupa a posição de *primus inter pares* (ou seja, a posição de "primeiro entre iguais") nessa complexa relação de reciprocidade dialética, que não é apenas compatível, mas também exigida pela historicamente dinâmica e reciprocamente enriquecedora correlação dialética em questão. Os outros princípios orientadores categoriais não são *menos importantes* ou *mais negligenciáveis*, mas sim *mais específicos* e contextualmente lastreados do que a igualdade substantiva. Pondo em termos mais explícitos, todos têm uma conexão relativamente direta com a igualdade substantiva, mas não necessariamente uns com os outros, exceto por meio das complicadas mediações indiretas que mantêm entre si. É por isso que a igualdade substantiva pode e deve ocupar a posição de *primus inter pares* em um complexo global de desenvolvimento estratégico do qual *nenhum* dos outros pode ser omitido, nem tampouco decerto poderiam mesmo ser temporariamente negligenciados em favor da conveniência.

Aqui seguem as principais classes nas quais as categorias particulares e princípios orientadores do empreendimento estratégico socialista podem ser relacionados de modo temático uns aos outros, referindo-se: (1) à questão dos antagonismos estruturalmente insuperáveis da ordem estabelecida e o caminho hegemônico alternativo de organização da reprodução sociometabólica; (2) aos princípios operativos requeridos para a realização da forma historicamente sustentável de atividade *produtiva* na ordem hegemônica alternativa, e o tipo de *distribuição* em harmonia com aquele modo de socioreprodução; (3) à relação entre os princípios categoriais de *negação* – *vis-à-vis* a ordem sociometabólica dominante do capital – e a articulação *inerentemente positiva* da alternativa histórica; (4) à conexão relativa às categorias entre os *valores* herdados e dominantes da sociedade, assim como a definição positiva das alternativas advogadas e uma reavaliação da relação entre consciência *individual e social*, incluindo a espinhosa questão da "falsa consciência". Em todas as quatro classes, a conexão das categorias particulares e princípios orientadores com a igualdade substantiva é bem clara.

(1) Uma das mais convincentes razões do porquê a ordem hegemônica alternativa do trabalho é sustentável somente sobre a base da instituição e da progressiva consolidação da igualdade substantiva é o fato de que a *conflitualidade/adversidade* – endêmica ao cindido de forma antagônica e estruturalmente consolidado modo de socioreprodução do sistema de dominação e subordinação ao capital, assumindo formas particularmente destrutivas em nosso tempo – não pode ser superada de modo duradouro sem ela. Os dispositivos formais das sociedades que contam até mesmo com uma tradição democrática longeva e amplamente disseminada não poderiam alcançar virtualmente coisa alguma nesse âmbito. Ao contrário, em tempos recentes, eles se moveram em direção oposta, com restrições gravemente autoritárias mesmo das mais básicas liberdades constitucionais e civis numa escala crescente. Evidentemente, a relação não apenas entre humanidade e natureza, mas também entre estados e nações, assim como entre os indivíduos particulares, deve ser *mediada* em todas as formas concebíveis de sociedade. De forma perigosa para o futuro da humanidade, o sistema do capital é incapaz de operar de outro modo que não seja por meio da imposição – quando necessário, por meios mais violentos, incluindo guerras mundiais potencialmente catastróficas – de formas e modalidades antagônicas de mediação (por meio da estrutura hierarquicamente discriminatória e da força exercida pelo Estado capitalista). Somente sobre a base da igualdade substantiva é possível vislumbrar as necessárias formas *não antagônicas* de mediação entre seres humanos em todos os níveis, de modo historicamente sustentável. É também importante frisar nesse contexto que o que está em jogo não é uma questão de determinações sociais abstratas, passíveis de serem impostas do topo, a exemplo das formas herdadas de tomada de decisão autoritária típicas do modo de controle sociometabólico do capital. Já que as decisões

tomadas afetam diretamente a vida de *cada indivíduo particular*, por meio de sua participação ativa no domínio material vital produtivo, político e cultural, a mediação não antagônica é concebível apenas sobre uma base – não ficticiamente "tácita", formalmente vazia ou arbitrariamente manufaturada –, mas significativamente *consensual*. E isso novamente sublinha a relevância da igualdade substantiva.

(2) O desafio histórico referente ao modo estabelecido de *produção* e *reprodução* societal está claramente manifesto em relação a importantes tópicos de nosso tempo. Em nenhum deles os problemas subjacentes poderiam ser conceituados em termos sociais genéricos, porque não podem ser abstraídos dos *indivíduos* sociais particulares, com suas necessidades e motivações *qualitativas*, clamando por soluções apropriadas no mesmo sentido. Já que ir aos detalhes de tais questões tomaria demasiado tempo, no presente contexto, é possível apenas enumerá-las brevemente[10]. Vimos a esse respeito um dos princípios operativos centrais da alternativa socialista, referente ao *planejamento* no sentido apropriado do termo, como oposto a suas variedades *post festum* inviáveis sob as condições socio-históricas agora predominantes. É necessário adicionar a essa questão vital alguns tópicos igualmente importantes diretamente vinculados a uma variedade de princípios orientadores socialistas que devem se enraizar profundamente para que a alternativa hegemônica do trabalho supere a destrutiva ordem sociorreprodutiva do capital. Essas preocupações podem ser reconhecidas na relação usualmente tratada de forma irrealista entre *escassez* e *abundância*, como também no modo pelo qual a categoria qualitativamente definida como *necessidade* humana real é confundida de forma tendenciosa com as capitalistamente convenientes como *apetites artificiais* que podem ser impostas de forma manipuladora sobre os indivíduos a serviço da produção de mercadorias. No mesmo contexto, é também importante examinar de forma crítica os critérios válidos de uma *economia* produtiva realmente sustentável, inseparável da significativa e absolutamente necessária demanda por *economizar* (também crucial em relação à questão da superação da escassez), ao lado da longeva defesa socialista de administrar o processo sociorreprodutivo conforme os critérios qualitativos de *tempo livre*, em contraste com o impulso *autoexpansivo* destrutivo do capital – buscado de maneira cega, independentemente do quão perigosas sejam as consequências da incontrolável expansão capitalista imposta sobre a sociedade em nome do semimítico "crescimento benéfico" – e sua relação com a contabilidade temporal quantificadora e necessariamente constritiva do sistema. Obviamente, a operação bem-sucedida do princípio orientador de produção e distribuição exigido em uma ordem socialista avançada – "para cada um de acordo com suas *capacidades*, para cada um de acordo com suas *necessidades*" – é inconcebível sem a aceitação consciente e a promoção ativa da igualdade substantiva por parte dos indivíduos. Mas deve ficar igualmente claro que a definição e a operação *qualitativas* do *tempo livre* – a fonte potencial da verdadeira (e não estreitamente mercantilizada) riqueza tanto na nova ordem social em geral

---

[10] Discuti esses problemas de forma consideravelmente detalhada em meu livro *O desafio e o fardo do tempo histórico* (São Paulo, Boitempo, 2007). Ver particularmente o capítulo 6, "Teoria e política econômica – para além do capital" (p. 161-83), e o capítulo 9, "O socialismo no século XXI" (p. 225-316).

quanto dos novos "ricos indivíduos sociais" em seu sentido marxista – têm um duplo significado. Por um lado, seu sentido se encontra no tempo livre total da sociedade como um todo, ao invés de ser ditado pelas cruas determinações econômicas da busca exploratória do capital pelo tempo mínimo mais lucrativo. Mas o outro significado de tempo livre não é menos importante. Ele não pode sequer ser imaginado sem a contribuição plenamente consensual dos indivíduos particulares por meio de sua atividade vital significativa, como discutido no contexto do planejamento genuíno. E uma condição necessária para tornar tais potencialidades uma realidade, da qual tanto mais depende a efetivação da ordem alternativa como algo historicamente sustentável, é mais uma vez a adoção consciente da igualdade substantiva por todos aqui referidos.

(3) Naturalmente, a ordem alternativa da sociedade não pode ser instituída sem a negação bem-sucedida no mundo real do consolidado modo de reprodução sociometabólico do capital. Nesse sentido, a *negação* é uma parte essencial do empreendimento socialista sob as circunstâncias históricas predominantes. De fato, em suas questões imediatas não é a simples negação, mas inevitavelmente ao mesmo tempo, "a *negação da negação*". Pois o adversário social afirma seu domínio na forma negando não apenas a efetividade, mas até mesmo a mais remota possibilidade de emancipação humana. É por isso que a tarefa imediata deve ser definida na literatura socialista como "a negação da negação". Entretanto, tal definição negativa do desafio socialista está muito distante de ser capaz de cumprir o mandato histórico em questão, porque permanece na dependência daquilo que tenta negar. Para ser bem-sucedida no sentido histórico vislumbrado, a abordagem socialista deve definir-se em termos *inerentemente positivos*. Marx deixou esse ponto absolutamente claro quando insistiu em que

[o socialismo] é *consciência de si positiva do homem* não mais mediada pela superação da religião, assim como a *vida efetiva* é a efetividade positiva do homem não mais mediada pela suprasunção da propriedade privada, o *comunismo*.[11]

Uma ordem social, permanecendo dependente do objeto de sua negação, não importando o quão justificada em seus termos históricos originais, não pode oferecer o escopo necessário para o "ser humano rico", cuja riqueza supostamente brota de sua atividade vital significativa "como o necessário *interiormente*, de sua real *necessidade*": uma determinação inerentemente *positiva*. Pois a definição negativa do próprio contexto social no qual os indivíduos devem atuar, de forma contínua, necessariamente *pré-julgaria* e *iria contradizer* – por sua própria negatividade – as *metas e objetivos* os quais se espera que os indivíduos sociais determinem a si mesmos de modo *autônomo e livre* em uma ordem histórica *sem limitações*. Além disso, também em termos societais gerais, a exigência de uma *mediação não antagônica* da relação da humanidade com a ordem natural, como também a regulação apropriada das trocas *cooperativas* dos indivíduos sociais particulares uns com os outros, não pode ser imaginada em termos

---

[11] Karl Marx, *Manuscritos econômico-filosóficos*, cit., p. 114.

da negação da negação. A característica vital e definidora da única modalidade de mediação viável da ordem histórica alternativa é a *automediação*. Mas postulá-la em um modo negativo também seria uma contradição em termos. Naturalmente, sobre a base dessas importantes condições qualificadoras torna-se desnecessário adicionar que o princípio orientador e operativo da igualdade substantiva é um componente necessário do *socialismo enquanto "consciência de si positiva" da humanidade*.

(4) Os valores necessariamente herdados do modo de controle sociometabólico do capital, com seu feroz cultivo de qualquer coisa que aparente ser sinônima ao imperativo de dominação estruturalmente consolidado do sistema, são totalmente inadequados à realização dos objetivos da ordem socialista. Os ideais um dia advogados – como liberdade, fraternidade e igualdade – tiveram de ser completamente esvaziados de seu antigo conteúdo no decurso da fase descendente de desenvolvimento do capital. Toda a conexão com a tradição iluminista da burguesia progressista precisou ser, e efetivamente foi, rompida; referências à "liberdade" e à "democracia" atualmente são cinicamente postas a serviço de propósitos opressivos, por vezes até brutalmente violentos, de cunho político-estatal ou militar genocida. O cultivo e a difusão deliberada de falsa consciência pela ideologia dominante, graças a seu monopólio virtual dos meios e dispositivos de comunicação de massa, reforçado enormemente pelas práticas dominantes da ordem produtiva fetichista do capital, pertencem ao mesmo quadro. Dessa forma, portanto, a alternativa radical da nova ordem histórica deve ser articulada de modo consistente também no campo dos valores. Uma das principais exigências a esse respeito é que todos os valores defendidos – não apenas a igualdade, por exemplo – devem emergir da prática social efetiva em progresso e ser definidos em termos *substantivos*. Uma das características principais das conceituações da ordem reprodutiva do capital, mesmo em sua fase ascendente de desenvolvimento, era que – devido às divisões e contradições de *classe* que não poderiam ser erradicadas do sistema – a dimensão substantiva era empurrada para o fundo e a definição formal dos valores positivos era oferecida em seu lugar. Basta lembrar-nos do tratamento de Kant da questão da *igualdade* nesse âmbito[12]. Evidentemente, o valor da *liberdade* (ou *autonomia*) necessita tanto de uma determinação substantiva de sua louvável natureza na ordem reprodutiva socialista quanto a *igualdade*. O mesmo se aplica à *solidariedade, cooperação* e *responsabilidade*,

---

[12] É assim que outro gênio filosófico, Immanuel Kant, consegue inverter tudo quando seus interesses de classe percebidos assim o exigem: "A igualdade geral dos homens como sujeitos em um Estado coexiste muito prontamente com a maior das desigualdades em relação aos níveis de posses dos homens, se tais posses consistem em superioridade corpórea, ou espiritual, ou em tudo, exceto posses materiais. Daí que a igualdade geral dos homens também coexiste com grande desigualdade de direitos específicos, os quais podem ser diversos. Assim segue que o bem-estar de um homem pode depender em muito da vontade de outro, assim como os pobres são dependentes dos ricos e aquele que depende deve obedecer ao outro, da mesma forma que uma criança obedece aos seus pais e uma esposa a seu marido, ou até mesmo como um homem tem comando sobre outro, assim como um homem serve e o outro paga etc. Apesar disso, todos os sujeitos são iguais uns aos outros perante a lei, a qual, enquanto pronunciamento da vontade geral, pode ser apenas uma. Essa lei se refere à forma, e não à matéria do objeto sobre o qual posso ter direito". Immanuel Kant, "Theory and Practice: Concerning the Common Saying: this May be True in Theory but does not Apply to Practice", em Carl J. Friedrich (ed.), *Immanuel Kant's Moral and Political Writings* (Nova York, Random House, 1949).

para citar apenas alguns poucos dos mais importantes valores na ordem hegemônica alternativa do trabalho. Todos esses conceitos, acompanhados da igualdade e da liberdade, poderiam ser reduzidos a seus esqueletos formalizados, como de fato foram caracteristicamente transfigurados, na medida em que sequer foram advogados, mesmo no passado progressista do capitalismo. Eles adquirem sua legitimidade na estrutura societal socialista somente se forem adotados na qualidade de valores e princípios orientadores em seu genuíno – e mais relevante – sentido substantivo. Outro aspecto vital desse problema é que as determinações de valor da ordem socialista não podem prevalecer de forma possível a não ser que as consciências individual e social sejam conjuminadas de modo apropriado em sua realidade substantiva, pelos indivíduos sociais particulares como produtores livremente associados. Essa é a única maneira de evitar o perigo de "restabelecer a 'Sociedade' como uma abstração *vis-à-vis* o indivíduo", para relembrar o alerta de Marx.

A reflexão sobre as categorias a respeito do antagonismo social a partir do ponto de vista privilegiado do capital sempre foi problemática e tem se tornado cada vez pior com o passar do tempo. Naturalmente, houve razões poderosas para tal. Assim, em qualquer tentativa de encontrar soluções duradouras para essas questões, é necessário frisar o papel central da prática social transformadora. Os dualismos e dicotomias da tradição filosófica pós-cartesiana brotaram de uma prática social determinada, sobrecarregada com seus insolúveis problemas. Elas eram conceituações representativas de *antinomias práticas* profundamente enraizadas. Para considerar resolvê-las teoricamente, apenas por meio da adoção de uma estrutura de categorias diversa, seria bastante irrealista. É verdade, obviamente, que a prática revolucionária é inconcebível sem a contribuição da teoria revolucionária. De qualquer modo, a primazia pertence à própria prática emancipatória. Não se pode antecipar a solução dos difíceis e tão diversamente entrelaçados problemas discutidos nesta seção de qualquer outra maneira; sem vislumbrar, na verdade, a instituição de uma ordem social alternativa da qual as *antinomias e contradições práticas* do modo de sociorreprodução do capital sejam efetivamente removidas.

VII
UMA CRISE ESTRUTURAL DO SISTEMA*

Em 1971 István Mészáros ganhou o Prêmio Deutscher por seu livro *A teoria da alienação em Marx*** e, desde então, tem escrito sobre o marxismo. Em janeiro de 2009, ele conversou com Judith Orr e Patrick Ward, da *Socialist Review*, sobre a atual crise econômica.

Socialist Review – A classe dominante sempre é surpreendida por crises econômicas e fala delas como se fossem aberrações. Por que você acha que as crises são inerentes ao capitalismo?
István Mészáros – Eu li recentemente Edmund Phelps, vencedor do Prêmio Nobel de Economia em 2006. Phelps, um tipo de neokeynesiano, estava, é claro, glorificando o capitalismo e apresentando os problemas atuais como se fossem contratempos, dizendo que "tudo o que devemos fazer é recuperar as ideias keynesianas e a regulação".

John Maynard Keynes acreditava que o capitalismo era ideal, mas queria regulação. Phelps estava reproduzindo a ideia grotesca de que o sistema é como um compositor musical. Ele até pode ter alguns dias de folga nos quais não produz tão bem, mas se você olhar no conjunto de sua vida verá que ele é maravilhoso! Pense apenas em Mozart – deve ter tido o velho e esquisito dia ruim. Assim é o capitalismo em crise, como dias ruins de Mozart. Quem acredita nisso deveria buscar um psicólogo. Mas, em vez disso, ele ganhou um prêmio. Se nossos adversários têm esse nível de pensamento – o qual tem sido demonstrado, agora, ao longo de um período de 50 anos, não é apenas um escorregão acidental de economista vencedor de prêmio – poderíamos dizer, "alegre-se, esse é o nível baixo do nosso adversário". Mas com esse tipo de concepção você termina no desastre

---

* Entrevista concedida por István Mészáros a Judith Orr e Patrick Ward, *Socialist Review* (Londres), jan. 2009. Original disponível em <http://www.socialistreview.org.uk/article.php?articlenumber=10672>. Tradução: Katarina Peixoto/Agência Carta Maior <http://www.cartamaior.com.br>. (N. E.)

** István Mészáros, *A teoria da alienação em Marx* (trad. Isa Tavares, São Paulo, Boitempo, 2006). (N. E.)

que temos experimentado todos os dias. Nós afundamos numa dívida astronômica. O passivo real desse país [Inglaterra] deve ser contado em trilhões. Mas o ponto importante é que eles vêm praticando o esbanjamento financeiro como resultado de uma crise estrutural do sistema produtivo. Não é um acidente que a moeda tenha inundado de modo tão aventureiro o setor financeiro. A acumulação de capital não poderia funcionar adequadamente no âmbito da economia produtiva. Agora estamos falando da crise estrutural do sistema que se estende por toda parte e viola nossa relação com a natureza, minando as condições fundamentais da sobrevivência humana. Por exemplo, de tempos em tempos anunciam algumas metas para diminuir a poluição. Temos até um Ministério da Energia e da Mudança Climática, que na realidade é um Ministério do papo furado, porque nada faz além de anunciar uma meta. Só que nunca sequer se aproxima dessa meta, quanto menos consegue atingi-la. Isso é parte integral da crise estrutural do sistema e só soluções estruturais podem nos tirar dessa situação terrível.

SR – Você se refere aos Estados Unidos como o imperialismo implementado por cartão de crédito. O que você quer dizer com isso?

Mészáros – Eu me lembro do senador norte-americano George McGovern na Guerra do Vietnã. Ele disse que os Estados Unidos fugiram da Guerra do Vietnã num cartão de crédito. O recente endividamento dos Estados Unidos está azedando agora. Esse tipo de economia só avança enquanto o resto do mundo pode sustentar sua dívida. Os Estados Unidos estão numa posição única porque têm sido o país dominante desde o acordo de Bretton Woods*. É uma fantasia que uma solução neokeynesiana e um novo Bretton Woods resolveriam qualquer dos problemas dos dias atuais. A dominação dos EUA que Bretton Woods formalizou imediatamente depois da Segunda Guerra era realista economicamente. A economia norte-americana estava numa posição muito mais poderosa do que qualquer outra do mundo. Bretton Woods estabeleceu todas as instituições econômicas internacionais vitais com base no privilégio dos EUA – o privilégio do dólar, o privilégio usufruído por meio do Fundo Monetário Internacional (FMI), das organizações comerciais, do Banco Mundial, todas organizações completamente sob domínio dos EUA que ainda permanecem assim hoje. Não se pode fazer de conta que isso não existe. Você não pode fantasiar reformas e regulações leves aqui e acolá. Imaginar que Barack Obama vai abandonar a posição dominante de que os EUA dispõem – suportada pela dominação militar –, nesse sentido, é um erro.

SR – Karl Marx chamou a classe dominante de "bando de irmãos guerreiros". Você acha que a classe dominante vai trabalhar junta, internacionalmente, para encontrar uma solução para a crise?

Mészáros – No passado o imperialismo envolveu muitos atores dominantes que asseguraram seus interesses mesmo à custa de duas horrendas guerras mundiais no século XX. Guerras parciais, não importa o quão horrendas são, não podem ser comparadas ao

---

* Referência ao acordo firmado em julho de 1944 que estabeleceu, entre outras regulações do sistema financeiro internacional, o padrão ouro-dólar e a criação do Banco Mundial e do Fundo Monetário Internacional (FMI). (N. E.)

realinhamento do poder e da economia que seria produzido por uma nova guerra mundial. Mas imaginar uma nova guerra mundial é impossível. É claro que ainda há alguns lunáticos no campo militar que não negariam essa possibilidade. No entranto, isso significaria a destruição total da humanidade. Temos de pensar as implicações disso para o sistema capitalista. Era uma lei fundamental do sistema que se uma força não pudesse ser assegurada pela dominação econômica você recorreria à guerra. O imperialismo global hegemônico tem sido conquistado e operado com bastante sucesso desde a Segunda Guerra Mundial. Mas esse tipo de sistema é permanente? É concebível que nele não surjam contradições no futuro? Algumas pistas vêm sendo dadas pela China de que esse tipo de dominação econômica não pode avançar indefinidamente. Ela não será capaz de seguir financiando isso. As implicações e consequências para a China já são bastante significantes. Deng Xiaoping uma vez disse que a cor do gato não importa – seja ele capitalista ou socialista –, desde que ele pegue o rato. Mas e se em vez de uma caçada feliz ao rato o resultado for uma horrenda infestação de ratos de desemprego massivo? Isso está acontecendo agora na China. Essas coisas são inerentes às contradições e aos antagonismos do sistema capitalista. Portanto, temos de pensar em resolvê-los de uma maneira radicalmente diferente; e a única maneira é uma genuína transformação socialista do sistema.

SR – Não há em parte alguma do mundo econômico um descolamento dessa situação?

Mészáros – Impossível! A globalização é uma condição necessária do desenvolvimento humano. Marx teorizou isso desde que o sistema capitalista se tornou claramente visível. Martin Wolf, do *Financial Times*, tem reclamado de que há muitos pequenos e insignificantes Estados que causam problemas. Ele argumenta que seria preciso uma "integração jurisdicional", em outras palavras, uma completa integração imperialista – um conceito fantasia. Trata-se de uma expressão das contradições e dos antagonismos insolúveis da globalização capitalista. A globalização é uma necessidade, mas a forma pela qual pode ser viável e sustentável é a de uma globalização socialista, com base nos princípios socialistas da igualdade substantiva. Ainda que não haja descolamento na história do mundo, é concebível que isso não signifique que em toda fase, em todas as partes do mundo, haja uniformidade. Muitas coisas diferentes estão se desenvolvendo na América Latina, em relação à Europa, para não mencionar o que eu já assinalei sobre a China, o Sudeste Asiático e o Japão que estão mergulhados em problemas mais profundos. Vamos pensar no que aconteceu há pouco tempo. Quantos milagres tivemos no período do pós-guerra? O milagre alemão, o milagre brasileiro, o milagre japonês, o milagre dos cinco Tigres Asiáticos? Engraçado que todos esses milagres tenham se convertido na mais terrível realidade prosaica. O denominador comum de todas essas realidades é o endividamento desastroso e a fraude. Um dirigente de um fundo *hedge* foi supostamente envolvido numa farsa envolvendo US$ 50 bilhões. A General Motors e outras indústrias estavam pedindo ao governo norte-americano somente US$ 14 bilhões. Que modestos! Eles deveriam ter dado US$ 100 bilhões. Se um fundo *hedge* capitalista pode organizar uma suposta fraude de US$ 50 bilhões, eles devem chegar a todos os fundos possíveis. Um sistema que opera dessa forma moralmente podre provavelmente não pode sobreviver porque é incontrolável. As pessoas chegam a admitir que não sabem como isso funciona. A solução não é se desesperar, mas controlá-lo em nome da responsabilidade social e de uma radical transformação da sociedade.

SR – A tendência inerente ao capitalismo é exigir dos trabalhadores o máximo possível, e isso é claramente o que os governos estão tentando fazer na Grã-Bretanha e nos Estados Unidos.

Mészáros – A única coisa que eles podem fazer é advogar pelo corte dos salários dos trabalhadores. A razão principal pela qual o Senado [norte-americano] se recusou a injetar US$ 14 bilhões nas três maiores companhias de automóveis é que não puderam obter acordo sobre a drástica redução dos salários. Pense no efeito disso e nos tipos de obrigações que esses trabalhadores têm – por exemplo, quitando pesadas hipotecas. Pedir-lhes que simplesmente passem a receber metade de seus salários geraria outros tipos de problemas na economia – de novo, a contradição. Capital e contradições são inseparáveis. Temos de ir além das manifestações superficiais dessas contradições e de suas raízes. Você consegue manipulá-las aqui e ali, mas elas voltarão com uma vingança. Contradições não podem ser jogadas para debaixo do tapete indefinidamente, porque o carpete, agora, está se tornando uma montanha.

SR – Você estudou com György Lukács, um marxista que retomou o período da Revolução Russa e foi além.

Mészáros – Eu trabalhei com Lukács sete anos, antes de deixar a Hungria em 1956 e nos tornamos amigos muito próximos até a sua morte, em 1971. Sempre nos olhamos nos olhos – é por isso que eu queria estudar com ele. Então, aconteceu uma ocasião em que ele estava sendo feroz e abertamente atacado em público. Eu não aguentei aquilo e o defendi; e isso o levou a uma série de complicações. Logo que deixei a Hungria, fui designado por Lukács como seu sucessor na universidade, ensinando estética. A razão pela qual deixei o país foi precisamente porque estava convencido de que o que acontecia era uma variedade de problemas fundamentais que o sistema não poderia resolver. Eu tentei formular e examinar esses problemas em meus livros, desde então. Em particular em *A teoria da alienação em Marx* e *Para além do capital**. Lukács costumava dizer, com bastante razão, que sem estratégia não se pode ter tática. Sem uma perspectiva estratégica desses problemas você não pode ter soluções do dia a dia. Então, tentei analisar esses problemas consistentemente porque eles não podem ser simplesmente tratados no nível de um artigo que apenas relata o que está acontecendo hoje, ainda que haja uma grande tentação em fazê-lo. No lugar disso, deve ser apresentada uma perspectiva histórica. Eu venho publicando textos desde que meu primeiro ensaio substancial foi impresso, em 1950, num periódico literário na Hungria e tenho trabalhado tanto como posso, desde então. À medida de nossos modestos meios, damos nossa contribuição em direção à mudança. Isso é o que tenho tentado fazer ao longo de toda minha vida.

SR – O que você pensa das possibilidades de mudança neste momento?

Mészáros – Os socialistas são os últimos a minimizar as dificuldades da solução. Os apologistas do capital, sejam eles neokeynesianos ou o que quer que sejam, podem produzir todos os tipos de soluções simplistas. Eu não penso que podemos considerar

---

* István Mészáros, *Para além do capital: rumo a uma teoria da transição* (São Paulo, Boitempo, 2002). (N. E.)

a crise atual simplesmente da mesma maneira que fizemos no passado. A crise atual é profunda. O diretor substituto do Banco da Inglaterra admitiu que essa é a maior crise econômica da história da humanidade. Eu apenas acrescentaria que essa não é apenas a maior crise da história humana, mas a maior crise em todos os sentidos. Crises econômicas não podem ser separadas do resto do sistema. A fraude, a dominação do capital e a exploração da classe trabalhadora não podem continuar para sempre. Os produtores não podem ser postos constantemente sob controle. Marx argumenta que os capitalistas são simplesmente personificações do capital. Não são agentes livres; estão executando imperativos do sistema. Então, o problema da humanidade não é simplesmente vencer um bando de capitalistas. Pôr simplesmente um tipo de personificação do capital no lugar do outro levaria ao mesmo desastre, e cedo ou tarde terminaríamos com a restauração do capitalismo. Os problemas que a sociedade está enfrentando não surgiram apenas nos últimos anos. Cedo ou tarde isso tem de ser resolvido e não, como os vencedores do Prêmio Nobel de Economia devem fantasiar, no interior da estrutura do sistema. A única solução possível é encontrar a reprodução social com base no controle dos produtores. Essa sempre foi a ideia do socialismo. Nós alcançamos os limites históricos da capacidade de o capital controlar a sociedade. Eu não quero dizer apenas bancos e instituições financeiras, ainda que eles não possam controlá-la, mas o resto. Quando as coisas dão errado ninguém é responsável. De tempos em tempos os políticos dizem: "Eu aceito a total responsabilidade", e o que acontece? Eles são glorificados. A única alternativa viável é a classe trabalhadora, a produtora de tudo o que é necessário em nossa vida. Por que eles não deveriam controlar o que produzem? Eu sempre enfatizei em todos os livros que dizer não é relativamente fácil, mas temos de encontrar essa dimensão positiva.

VIII
AS TAREFAS À NOSSA FRENTE*

Na edição de maio de 2009 da revista *Debate Socialista*, há uma entrevista exclusiva concedida por e-mail pelo filósofo húngaro István Mészáros. Entre os mais importantes intelectuais marxistas da atualidade, Mészáros – cuja obra é muito influenciada também por György Luckács, de quem foi sucessor na Universidade de Budapeste até ser forçado a sair da Hungria na invasão soviética de 1956, e Rosa Luxemburgo – refuta as hipóteses de um novo keynesianismo ou saídas à la Breton Woods como possibilidades de solução para o atual momento de profunda crise estrutural vivido pelo capitalismo. Para ele, a única saída efetivamente viável para a humanidade é recompor a luta pela construção de uma sociedade que rompa com a lógica destrutiva do capital, baseada em um novo modo de produção e de vida que dê sentido à humanidade. Por isso, a questão do socialismo continua no horizonte do século XXI.

Debate Socialista – Em seu livro Para além do capital, *o senhor analisa o permanente aprofundamento da crise estrutural do sistema de capital, com a consequente possibilidade real de destruição da humanidade. A atual crise econômica global sinaliza uma mudança qualitativa nesse aprofundamento?*
István Mészáros – A crise hoje em curso é com certeza muito grave e sensivelmente diferente daquela das últimas décadas. Continua sendo a mesma crise *estrutural* que conhecemos desde fins de 1960, início de 1970, mas é diferente no sentido de que *irrompeu globalmente com grande veemência*. Eu sempre acreditei que os acontecimentos do Maio de 1968 na França foram parte intrínseca do surgimento necessário dessa crise estrutural. Em fins de 1967 – em diálogo com meu querido amigo Lucien Goldmann, que, naquele

---

* Entrevista concedida por István Mészáros à revista *Debate Socialista* (São Paulo), maio 2009. Tradução: Ana Carvalhaes. Revisão técnica: Maria Orlanda Pinassi. (N. E.)

momento, como Marcuse, ainda acreditava que um "capitalismo organizado" conseguia resolver os problemas do "capitalismo em crise" – eu expressei minha convicção de que o mais grave da crise ainda estava por vir. O assim chamado "capitalismo organizado" não havia resolvido crise alguma. Pelo contrário, argumentava eu naquele momento, a crise ainda seria incomparavelmente mais severa; mais grave até do que a grande crise econômica mundial de 1929-1933, tendo em vista o seu caráter verdadeiramente global, pela primeira vez na história.

Eu comparava a natureza *de época* da *crise estrutural* do sistema de capital em curso com o caráter *cíclico* e *conjuntural* das crises econômicas do passado. A ocorrência de crises cíclicas periódicas continua sendo marca do *desenvolvimento capitalista conjuntural* e continuará, enquanto o capitalismo sobreviver. Mas, na nossa época histórica, há um tipo muito mais fundamental de crise que se combina com crises capitalistas cíclicas e afeta todas as *formas concebíveis do sistema do capital* enquanto tal, não somente o capitalismo. A crise estrutural se faz valer *ativando os limites absolutos do capital como modo de reprodução social metabólica*. Essa é a razão pela qual o sistema de tipo soviético do capital – que não deve ser confundido com a extração meramente econômica de sobretrabalho como mais-valia sob o capitalismo, uma vez que ele opera sobre a base de uma *esmagadora extração política de sobretrabalho* – tinha de implodir diante da intensificação global das contradições do desenvolvimento. Isso precisa ser enfatizado com firmeza hoje em dia, precisamente para evitar muitas das dolorosas ilusões do passado e seus consequentes atalhos equivocados, diante dos grandes desafios do nosso futuro.

Em *Para além do capital*[1] eu escrevi que o "modo de desdobramento" da crise estrutural,

> em contraste com as erupções e os colapsos mais espetaculares e dramáticos do passado, seu *modo* de se desdobrar poderia ser chamado de *rastejante*, desde que acrescentemos a ressalva de que nem sequer as convulsões mais veementes ou violentas poderiam ser excluídas no que se refere ao futuro: a saber, quando a complexa maquinaria agora ativamente empenhada na "administração da crise" e no "deslocamento" mais ou menos temporário das crescentes contradições perder sua energia.[2]

As manifestações dramáticas da crise atual – desde a multiplicação das chamadas "greves selvagens" nos mais avançados rincões do capitalismo no mundo aos "levantes por comida" em mais de 35 países, contabilizadas por nada menos que o jornal londrino *The Economist*, uma autoridade do *establishment* – indicam que as respostas das grandes massas de pessoas gravemente afetadas pelo que tem sido descrito como uma crise *financeira* facilmente gerenciável podem refutar frontalmente a autocomplacente sabedoria apologética do capital do passado recente. Esperava-se dos trabalhadores, engessados pelos limites de acomodação de suas organizações defensivas (seus sindicatos e partidos voltados para as reformas salariais), que se comportassem como gatinhos carentes, e não como animais selvagens. As chamadas greves selvagens (e as greves de solidariedade a elas) foram postas fora da lei na Inglaterra pela selvagem legislação *thatcherista* e, de forma reveladora, tais

---

[1] István Mészáros, *Para além do capital: rumo a uma teoria de transição* (São Paulo, Boitempo, 2002).
[2] Ibidem, p. 796.

leis antissindicais não somente se mantiveram (apesar das promessas eleitorais em contrário), como ficaram ainda piores sob o governo do Novo Trabalhismo.

Assim, a crise atual é diferente no sentido de que começa a produzir respostas radicais desafiadoras numa escala considerável. E esse processo está longe de ter atingido o seu auge. Ao mesmo tempo, as medidas adotadas com resultados duvidosos pelos governos do capitalismo dominante – que chegam à *nacionalização da falência capitalista* mediante impressionantes somas de muitos trilhões de dólares – são prova evidente de que nada pode ser mais tolo do que ainda descrever a crise atual como outra tradicional crise cíclica do insuperável e produtivo capitalismo, crise a ser superada em um ou dois anos, tal como continuam afirmando os "combatentes a soldo do capital" (nas palavras de Marx).

A grave crise em curso de nossa época histórica é estrutural no sentido preciso de não poder ser superada nem mesmo com os muitos trilhões das operações de resgate dos Estados capitalistas. Assim, a cada vez mais profunda crise estrutural do sistema combinada ao fracasso comprovado de medidas paliativas sob a forma de aventureirismo militar em escala inimaginável torna o perigo de autodestruição da humanidade ainda maior do que antes. E ele só se multiplica quando as formas e os instrumentos tradicionais de controle, à disposição do *status quo*, fracassam em sua missão. Não é surpreendente, então, que os Estados Unidos, atual imperialismo dominante, reivindiquem "direito moral" para o uso de armas nucleares a qualquer momento, mesmo contra nações não nucleares.

DS – É possível uma solução capitalista para esta crise, com medidas neokeynesianas, regulação mais rígida e protecionismo? Qual sua opinião sobre o discurso de alguns governos, como o de Lula, de que é possível que alguns países se descolem ou sejam menos atingidos pela tormenta?

Mészáros – Uma das mais compreensíveis mas, em última instância, auto-derrotada ilusão contra a qual temos de nos precaver é qualquer forma de neokeynesianismo, incluindo o autodenominado neokeynesianismo de *esquerda*. Os apelos a sua ressurreição são compreensíveis na atualidade, uma vez que equivalem à última linha de resistência em torno da qual as várias personificações do capital podem obter consenso provisório num momento de grande crise. Sob tais circunstâncias, as várias formas do capital pretendem lançar mão de medidas de intervenção estatal keynesianas *para a reestabilização de seu sistema* até que possam reverter suas *concessões* e retornar ao *status quo ante*.

Os porta-vozes do capital estão, nesse sentido, pedindo abertamente a nacionalização de alguns dos maiores bancos e engajados na consecução desse propósito de forma que atenda a seus interesses. De fato, eles instituíram recentemente na Grã-Bretanha uma forma super-hipócrita de "nacionalização" de quase todos os maiores (e totalmente falidos) bancos. Tais porta-vozes acrescentaram desavergonhadamente que, "depois de recapitalizados pelo setor público, esses bancos serão devolvidos ao setor privado". Eles podem dizer isso porque já nacionalizaram a bancarrota capitalista em outra ocasião (imediatamente depois da Segunda Guerra Mundial, na Grã-Bretanha, em grande escala) e reprivatizaram todas as principais unidades nacionalizadas no pós-guerra, depois de engordá-las devidamente com recursos públicos. E estão confiantes de que podem perpetrar o mesmo truque agora, quando a crise se agudiza.

De fato, os porta-vozes do capital não estão totalmente equivocados na sua predisposição keynesiana. Afinal, a chance de prevalecer essa orientação dos adversários da classe trabalhadora vai depender basicamente da organização da classe. Nem mesmo uma crise histórica de tão grandes proporções pode, espontaneamente, realizar a difícil tarefa exigida e estrategicamente viável que é a ação organizada do movimento dos trabalhadores. A situação atual é, sem dúvida, única, peculiar a esse respeito. Oportunidades históricas propícias à tão necessária transformação radical podem não somente se colocar de tempos em tempos, como também ser desperdiçadas. Nesse sentido, eu escrevi em um artigo publicado em primeira mão no Brasil, em 1983, e mais tarde reeditado na Parte 4 de *Para além do capital*:

> Tempos de grande crise econômica abrem sempre uma brecha razoável na ordem estabelecida, que não mais tem êxito na distribuição de bens e que servirá como sua inquestionável justificativa. Tais brechas podem ser alargadas a serviço da reestruturação social, ou de fato fechada por um prazo maior ou menor, no interesse da continuada sobrevivência do capital, dependendo das circunstâncias históricas gerais e da relação de forças na arena política e social. Dada a dimensão temporal do problema – isto é, a escala de tempo relativamente longa para a produção de resultados econômicos significativos durante o enfrentamento de urgência da crise –, somente uma iniciativa política pode influir na brecha: fato que muito enfatiza o poder da ação política sob tais condições. (Teorias que exageram a "autonomia" do político – ao ponto de irrealisticamente afirmar ou sugerir a sua efetiva independência – tendem a generalizar as características válidas para a fase inicial de uma grande crise, mas não sob circunstâncias normais.)
>
> Entretanto, desde que as manifestações imediatas da crise são econômicas – da inflação ao desemprego, e da bancarrota de empresas industriais e comerciais locais à guerra comercial em geral e ao colapso potencial do sistema financeiro internacional – a pressão que emana da referida base social inevitavelmente tende a definir a tarefa de encontrar respostas econômicas urgentes ao nível das manifestações da crise, enquanto são deixadas intactas as suas causas sociais.
>
> Assim, a definição econômica do que necessita ser feito, bem como do que pode ser feito sob as circunstâncias da reconhecida "emergência econômica" – de "apertar os cintos" e "aceitar os sacrifícios necessários" para "criar empregos reais", "injetar novos fundos de investimento", "aumentar a produtividade e a competitividade" etc. –, impõe premissas sociais da ordem estabelecida (em nome de imperativos puramente econômicos) sobre a iniciativa política socialista, potencialmente favorecida pela crise antes de sua readoção inconsciente do horizonte socioeconômico do capital. Como resultado, o potencial reestruturador da política revolucionária é anulado ao dissipar-se no curso do enfrentamento com tarefas econômicas estreitamente definidas – invariavelmente a despesas de suas próprias bases – dentro do marco das velhas premissas sociais e determinações estruturais, terminando, desse modo, com a intenção original, por ajudar a revitalização do capital.[3]
>
> Assim, para ter êxito em seu objetivo [a política radical] precisa transmitir, no auge da crise, suas aspirações – na forma de efetivos poderes de tomada de decisão – ao próprio corpo social, do qual as demandas materiais e políticas subsequentes podem emanar e, assim, sustentar sua própria linha estratégica, em lugar de militar contra ela.

---

[3] Ibidem, p. 1076-7.

Tal transferência de poder político, juntamente com a sua íntima ligação com a própria estrutura socioeconômica, só é possível em tempos de grandes crises estruturais: quando, eis o ponto, as premissas tradicionais do metabolismo socioeconômico dominante não só podem, mas precisam ser questionadas.[4]

Se, todavia, o questionamento permanecer preso aos limites das formas estritamente institucionais de ação política, ele está destinado a ser derrotado pela necessária reemergência do passado econômico e da inércia político-institucional. A alternativa, ao ardil deste caminho, é utilizar os potenciais crítico-libertadores inerentes ao momento historicamente favorável à política socialista, bem como tornar suas metas radicais uma dimensão permanente do corpo social como um todo, defendendo e difundindo seu próprio poder transitório através de uma efetiva transferência de poder para a esfera da autoatividade da massa.[5]

Estamos vivendo um período histórico de profunda crise estrutural que pode realmente abrir uma brecha significativa na ordem estabelecida, porque ela não é mais capaz de proporcionar os bens que, sem questionamento por muito tempo, lhe serviram de justificativa no passado. Mesmo hoje, paliativos neokeynesianos para a crise agora revelada podem somente preencher a brecha, revitalizando temporariamente o capital em direção a sua sobrevivência, tal como aconteceu no período de expansão capitalista neokeynesiana do segundo pós-guerra. Esse pode ser o caso agora das políticas de "reformas social-redistributivas" do keynesianismo "de esquerda", não importando quão bem-intencionados sejam os que continuam a defender essa saída já tentada e definitivamente fracassada do ponto de vista da classe trabalhadora (em contraste com o cinismo evidente daquelas personificações do capital que se tornaram defensoras repentinas da intervenção estatal).

Reveladoramente, sob as atuais circunstâncias de crise dramaticamente manifesta do capital, os trabalhadores são induzidos – por seus próprios sindicatos representativos na Grã-Bretanha, para não falar do "seu" Novo Trabalhismo – a concordar em "apertar os cintos" e em "aceitar os sacrifícios necessários", incluindo não somente *congelamento salarial por dois anos*, mas até significativos *cortes de salários* com o intuito de *estabilizar novamente o sistema*, em troca da vaga promessa de alguma melhoria em um futuro pós-crise. Com essa linha defensiva do movimento sindical, as oportunidades para uma mudança estratégica viável são sempre perdidas devido à "força das circunstâncias". Tudo fica, na melhor das hipóteses, para um futuro genericamente esperado que pode nunca chegar caso essas oportunidades concretas, até mesmo as da atual e monumental crise social e econômica, forem desperdiçadas devido à acomodação.

Na verdade, as "reformas redistributivas" propostas (incluindo as suas variações keynesianas "de esquerda") nunca atingiram e nunca *puderam atingir* as engrenagens mais estruturais e profundas do sistema do capital. Tanto que já repetiram suas promessas e nunca conseguiram mantê-las. Pelo contrário: mesmo um dos mais destacados apologistas da ordem, Martin Wolf, o editor do *Financial Times* em Londres, teve de admitir que a desigualdade entre países pobres e ricos cresceu dramaticamente no período da

---

[4] Ibidem, p. 1078.
[5] Idem.

modernização e globalização capitalistas. "Hoje, essa razão é de aproximadamente *setenta e cinco para um*. Há um século, era em torno de *dez para um*. Dentro de meio século, poderia facilmente ser de *cento e cinquenta para um*."⁶ E este século em que a desigualdade aumentou em proporções tão assustadoras, apesar das promessas intermináveis de mudança em direção à eliminação da desigualdade ou pelo menos a uma redução significativa, incluiu *oito anos de aplicação do keynesianismo* como principal arsenal de política econômica.

A verdade é que precisamos de uma mudança fundamental, estrutural, e não a fantasia neokeynesiana de "reposicionar as cadeiras reclináveis" no convés superior do Titanic.

Pelo mesmo motivo do inevitável fracasso decorrente da ausência de uma verdadeira mudança estrutural, não sou menos cético em relação à ideia de "deslocamento" do que sobre o passado ou o presente do keynesianismo. Nós não podemos acreditar seriamente que o grito "parem o mundo, quero descer" possa produzir a necessária solução. A globalização capitalista, por mais perniciosa que seja em tantos aspectos, é simultaneamente a *objetividade* e a *necessidade* objetiva do desenvolvimento histórico do sistema do capital, inseparável das suas *determinações estruturais* mais profundas como modo de controle da reprodução social há muito estabelecido. A tendência dinâmica de expansão global do sistema foi destacada já por Marx e Engels no *Manifesto Comunista**, em 1848.

Então, o "deslocamento" pode no máximo funcionar como uma *medida temporária e defensiva*, mesmo no caso de países de dimensões continentais como o Brasil. O grave problema com o qual nos deparamos na presente conjuntura histórica não é a tendência objetiva a uma integração econômica global da humanidade, mas o caráter antagônico e ainda mais destrutivo da *globalização monopolista-imperialista*, que, para o capital, é o único caráter factível, *determinado estruturalmente*. Só esse tipo de globalização é adequado ao sistema do capital. O que está em questão nas condições atuais da crise estrutural do capital não é simplesmente imaginar um conjunto de medidas defensivas, protecionistas, contra a dominação financeira dos principais países capitalistas.

Naturalmente, a articulação regional de forças *antissistêmicas* da América Latina é algo muito diferente. Ela poderia não somente brigar com legitimidade, como também chegar a uma determinação autônoma. Mas essa estratégia não pode ser descrita nos indefensáveis e defensivos termos de "descolamento". O sucesso ou a derrota dessa ofensiva dependerá precisamente da habilidade desses protagonistas em contrapor-se militantemente – não de um patamar externo imaginário, mas na forma de uma enraizada *ofensiva interna estratégica* – ao curso de ação destrutivo que necessariamente se ergue das determinações do capital. Nesse sentido, a estratégia em questão tem de ir além de desafiar os limites do sistema capitalista *financeiro* global, que vem sendo dominado há tempos pelos Estados Unidos, resultando no endividamento em proporções astronômicas dos próprios EUA e do resto do mundo.

---

[6] Martin Wolf, *Why Globalization Works? The Case for the Global Market Economy* (New Haven, Yale University Press, 2004), p. 314. Citado em István Mészáros, *O desafio e o fardo do tempo histórico* (São Paulo, Boitempo, 2007), p. 346. Grifos de Mészáros.

* São Paulo, Boitempo, 1998. (N. E.)

DS – O senhor afirmou recentemente que os Estados Unidos estavam exercendo o imperialismo do cartão de crédito. O que o senhor quis dizer com isso? Quais serão, em sua opinião, as mudanças políticas e econômicas na configuração do imperialismo depois desta crise?

Mészáros – O imperialismo do cartão de crédito não é coisa nova. Ainda no tempo da Guerra do Vietnã, o senador McGovern criticava o governo americano usando esta expressão: "Nós estamos pagando por essa guerra com o cartão de crédito". A diferença hoje é que as somas envolvidas, dentro de um crescente e inexoravelmente endividado imperialismo, são realmente astronômicas. E, apesar de todo esse preço – que já alcança cifras de trilhões de dólares –, as guerras imperialistas dos EUA continuam, cada vez mais, sendo pagas no cartão, ignorando-se o fato de que é o resto do mundo que realmente paga por elas, incluindo a atual China – no mais irônico sentido, que faz com que Mao Tsé-Tung se revolva na tumba.

O presidente Obama anunciou recentemente que vai reduzir pela metade o déficit orçamentário norte-americano no transcurso dos quatro anos de seu primeiro mandato. E, curiosamente, pediu ao Congresso, simultaneamente à promessa de corte do déficit, para aprovar a meta de um déficit de US$ 1,7 trilhão para o primeiro ano de seu governo! Não é um grande começo para o cumprimento de suas promessas de campanha. E fica ainda mais significativo ao lembrar que o déficit orçamentário é somente *uma* das *três* dimensões crônicas da dívida americana (difícil até de imaginar), somado à dívida das *corporações* e ao endividamento *individual*.

Também nesse terreno é claramente visível que estamos gravemente afetados por *problemas sistêmicos* fundamentais que não podem ser resolvidos nos marcos do sistema do capital. Para o imperialismo, eles não são simplesmente uma questão de *relações políticas interestatais* (associadas às suas guerras) que podem acabar com a humanidade graças à "boa vontade" de alguns *políticos iluminados*. Ao contrário, a forma atualmente predominante do imperialismo global hegemônico é uma *necessidade objetiva* do capital em nosso tempo de desenvolvimento histórico. Portanto, essa forma é absolutamente incorrigível no quadro do sistema do capital enquanto tal. O fato de ainda não estarmos submersos em outra Guerra Mundial se deve à circunstância igualmente incorrigível de que tal guerra acabaria com a humanidade, deixando o planeta à mercê das baratas.

Mas ninguém deve considerar como certa a inevitabilidade de uma guerra global devastadora, se não superamos/removemos do cenário as *causas sistêmicas* da eventualidade dessa guerra. Porque, à guisa de registro histórico, a humanidade nunca inventou nenhuma maquinaria destrutiva que não tenha sido utilizada em escala comparável a seu potencial. De fato, algumas vozes nos círculos militares norte-americanos, combinadas com decretos governamentais, já se levantam abertamente em prol da necessidade – que eles chamam de "direito moral" – de usar armas nucleares, recusando-se a abdicar do suposto "direito de ser o primeiro a usá-las" mesmo contra poderes não nuclearizados. As justificativas são *premonitórias e não só preventivas*, apesar do apelo massivo de 1.800 cientistas, incluindo um bom número de prêmios Nobel, dirigido à administração Bush no outono de 2005[7].

---

[7] Ver a esse respeito *O desafio e o fardo do tempo histórico*, cit., p. 347-354.

E o presidente Obama não fez nenhuma declaração no sentido oposto. Hillary Clinton, sua secretária de Estado, declarou durante sua campanha pela candidatura democrata que ela não hesitaria em usar armas nucleares contra o Irã. Mais do que isso, em uma década ou antes, nos círculos militares mais agressivos dos EUA, não somente o Irã como também a China são indicados como alvos futuros da guerra necessária, a ser levada a cabo com o arsenal "apropriado", que obviamente não pode ser outro do que o nuclear. No mesmo sentido, o general Musharraf (ex-homem forte do Paquistão) revelou em entrevista televisiva que foi ameaçado pelo ex-representante do secretário de Estado Richard Armitage, que teria dito que o Paquistão seria "bombardeado de volta à idade da pedra" caso seu governo se recusasse a obedecer a ordens americanas. Uma ameaça que não poderia se cumprir num grande e populoso país como o Paquistão se não fossem usadas armas nucleares.

É importante sublinhar aqui que a forma potencialmente mortífera do imperialismo global hegemônico, que se afirma cruelmente em nosso tempo, é inseparável, no plano da reprodução material, da atual fase histórica de *desenvolvimento monopólico hegemônico* e de *centralização do poder* correspondentes. Essa impossibilidade de separar as duas dimensões ressalta mais uma vez que os antagonismos explosivos são *sistêmicos* e não podem ser superados, com exceção de uma mudança radical no sistema do capital. Assim, algumas das piores manifestações da crise financeira global podem reduzir-se, e até eventualmente ser postas sob controle, mas não a crise estrutural em si. E elas permanecerão para nos lembrar, e irromper outra e outra vez de forma mais ou menos dramática, que as *determinações estruturais* do sistema não foram transformadas radicalmente.

Por isso, só é possível falar de condição *pós-crise* num sentido muito limitado, pois os *antagonismos inerentes* ao sistema econômico monopolista sob hegemonia dos EUA permanecerão intocados – com seus níveis mais perversos de *produção destrutiva*, que ameaçam diretamente as condições naturais de sobrevivência da humanidade no nosso planeta –, apesar dos esforços governamentais contrários a uma "nova geração do aquecimento" (no momento apresentados como uma "revolução industrial verde"). Até porque o nível material do aventureirismo político e militar do imperialismo hegemônico não vai desaparecer por efeito da simples retórica presidencial.

Não se deve esquecer que o estado desastroso do atual sistema financeiro é nada mais do que uma manifestação da fase atual de desenvolvimento tanto do imperialismo monopolista quanto das guerras por ele levadas adiante – e daquelas que ainda virão –, com seu imenso desperdício material e com sacrifícios humanos. Ninguém duvida da proeminência do imperialismo norte-americano nas guerras atuais, ainda que tanto no Iraque quanto no Afeganistão elas sejam descritas modestamente, pelos propagandistas da ordem estabelecida, como guerras *lideradas* pelos Estados Unidos, em vez de *impostas* por eles (impostas, inclusive, aos chamados "aliados voluntários"). Essas guerras expressam com clareza o nível atual de *centralização do poder* no domínio das *relações interestatais políticas e militares*. No entanto, é convenientemente desprezado o fato de que, no domínio da economia e das finanças globais, prevalece o mesmo tipo de centralização do poder. Desprezo que se deve à cumplicidade subserviente dos "aliados voluntários" que se dizem "países democráticos e soberanos do mundo livre". Isso fica evidentemente demonstrado na *reação em cadeia internacional* provocada pelo colapso das hipotecas e dos bancos americanos, e também no terreno político-militar. E essa relação corresponde à mesma predominância dos Estados Unidos, marca da atual fase do desenvolvimento econômico monopolista em escala global. O representante do secretário de Estado de Bill Clinton, Strobe Talbott, esclareceu tal relação ainda mais brutalmente numa reunião em Londres, quando afirmou que o movimento em direção à unidade da Europa seria aceitável somente "desde que não coloque em risco a proeminência global dos Estados Unidos"[8].

Considerando seu caráter estruturalmente inseparável e seu poder de se reforçar reciprocamente, o monopolismo e o imperialismo devem ser diagnosticados como superados, assim como as características incorrigíveis do sistema do capital em sua fase contemporânea, caso a humanidade sobreviva. Só nesse caso poderemos falar num sentido pleno e esperançoso da condição "pós-crise".

DS – Durante a década de 90 do século XX, vimos uma parte da militância de esquerda e da intelligentsia *intelectual adotar a visão de que o papel revolucionário da classe trabalhadora estava esgotado e de que até mesmo o trabalho deixava de ser central numa análise do mundo. Qual sua opinião sobre tais teses? Não estaria a crise atual, ao se refletir num massivo corte de empregos de assalariados, negando aquela visão?*

Mészáros – Dar "adeus à classe trabalhadora" é fundamentalmente equivocado, seja qual for a motivação por detrás disso. A versão mais fácil dessa visão baseia-se numa total incompreensão sobre o trabalho e seu papel na estratégia socialista. Essa concepção tende a identificar o conceito de classe trabalhadora com *trabalhadores manuais*, concluindo falsamente e a partir de sua própria falsa premissa – diante do inegável desenvolvimento tecnológico característico do "capitalismo avançado" – que a classe perde sua relevância na transformação social, o que, portanto, "refuta" a teoria de Marx.

No entanto, até mesmo a afirmação de que houve uma grande redução da classe dos trabalhadores manuais é bastante equivocada se considerarmos a questão em termos *globais*, em vez de limitar cegamente a discussão aos países do "capitalismo avançado". Nos últimos cinquenta anos, o número total de trabalhadores manuais *cresceu* significativamente na força de trabalho – mediante cortes de custos criminosos e até por medidas de segurança elementares cinicamente econômicas, como a transferência das indústrias poluidoras para o chamado Terceiro Mundo, que produziu catástrofes como a que se viveu em Bhopal, na Índia.

A questão central nesse tema como um todo é outra. E não se refere aos vários *estratos sociológicos* que conformam a totalidade da classe trabalhadora – tanto internamente a qualquer país em particular como internacionalmente numa ordem global do capital –, mas refere-se à força de trabalho como um todo – ou seja, em termos teóricos vitalmente estratégicos, à categoria geral, como *a única alternativa hegemônica factível ao modo de reprodução societária do capital*. A *lógica do capital*, que governa de forma ainda mais destrutiva e absolutamente autoritária o *sistema de reprodução metabólica do capital* como um todo – para a qual, nas palavras da ex-premiê britânica Margaret Thatcher, um de seus porta-vozes militantes mais conscientes, "Não há alternativa" – deve ser enfrentada (e só pode ser enfrentada) em *termos globais*, que envolvam todos os aspectos da vida humana, com a *lógica emancipatória e autoemancipatória do trabalho*, historicamente sustentável

---

[8] Ibidem, p. 117.

e produtivamente viável, lógica esta instituída pela *totalidade do trabalho* e não por uma parcela particular do estrato sociológico do trabalho.

Marx, em sua época, falava da inexorável *proletarização* em curso na sociedade capitalista (e não da *"manual-labourization" do trabalho*). Essa proletarização afetava todas as categorias da força de trabalho, resultando numa *perda de controle* até mesmo dos aspectos mais limitados da vida que um dia os trabalhadores do colarinho branco ou do "setor de serviços" possam ter tido. Essa perda de controle permaneceu inequivocamente no desenvolvimento econômico-social do século XX, tal como se constata na *total insegurança* vivida por todos os tipos de trabalhadores nos dias de hoje. Marx opôs essa *proletarização alienante* aos poderes que emanavam da lógica autoemancipatória do trabalho, estendida a todos os membros da sociedade, na sua capacidade de *tomar as decisões, de forma igualitária e genuína*, sobre todos os temas vitais da vida deles. Essa lógica do trabalho se oporia também às práticas pseudodemocráticas de legitimação do "autoritarismo no local de trabalho" e da "tirania do mercado", características do capital, tal como aquela que permite, a cada quatro ou cinco anos, que se atire um pedaço de papel numa urna.

O êxito na constituição e o constante e positivo desenvolvimento dessa *alternativa hegemônica do trabalho* à incuravelmente iníqua ordem do capital continua sendo um princípio orientador estratégico para nós, mesmo em nossa época histórica. Afinal, a proclamada "ausência de alternativa" à ordem de reprodução social do capital nos trouxe a devastação e a destruição descontroladas que estamos experimentando hoje sob a atual crise econômica global.

No início de março de 2009, foi anunciado que, somente em fevereiro, mais 651 mil americanos haviam perdido o emprego nos Estados Unidos. Um número assustador sob qualquer ângulo. Curiosamente, as bolsas receberam a notícia com suspiros de alívio. Ainda mais curiosamente, os apologistas *ex officio* do sistema, tanto financeiros quanto políticos, comentaram que aquele resultado das bolsas (que temporariamente se confirmaram e logo depois recuaram) era a prova de que "*a recessão está florescendo*" e que, consequentemente, podiam ver reaparecer os "*brotos verdes da recuperação*". A conclama da "prova" não era prova de coisa alguma. Ao contrário, a breve alta das bolsas era a reação irracional – uma espécie de reflexo pavloviano do capitalismo – sintonizada com a degradante e insensível identificação da expulsão em massa de seres humanos do processo do trabalho como um sinal bem-vindo de "degradação" (corte massivo de vagas, enxugamento), com a alta de *lucratividade* correspondente.

Tais apologistas do capital não pareceram notar que: 1) um corte mensal de 651 mil empregos nos Estados Unidos pode não ser sustentável por muito tempo, mesmo sob as melhores condições da economia global; e 2) não estamos realmente vivendo, no momento, sob as melhores condições da economia global, mas sob uma *crise econômica global sem precedente*. E mais: a "degradação" como regra geral é uma estratégica absurda para o sistema do capital como um todo. Porque é sustentável apenas como exceção imposta por tempo limitado pelas unidades *mais poderosas* do capital contra as *mais fracas*, mas é totalmente inviável para assegurar a saúde do sistema em sua integridade. Isso é uma autocontradição em relação às determinações internas do sistema do capital. É um exemplo bom da natureza do capital como ordem de reprodução societária de *contradições insolúveis*. Porque o capital necessita dos trabalhadores não somente com o propósito da *produção lucrativa*, mas também como consumidores produtores de lucro. Degradação generalizada, como uma panaceia universal de racionalização, é bastante *irracional*. Se isso fosse estendido à força de trabalho como um todo resultaria na *implosão do capitalismo* enquanto tal, como resultado da totalmente fracassada acumulação de capital, devido à ausência de produção lucrativa que só pode se realizar mediante o necessário consumo das massas, produtor de lucro, em grande escala. O mundo da especulação financeira aventureira e das quase astronômicas remunerações de executivos de bancos, recentemente revelados nos escândalos da crise financeira global, não pode reconstituir, nem mesmo remotamente, alternativa sustentável ao poder de compra da agora brutalmente "enxugada" força de trabalho.

Os jornalistas de finanças de repente começaram a usar com frequência inusitada a expressão "economia real". Antes, eles proclamavam que a parte mais importante da economia "moderna" era o setor financeiro "corajosamente sujeito ao risco", que parecia poder gerar uma expansão ilimitada do capital. E, evidentemente, nenhuma remuneração podia ser considerada suficientemente alta para elementos tão "corajosamente sujeitos ao risco", ainda que, por meio de especulação financeira aventureira e "excessos" bancários, esse tipo de expansão do capital tenha sido *fictício*, quando não abertamente *fraudulento*. E ele foi grandemente facilitado pela potencialmente super-corrupta simbiose entre o sistema financeiro enquanto tal e o cipoal jurídico do Estado capitalista, criado para cumprir as necessidades aventureiras do capital financeiro.

Agora, de repente, o conceito de "economia real" torna-se palatável novamente, sem que, no entanto, se identifique a *conexão causal* entre o desastre criado no sistema financeiro global e o fato de terem relegado irresponsavelmente o *trabalho produtivo real* ao domínio do que pode ser ilimitadamente "enxugado", e até "*cortado na carne*", segundo os livros e *papers* da "ciência econômica". Porque, em nossa era de "capital financeiro monopólico", o devastador aventureirismo da especulação no mundo das finanças se deve principalmente ao fracasso da necessária acumulação de capital no *campo produtivo* e à simultânea transferência desse capital para o setor especulativo aventureiro, no qual um *único* capitalista – Bernie Madoff, o ex-executivo da bolsa eletrônica de Nova York (a Nasdaq) – pode se apropriar fraudulentamente da soma imensa de US$ 65 bilhões! Agora, diz o ditado, "a vaca está indo para o brejo", como resultado da contradição aguda entre a *atividade produtiva real* e as *finanças parasitárias*[9].

Quanto à soma manipulada por Madoff, US$ 65 bilhões foi o que se publicou no dia seguinte ao início do inquérito contra ele, antes disso se havia falado em "apenas" US$ 50 bilhões. No entanto, muito mais importante nessa questão é que o caso de Madoff é apenas a ponta do iceberg, tal como se revelou nos transtornos do império financeiro global de Sir Allen Stanford, que operava principalmente na América Latina. Não é concebível que tão monumentais apostas fraudulentas fossem operadas por poucos indivíduos isolados. Ninguém pôde até agora oferecer uma ideia verdadeira e confiável das somas envolvidas (e cobertas por todo tipo de mecanismos legais) nesse tipo de operação em escala global.

A gravidade da crise atual fica sublinhada pelo fato sistêmico relevante de que nenhuma solução para ela pode ser vislumbrada sem remediar significativamente – no longo

---

[9] Ver, a respeito de *capital financeiro monopólico*, o intrigante livro de John Bellamy Foster e Fred Magdoff, *The Great Financial Crisis: Causes and Consequences* (Nova York, Monthly Review Press, 2009).

prazo, não em provisórios *resgates* da falência capitalista nas atividades bancária e de seguros – a fuga de capital do *domínio produtivo*, devida ao crônico fracasso da acumulação de capital nessa esfera, na escala necessária. Um fracasso dramaticamente ilustrado nestes dias também pela próxima (e potencialmente total) falência das gigantes do setor automotivo norte-americano, da Ford à General Motors e à Chrysler. Assim, a importância vital do *trabalho produtivo* no nosso estágio de desenvolvimento histórico é maior do que antes, não importa o quanto as personificações do capital e seus mercenários intelectuais tentem negá-la em nome do "capitalismo avançado".

DS – Qual sua opinião sobre as alternativas ao capital dos anos 1990 e sobre as de hoje? Esta crise abre novas possibilidades para a classe trabalhadora e o projeto socialista?

Mészáros – A primeira-ministra Margaret Thatcher não somente popularizou o *slogan* arrogante segundo o qual *"Não há alternativa"*, expressão da mais agressiva variante neoliberal e monetarista do capital. Depois da repressão estatal com a qual derrotou a greve de um ano dos mineiros ingleses, o que foi facilitado pela cumplicidade do Partido Trabalhista de Neil Kinnock, Thatcher também proclamou que ela tinha *"se livrado do socialismo de vez"*. Sua ilusão pareceu se confirmar não somente pela maneira como ela pôde "fazer negócios com Mr. Gorbachev", como ela mesma se referia ao Presidente do Soviet e Secretário-Geral do PC soviético, como também à transformação totalmente adaptada do Partido Trabalhista Britânico ao "Novo Trabalhismo" de Tony Blair.

Os anos 1980 foram marcados pela vitória do agressivo, e socialmente regressivo, neoliberalismo em todo o mundo. Hoje, ainda que parcialmente, muitos comentaristas apontam a *"desregulamentação"* como a causa das turbulências financeiras, defendendo ao mesmo tempo a dura receita de erguer um "sistema regulatório para as finanças internacionais". No entanto, eles evitam uma questão realmente embaraçosa: por que a desregulamentação do sistema financeiro global, sob o domínio dos EUA, havia se imposto antes e quais são as chances de sucesso de uma vagamente projetada regulamentação do sistema se as poderosas *determinações estruturais das raízes* do sistema atualmente criticado (nunca sequer mencionadas) não forem alteradas de forma radicalmente sustentável?

A desregulamentação na Grã-Bretanha – um país que outrora foi a vanguarda da Revolução Industrial no mundo, mas que recentemente se tornou um reino em que o setor financeiro se viu grotescamente inflado (e agora bastante desinflado) – aconteceu *pari passu* a uma *desindustrialização* assustadora nas décadas de 1980 e 1990. Políticos, capitães da indústria e banqueiros desmantelaram grandes ramos da economia produtiva, dos estaleiros ao setor automotivo e de engenharia, com a autojustificação ilusória de que, na "economia moderna de valor agregado", os setores de serviços e de finanças internacionais representavam a "vanguarda do progresso". Práticas semelhantes foram adotadas também em outros "países capitalistas avançados", transferindo não somente as indústrias poluentes, mas alguns outros ramos da intensiva atividade produtiva para a força de trabalho superexplorada do "Terceiro Mundo", sob a absurda racionalização ideológica de que estaríamos vivendo afinal na "sociedade pós-industrial".

Infelizmente, nas décadas de 1980 e 1990 e também nesta primeira década do século XXI, a esquerda como um todo foi afetada por essas transformações. Isso ficou claro não somente na implosão do sistema de tipo soviético, sob Gorbachev, mas também na capitulação e adaptação ao sistema por parte de figuras ocidentais ex-maoistas e, do ponto de vista do peso proeminente de sua representatividade eleitoral, nos partidos social-democratas e trabalhistas do mundo inteiro. Assim, em discurso proferido em 1º de abril de 1995*, o líder do Novo Trabalhismo, que ocupou o cargo de primeiro-ministro durante uma década (de 1997 a 2007), declarou que o novo partido, que havia abandonado todos os seus compromissos antigos com a transformação, recuava da Cláusula n. 4 da Constituição (que pregava a propriedade pública dos meios de produção) e era agora o partido da "moderna indústria e do negócio moderno". Eu escrevi na ocasião, dois anos antes da vitória eleitoral de Blair, que, naquele caminho, o ainda suposto partido da classe trabalhadora iria obter uma vitória de Pirro. Mas a questão a ser recordada por nós é: "se a classe do trabalho vai aceitar ser tratada como o tolo de 1º de abril, e por quanto tempo a estratégia de capitulação ao grande empresariado poderá ser seguida depois da próxima vitória eleitoral de Pirro"[10].

À luz da atualmente escancarada e profunda crise global estrutural, somente os tolos podem negar que as estratégias do neoliberalismo fracassaram miserável e devastadoramente. Simultaneamente, é claro, as respostas acomodadas por parte da esquerda também fracassaram. Assim, a resposta à segunda parte da sua pergunta só pode ser: depende. Por um lado, não pode restar dúvida de que *novas possibilidades* estão abertas para a classe trabalhadora e para aqueles que permaneceram confiantes no projeto socialista de transformação radical da ordem estabelecida – dada a severidade da crise global e a selvageria das medidas que devem ser adotadas pelas personificações do capital contra a classe trabalhadora, na tentativa de resolver a crise, em evidente contraste com os trilhões investidos para resgatar os bancos da falência (pelos quais a classe trabalhadora vai pagar de uma forma ou de outra, inclusive carregando o fardo de uma inflação que deverá ressurgir em um futuro próximo).

No entanto, há apenas *possibilidades*, e de forma alguma *certezas*, a despeito da inédita gravidade da crise. Tudo depende da habilidade e determinação das forças comprometidas com o socialismo em formular uma estratégia compreensível e organizar suas fileiras de acordo com aquela estratégia, ampliando sua influência de modo radical entre as grandes massas populares, no sentido de alcançar suas metas estratégicas.

A única certeza é a de que as adaptações reformistas do passado não terão êxito duradouro. A crise atual é demasiado profunda para isso. Somente uma transformação estrutural radical que afete irreversivelmente os parâmetros da ordem estabelecida pode ser uma saída sustentável. Apesar disso, em tempos de grandes crises, a tentação de optar pela *linha de menor resistência* é compreensível e generalizada. Hoje, o congelamento de salários, que eu já comentei, junto com o chamado dos sindicalistas e líderes políticos para que se *apertem os cintos*, apontam para essa direção. Também vai no mesmo sentido a relativa facilidade com que novas medidas de enxugamento, ou seja, corte de empregos, podem ser impostas à força de trabalho – como os 651 mil empregos perdidos nos EUA em fevereiro. A sabedoria paliativa dos governos, altamente alardeada pela mídia quase

---

* Dia que os ingleses chamam de *April's Fool Day*, algo como "Dia do Tolo", conhecido no Brasil como "Dia da Mentira". (N. T.)

[10] *Para além do capital*, cit., p. 851.

monopolicamente controlada pela ideologia dominante, prega agora uma (bastante fictícia) *regulação*, a ser instituída sobre as ruínas da agressiva desregulamentação recente. A tentação de dar crédito a essa "saída reguladora" está também em sintonia com a linha de menor resistência. No entanto, o alívio para a crise, eventualmente resultante da agora prometida regulação, só poderá ser temporário. Problemas de natureza estrutural só podem ser resolvidos por medidas estruturais radicais. Nesse sentido, as forças socialistas podem falar legitimamente de uma nova abertura para sua visão de emancipação. Mas as *possibilidades* dessa nova abertura só podem se converter em mudança sistêmica efetiva através de um sistemático e apaixonado trabalho de organização e educação na direção dessa estratégia.

DS – No seu livro O século XXI: socialismo ou barbárie?[*], *o senhor insiste que uma nova articulação entre sindicatos e partidos da classe trabalhadora tem de ser, no século XXI, completamente diferente da que ocorreu no século passado. Quais seriam os papéis dos sindicatos e dos partidos operários, suas tarefas e seus programas, para fazer possível a superação do sistema do capital?*

Mészáros – Talvez a mais eficiente máxima da ordem estabelecida de toda a História, criada pelos romanos muito antes do estabelecimento do capitalismo, seja aquela que diz "*divide et impera*", "divide e governa". De fato, as nefastas divisões nos escalões da classe trabalhadora ficam em dolorosa evidência tanto dentro de cada país como internacionalmente, para além das fronteiras nacionais. O que faz desse problema particularmente difícil de superar é o fato de que tais divisões não ocorrem apenas no domínio político, mas caracterizam a sociedade como um todo. Isso é o que realmente explica por que a perniciosa máxima do "divide e governa" pode ter tanto êxito no transcurso de incontáveis séculos de História das classes sociais. Se não fosse pelas raízes sociais profundas desse problema, o esclarecimento político persuasivo dos indivíduos (sempre malconduzidos pela ideologia dominante, como frequentemente o fenômeno é caracterizado no discurso político, inclusive da esquerda) poderia remediar a situação por ela mesma. Só que, adotando essa perspectiva, algumas diferenças objetivas de peso, interesses materiais e culturais, combinadas às suas manifestações no plano institucional e organizacional, tenderiam a ser negligenciadas e, até mesmo, desprezadas, o que nos traria mais um problema, em vez de facilitar a solução do primeiro.

É chocante, mas de nenhuma maneira excepcional, que os trabalhadores da linha de montagem da Ford das Filipinas recebam um salário-hora *25 vezes menor* que seus irmãos de classe das fábricas da Ford de Detroit (EUA). Um exemplo mais recente dessas imensas diferenças de renda: alguns operadores de guindastes para navios de contêineres da Costa Oeste dos EUA recebem anualmente US$ 160 mil, quando bilhões de pessoas no mundo têm de sobreviver (se sobrevivem) com menos de *US$ 2 por dia*! É preciso se valer de mais do que o melhor dos "esclarecimentos ideológicos" para resolver divisões como essa entre as grandes massas subordinadas ao domínio do capital, incluindo seus setores mais privilegiados. O desemprego crescente no mundo atual, sob impacto direto da crise global em curso, só torna esse problema mais grave. Um problema que não pode

---

[*] São Paulo, Boitempo, 2003. (N. E.)

ser superado sem a adoção de uma estratégia socialista radical e de uma correspondente forma de ação organizada nos âmbitos da indústria e da política.

A grande dificuldade a esse respeito é a paralisante contradição entre as frequentemente legítimas demandas e pressões *imediatas* e um marco estratégico compreensível no qual tais demandas imediatas se incluam. Eu concordo plenamente com Fernando Silva, que escreveu no artigo "Crise mundial recoloca necessidade de projeto de poder dos trabalhadores", publicado em 26 de novembro de 2008 no *Correio da Cidadania*, que

> as lutas salariais e ações setoriais são importantes para despertar a consciência da classe, mas, se não estão balizadas por um projeto de poder político, de superação do capital e seu estado, por mais radicais que elas sejam, se esfumam em enormes gastos de energias que em geral podem ser relativamente tolerados e assimilados (ainda que contidos e reprimidos) pelo sistema se não avançam para questionar a ordem, o poder e a propriedade do capital.*

Essas estratificações têm não somente raízes históricas, como também se apoiam no papel mais (os mais fortes) ou menos (os mais fracos) importante cumprido por esses diferentes estratos sociais em determinada circunstância do processo de reprodução do capital. Esses complexos fatores objetivos não podem ser ignorados nem superados em curto espaço de tempo, por mais desejável que isso seja. O desenvolvimento histórico é caracterizado pela complexa relação entre *continuidade* e *descontinuidade*. Ignorar isso é correr riscos.

Mas ter consciência da relação dialética entre continuidade e descontinuidade, que não pode ser posta de lado, não significa que nos acomodemos de cara, em princípio, à pressão do *imediato*, que se autoperpetua. Isso se daria às custas do *estrategicamente necessário quadro geral* em que as contradições paralisantes surgidas das estratificações mais iníquas e dos interesses mais imediatos poderiam ser resolvidas do vital ponto de vista dos interesses de construção de uma *alternativa hegemônica* à ainda mais destrutiva ordem social reprodutiva do capital. Pois mesmo determinadas estratificações mais privilegiadas não estão de modo algum imunes aos impactos devastadores da crise estrutural do capital, no longo prazo. Prova disso é que a tragédia do desemprego crescente resultante da atual crise global afeta gravemente todas as categorias de trabalhadores.

Em nossos dias, a articulação *defensiva* do movimento dos trabalhadores – característica do século XX – não pode se manter indefinidamente se quisermos encontrar soluções historicamente viáveis para a *crescente crise* do sistema do capital. A divisão e articulação entre o "braço industrial" (os sindicatos) e o "braço político" (os vários partidos) do movimento da classe trabalhadora fracassaram em alcançar *o objetivo estratégico geral* do movimento socialista, que originalmente vislumbrávamos. Ambos os braços perderam seu *potencial para a mudança social qualitativa* porque, por um lado, concordaram em confinar a ação sindical às limitadas (e indiscutivelmente divisionistas, estratificantes) melhorias salariais. Isso significou renunciar institucional/organizacionalmente à necessidade vital de *tomar o controle* sobre as unidades de reprodução material. De outro lado, limitaram a ação política dos partidos da classe trabalhadora a *objetivos reformistas de*

---

* Disponível em: <http://correiocidadania.com.br/content/view/2625/9/>. Acesso em dez. 2010.

integração, que puderam ser bem assimilados ao quadro da reprodução do capital. Assim, os *imperativos* da reprodução do capital e suas correspondentes *imposições* puderam prevalecer com toda sua pretensão para "democracia parlamentar".

Ficou proibido, como *tabu absoluto* para o "braço sindical", qualquer engajamento em ação política direta. Ficou como absoluto tabu para o "braço político" da classe perseguir o objetivo de realmente *tomar o controle* das unidades de produção em escala geral. Tal democracia condenou o movimento dos trabalhadores a muito mais do que um enfraquecimento de um século. Uma vez que o *controle radical* da dimensão material da reprodução societária é abolido do horizonte, tal como foi, o poder das classes subordinadas de dispor do trabalho deve ser estritamente *marginal*, confinado a melhorias extremamente limitadas que são assimiláveis (e estão hoje assimiladas) aos parâmetros estruturais da ordem estabelecida e até mesmo *idealizadas* em nome da "política real".

Um dos mais agudos aspectos desse problema, em meio à névoa da atual crise global, diz respeito à questão da *responsabilidade* – o que requer solução urgente no interesse de se obter controle sobre a *incontrolabilidade do capital*, que é uma das suas mais perigosas determinações. Em sua natureza intrínseca, a ordem socioeconômica do capital é um sistema de *irresponsabilidade institucionalizada* sobre todos os aspectos da sociedade. Como sistema de competição entre interesses particulares, ele é capaz de atribuir responsabilidade somente em domínios parciais, não sobre a sociedade como um todo. Esta deve, para o sistema do capital, ser arbitrariamente *dividida e gerenciada* nos terrenos material, político e cultural pelas *antagônicas mediações de segunda ordem* insuperáveis do capital. De fato, líderes governamentais declararam repetidamente nos meses recentes que *nenhum deles* pode ser responsabilizado pelo que aconteceu e continua acontecendo, porque a crise é *global*. E isso absolve todos os dirigentes do capital – com exceção de poucos criminosos como Madoff, que foram pegos em flagrante – da sua grave responsabilidade de ter imposto sofrimentos imensos às grandes massas.

Mas é bastante difícil vislumbrar uma solução factível para nossa crise global se não se assume a *total responsabilidade* pelos desdobramentos dessa crise, especialmente num *sistema globalmente interconectado e em interação*. As personificações do capital, seguindo os imperativos da lógica perversa do seu sistema, jamais poderiam fazer isso no interesse da sociedade como um todo. Somente uma alternativa hegemônica dos trabalhadores, com um modo planificado e historicamente sustentável de reprodução societária, é capaz de responder a tão urgente necessidade na atual conjuntura de crise sistêmica em agravamento.

Ao mesmo tempo, é preciso destacar que *responsabilidade* sem um real *poder de tomada de decisões* pode ser uma imposição de cima para baixo, e por isso não funcionará mesmo em curto prazo, quanto mais em escala histórica. A implosão das sociedades do "socialismo real" – em grande medida devido à recalcitrância de sua classe trabalhadora, politicamente controlada de cima – deu-nos uma trágica e conclusiva prova disso.

Tampouco é possível acreditar que essa grande intensificação das medidas de controle do autoritarismo capitalista, que vêm sendo cada vez mais defendidas por todos os lados, pode resolver esse problema da responsabilidade de forma duradoura. Os devastadores e fracassados intentos do passado nesse sentido, do fascismo de Mussolini ao nazifascismo de Hitler, as várias ditaduras latino-americanas patrocinadas pelos EUA, como a do Brasil e a do Chile de Pinochet, refutam com clareza a viabilidade de tal projeto.

A *articulação defensiva* do movimento dos trabalhadores no século XX resultou em grandes retrocessos também a esse respeito. Afinal, a altamente necessária *solidariedade* entre membros da classe trabalhadora, para assumir conjuntamente a *responsabilidade* histórica pela alternativa hegemônica à ordem dominante, foi solapada pelo *divisionismo* inerente à ação limitada à melhoria de interesses setoriais. Assim, o capital pôde jogar uns setores de seus adversários de classe contra outros, enfraquecendo grandemente o poder emancipatório da classe trabalhadora como um todo, para a qual a solidariedade de classe restou apenas como uma perspectiva distante no horizonte. No entanto, se não houver de fato solidariedade de classe e uma estratégia globalmente alternativa à ordem existente, não haverá quem tome a responsabilidade necessária para superar a aguda crise estrutural do sistema.

A necessidade de superar esse caráter defensivo, a divisão e a busca prioritária pelos interesses setoriais é condição absolutamente vital para que a classe assuma a responsabilidade por tornar-se uma alternativa histórica estrategicamente viável, sem a qual nenhuma das questões fundamentais da crise estrutural global de agora poderá ser resolvida. E, naturalmente, isso é inconcebível sem que se volte a adotar apaixonadamente uma solidariedade de classe amplamente compartilhada, como modo característico da classe trabalhadora de pôr em funcionamento um modo qualitativamente diferente de reprodução sociometabólica. Poderes reais de decisão, compartilhados equitativamente por todos os membros da sociedade, com o espírito da solidariedade de classe e responsabilidade livremente assumida: essas são as características da alternativa hegemônica dos trabalhadores, em evidente contraste com a lógica destrutiva incurável do sistema do capital em nossa época.

Nesse sentido, sindicatos e partidos da classe trabalhadora devem ser combativos nos terrenos sindical e político, ao mesmo tempo. Só terão sucesso na emancipação dos trabalhadores se seu princípio orientador básico for uma mudança abrangente no quadro da reprodução societária. Porque mesmo as limitadas demandas e preocupações imediatas só poderão ser atendidas de forma duradoura nos marcos estratégicos e generalizantes da alternativa hegemônica dos trabalhadores. Isso é também condição para resolver nossa crise atual numa dimensão abrangente. Negociações salariais defensivas e remendos políticos na fracassada tradição de acomodação reformista só poderão agravar a crise global.

DS – Qual deveria ser, neste contexto, o tipo de ação dos instrumentos políticos da classe trabalhadora nos movimentos? E qual seria a relação desejável entre esses instrumentos e as instituições do Estado, como governos e parlamentos? Como podem os sindicatos e partidos operários trabalhar pela ampliação da consciência anticapitalista e pelo renascimento da consciência socialista, especialmente nos países imperialistas?

Mészáros – Temos de recorrer, neste contexto, a Marcuse[*], a quem eu considero camarada de verdade, apesar das nossas diferenças. Ele identificou alguns grandes desafios a serem enfrentados, mesmo que algumas de suas explicações possam ser questionáveis. São relevantes aqui duas das mais profundas preocupações de Marcuse formuladas depois da Segunda Guerra, portanto num período de expansão tranquila do capital. Uma é inseparável da outra. Primeira: ele estava convencido de que o capitalismo tinha se saído

---

[*] Herbert Marcuse, 1898-1979, filósofo alemão. (N. T.)

vitorioso em resolver suas crises do passado e de que, naquele momento, estávamos nos confrontando com um surpreendente poder do capitalismo organizado, em vez de um capitalismo de crise. A segunda preocupação, muito ligada à primeira, era em grande medida uma explicação do sucesso do capitalismo organizado: ele dizia que a classe trabalhadora enquanto tal havia se integrado ao sistema capitalista pós-crise, o que impunha a necessidade de se pensar em algum sujeito histórico alternativo – como os *outsiders* e o movimento estudantil – que tomasse o lugar dos trabalhadores como protagonista da mudança. Infelizmente, depois de grandes decepções com seu pretendido sujeito emancipatório *outsider*, ele foi levado a adotar, para o resto de sua vida, uma postura totalmente pessimista, tal como conceituou em seu livro *A dimensão estética*[*].

Como nossa experiência histórica nos ensinou, o êxito do capitalismo organizado foi conjuntural, estendeu-se somente durante o período de reconstrução e expansão do capital no pós-guerra, e as conquistas do "bem-estar" capitalista chegaram a um número pequeno de países capitalistas do Ocidente. Assim, a crise voltaria cedo ou tarde e de forma violenta, dados os irreconciliáveis antagonismos do sistema global do capital.

No entanto, o segundo desafio identificado por Marcuse nos colocou um problema muito mais difícil, porque parece que predominaram, em todos os países capitalistas avançados e também no chamado Terceiro Mundo, com o processo de expansão industrial, os sinais e os retrocessos paralisantes da integração da classe trabalhadora. Os tentáculos sufocantes do capital financeiro internacional, também dominado pelos maiores países capitalistas, sobretudo pelos EUA e seu papel privilegiado no FMI, Banco Mundial e nas organizações globais de comércio, deram dimensão ainda maior àquele processo de integração regressivo.

Eis então a questão a ser respondida: estará a classe enquanto tal, a única alternativa hegemônica viável à ordem social do capital, realmente integrada ao sistema? Caso a resposta seja positiva, tal como pensava Marcuse, é inevitável a perspectiva pessimista e até mesmo o desespero para todos aqueles que alguma vez acreditaram na realização da alternativa história da classe.

Esse é o contexto em que o papel dos governos e dos sindicatos da classe trabalhadora, além do marco político do parlamento, requer um exame crítico. O parlamento continua cruelmente dominado por forças "extraparlamentares" do capital, que se fazem passar por genuínos interlocutores parlamentares. Assim, partidos reformistas e eventuais governos da classe trabalhadora são brutalmente enfraquecidos pelas imposições das "regras do jogo parlamentar". A divisão derrotista entre "braço político" e "braço sindical", estabelecida pelas regras do parlamento, foi o mais eficiente engessamento institucional nesse verdadeiro desarmamento da classe trabalhadora.

Ao perder poder material efetivo para a mudança sistêmica por meio de uma ação política estrutural e transformadora, o reformismo e as lideranças sindicais da classe trabalhadora integraram-se indubitavelmente ao sistema, divorciando-se da classe para promover os interesses de "indústria e negócio modernos", nas palavras de Tony Blair. Interessante é que essa integração autodestrutiva das lideranças não se limitou aos par-

---

[*] Lisboa, Edições 70, 2007. (N. E.)

tidos reformistas social-democratas. A mesma lógica operacional, sob o domínio extraparlamentar do capital, abduziu até mesmo os maiores Partidos Comunistas da Europa Ocidental, como o da França e o da Itália.

A classe trabalhadora enquanto tal, como sujeito de controle da alternativa hegemônica ao capital, não pode ser integrada ao sistema. Para que isso seja possível, os antagonismos estruturais teriam de ser eliminados para sempre da ordem societária reprodutiva do capital. Isto é, a classe trabalhadora pode ser temporariamente privada de uma liderança com consciência de classe; pode ser silenciada e até paralisada por um período histórico mais ou menos longo. Mas não pode aceitar como sua condição "natural" e permanente de existência o destrutivo (e autodestrutivo para a classe) modo de reprodução societária do capital, pleno de antagonismos. Essa é a razão pela qual a rearticulação do movimento socialista, em oposição às suas lideranças reformistas, é um desafio inevitável do nosso tempo. Sem cumprir essa tarefa, é impossível até mesmo avaliar os temas mais críticos da crise atual, o que dirá resolvê-los de forma duradoura.

Isso significa que muito tem de ser iniciado novamente, sobre a base de um verdadeiro envolvimento das massas, no espírito da proposição original de Marx pelo desenvolvimento de uma "consciência de massas comunista". A destruidora força extraparlamentar do capital não poderá ser derrotada por meio de respeitosa conformidade com as regras do jogo parlamentar. Essa derrota do capital requer uma mobilização extraparlamentar combativa de massas em apoio às forças políticas radicais da classe que tiverem participação parlamentar. Tudo isso implica uma mudança fundamental na orientação do "braço sindical" da classe trabalhadora.

O Brasil teve o êxito de desenvolver um movimento radical importante, com raízes profundas nas massas populares: os sem-terra do MST. Um movimento que costuma tomar suas próprias iniciativas e recusa-se a integrar-se à ordem estabelecida. A expansão e o fortalecimento das massas, sustentando esse movimento estrategicamente consciente, é uma grande esperança para o futuro. Do mesmo modo, um dos grandes desafios diante de nós é a mobilização organizada e segura dos incontáveis milhões de desempregados, que devem se multiplicar no próximo período. A orientação setorialista do "braço sindical" pode nem ter notado a existência deles, quanto mais ter prestado atenção efetiva a suas necessidades devastadoras.

Os desempregados não podem ser deixados de lado hoje em dia. Não somente porque seria moralmente condenável fazê-lo, mas também porque a mobilização radical de milhões de desempregados – alguns bilhões em termos globais – oferece potencialmente uma força adicional ao movimento socialista. A solidariedade é, ao mesmo tempo, um valor socialista vital e uma grande fonte de poder emancipador. A alternativa hegemônica da classe não vencerá sem a plena solidariedade com seus mais diversos setores. Os trabalhadores dos países capitalistas dominantes vão demorar mais do que seus irmãos de classe do resto do mundo para aprender essas lições históricas. Mas esse aprendizado deve ocorrer e ocorrerá sob o inexorável impacto da crise estrutural que se aprofunda. Há sinais promissores apontando nessa direção, mesmo nos países mais privilegiados.

DS – Para nós, um elemento importante do balanço da esquerda no século XX é a trágica ausência de uma profunda educação marxista. Qual é, na sua visão, o lugar da formação marxista num partido da classe? Quais os meios alternativos de que podemos lançar mão numa disputa ideológica pela consciência dos trabalhadores?

Mészáros – O desprezo pela formação marxista, infelizmente, predominou também nos países capitalistas avançados. E isso não se dá somente devido ao poder institucionalizado da ideologia dominante, que controla os meios de comunicação de massa quase completamente, mas também à tradição reformista de se acomodar dentro da ordem estabelecida. A única educação política relevante nos partidos reformistas hoje são os processos de preparação eleitoral para a garimpagem de voto porta a porta, a operação de criar os "grupos focados" em pesquisas de opinião ridiculamente obtusas e a disseminação de informação e falsa informação com o propósito sistemático (quando não cínico) de desencaminhar a população para manter o apoio eleitoral a governos parlamentares. A função primordial desses governos hoje em dia se reduz a constituir a fachada mercadológica, passível de compra, dos imperativos destrutivos do capital. Quando nos lembramos da história do movimento socialista, o contraste é gritante. Nos estágios iniciais do movimento socialista, o papel dado à formação era de fato muito importante. Tomando apenas um exemplo, Rosa Luxemburgo não era apenas uma grande líder revolucionária da classe, mas também uma dedicadíssima professora nos órgãos educacionais do partido, tendo escrito a maior parte de suas mais importantes obras, em economia e teoria política marxista, com o objetivo de desenvolver a consciência da militância socialista. Atividades desse nível marcaram a vida de boa parte dos partidos social-democratas e obviamente dos comunistas, por décadas depois de sua fundação.

O forte consenso em torno do *slogan* absurdo "Não há alternativa" e a correspondente degradação da atividade política ao nível do "criar uma ampla aliança eleitoral" deram fim a tudo aquilo, destruindo ao final até os maiores partidos comunistas ocidentais. Foi assim que Bettino Craxi, o líder do que um dia foi o radical Partido Socialista Italiano, o mesmo partido de Pietro Nenni, teve de fugir de seu país e terminar seus dias na Tunísia, para evitar a cadeia por corrupção, enquanto seu mestre Silvio Berlusconi se elegia não uma vez, mas três vezes primeiro-ministro da Itália. A Itália onde o partido de Antonio Gramsci um dia foi uma força política combativa pela mudança radical.

Claro que nenhuma tarefa emancipadora pode ser realizada sem uma mudança fundamental no terreno da formação. Nenhum partido pode se autodenominar radical sem se engajar, com determinação e constância, no trabalho de educação política radical. Sem a busca de um modelo estratégico abrangente que nos permita ligar as demandas mais imediatas com os objetivos transformadores mais distantes, estaremos fadados a ficar à mercê da crise global. Mas como poderemos buscar esse modelo estratégico sem a consciência política e teórica necessária para elaborar um programa de tarefas compreensível para as grandes massas?

Essa formação não deve ser um exercício acadêmico "descolado" do real, nem politicamente sectária, daquele tipo em que os indivíduos têm de aprender o que dizem os livros indicados por "experts" e autoridades. No chamado "socialismo real", havia seminários autoritários desse tipo e tiveram efeitos contraproducentes. A educação política terá êxito somente se envolver de verdade as pessoas num desenvolvimento da consciência socialista necessário para as tarefas e desafios da transformação. A melhor forma de educação é a autoeducação no quadro combativamente dedicado e cooperativo entre camaradas. As pessoas se apropriam, no bom sentido, daquilo que lhes é oferecido para ser transformado em seu quando estão diretamente envolvidas, como parte integral, num processo substancial e interativo.

Um partido socialista radical, comprometido com a conquista das demandas imediatas e das demandas emancipatórias abrangentes da transformação, é um local privilegiado para esse tipo de autoeducação criativa. Porque ele está engajado em oferecer a seus membros, e através destes a toda a sociedade, tanto tarefas factíveis que podem ser assumidas por eles quanto os mais importantes significados das tarefas assumidas. Esse é o único caminho pelo qual a necessária educação política no nosso tempo pode contribuir de forma significativa para a solução da crise atual, numa perspectiva socialista abrangente.

A forma como é utilizada a expressão "partido de massas" é, frequentemente, muito imprecisa. Ela significa na realidade não somente a total ausência de envolvimento ativo das pessoas na solução de seus problemas, como também a falta de organicidade do partido em questão. A condição de membro de um suposto "partido de massa" como o atual Novo Trabalhismo britânico é desprezível. Nem se pode falar em formação política num partido desse tipo, no sentido mais completo do termo. O único sentido em que esses partidos são "de massas" (e há muitos no mundo hoje) é em sua duvidosa função legitimatória de fornecer o número de membros exigido pela legislação eleitoral, como se os membros de massas fossem gado. Esse fato altamente embaraçoso indica a astronômica distância entre o que temos hoje e a consciência e educação políticas que algum dia caracterizaram até os partidos reformistas e trabalhistas.

Assim, a necessidade de uma educação política apropriada, que envolva grandes massas, é hoje, em meio à nossa crise global estrutural, maior do que nunca. Mas, tal como as coisas estão hoje, fazer disso uma realidade é impensável sem que se desenvolva um movimento radical coerentemente organizado, com influência genuína nas massas, diferente da atualmente predominante manipulação dos indivíduos como curral eleitoral. E esse relacionamento é de mão dupla. É impossível criar um movimento político radical com raízes genuínas nas massas sem o trabalho apaixonado, dedicado e vital da educação política. Por sua vez, essa tarefa só é factível se unificarmos o "braço sindical" da classe ao seu "braço político", no espírito de um projeto emancipatório abrangente, o que implica a necessária radicalização do movimento sindical, ainda fundamentalmente reformista.

OBRAS DO AUTOR

Szatira és valóság. Budapeste, Szépirodalmi Könyvkiadó, 1955.
La rivolta degli intellettuali in Ungheria. Turim, Einaudi, 1958.
Attila József e l'arte moderna. Milão, Lerici, 1964.
Marx's Theory of Alienation. Londres, Merlin, 1970. [Ed. bras.: *A teoria da alienação em Marx*. Trad. Nélio Schneider. São Paulo, Boitempo, no prelo.]
Aspects of History and Class Consciousness. Londres, Routledge & Kegan Paul, 1971.
The Necessity of Social Control. Londres, Merlin, 1971.
Lukács' Concept of Dialectic. Londres, Merlin, 1972. [Ed. bras.: *O conceito de dialética* em *Lukács*. Trad. Rogério Bettoni. São Paulo, Boitempo, 2013.]
Neocolonial Identity and Counter-Consciousness. Londres, Merlin, 1978.
The Work of Sartre: Search for Freedom and the Challenge of History. Brighton, HarvesterWheatsheaf, 1979. [Ed. bras.: *A obra de Sartre: busca da liberdade e desafio da história*. Trad. Rogério Bettoni. São Paulo, Boitempo, 2012.]
Philosophy, Ideology and Social Science. Brighton, HarvesterWheatsheaf, 1986. [Ed. bras.: *Filosofia, ideologia e ciência social*. Trad. Ester Vaisman. São Paulo, Boitempo, 2008.]
The Power of Ideology. Brighton, HarvesterWheatsheaf, 1989. [Ed. bras.: *O poder da ideologia*. Trad. Magda Lopes e Paulo Cézar Castanheira. São Paulo, Boitempo, 2004.]
Beyond Capital: Towards a Theory of Transition. Londres, Merlin, 1995. [Ed. bras.: *Para além do capital: rumo a uma teoria da transição*. Trad. Paulo Cézar Castanheira e Sérgio Lessa. São Paulo, Boitempo, 2002.]
Socialism or Barbarism: from the "American Century" to the Crossroads. Nova York, Monthly Review, 2001. [Ed. bras.: *O século XXI: socialismo ou barbárie?*. Trad. Paulo Cézar Castanheira. São Paulo, Boitempo, 2003.]

A educação para além do capital. Trad. Isa Tavares. São Paulo, Boitempo, 2005.

O desafio e o fardo do tempo histórico: o socialismo no século XXI. Trad. Ana Cotrim e Vera Cotrim. São Paulo, Boitempo, 2007.

A crise estrutural do capital. Trad. Francisco Raul Cornejo. São Paulo, Boitempo, 2009.

Social Structure and Forms of Consciousness, v. I. *The Social Determination of Method.* Nova York, Monthly Review, 2010. [Ed. bras.: *Estrutura social e formas de consciência*, v. I. *A determinação social do método.* Trad. Luciana Pudenzi e Paulo César Castanheira. São Paulo, Boitempo, 2009.]

Historical Actuality of the Socialist Offensive: Alternative to Parliamentarism. Londres, Bookmark, 2010. [Ed. bras.: *Atualidade histórica da ofensiva socialista: uma alternativa radical ao sistema parlamentar.* Trad. Maria Orlanda Pinassi e Paulo Cézar Castanheira. São Paulo, Boitempo, 2010.]

Social Structure and Forms of Consciousness, v. II. *The Dialectic of Structure and History.* Nova York, Monthly Review, 2011. [Ed. bras.: *Estrutura social e formas de consciência*, v. II. *A dialética da estrutura e da história.* Trad. Caio Antunes e Rogério Bettoni. São Paulo, Boitempo, 2011.]

The Necessity of Social Control: enlarged edition. Nova York, Monthly Review, 2014.

A montanha que devemos conquistar: reflexões acerca do Estado. Trad. Maria Izabel Lagoa. São Paulo, Boitempo, 2013.

COLEÇÃO
Mundo do Trabalho

Coordenação **Ricardo Antunes**

Conselho editorial **Graça Druck, Luci Praun, Marco Aurélio Santana, Murillo van der Laan, Ricardo Festi, Ruy Braga**

ALÉM DA FÁBRICA
Marco Aurélio Santana e
José Ricardo Ramalho (orgs.)

O ARDIL DA FLEXIBILIDADE
Sadi Dal Rosso

ATUALIDADE HISTÓRICA DA
OFENSIVA SOCIALISTA
István Mészáros

A CÂMARA ESCURA
Jesus Ranieri

O CARACOL E SUA CONCHA
Ricardo Antunes

A CLASSE TRABALHADORA
Marcelo Badaró Mattos

O CONCEITO DE DIALÉTICA
EM LUKÁCS
István Mészáros

O CONTINENTE DO LABOR
Ricardo Antunes

A CRISE ESTRUTURAL DO CAPITAL
István Mészáros

CRÍTICA À RAZÃO INFORMAL
Manoel Luiz Malaguti

DA GRANDE NOITE À
ALTERNATIVA
Alain Bihr

DA MISÉRIA IDEOLÓGICA
À CRISE DO CAPITAL
Maria Orlanda Pinassi

A DÉCADA NEOLIBERAL E A CRISE
DOS SINDICATOS NO BRASIL
Adalberto Moreira Cardoso

A DESMEDIDA DO CAPITAL
Danièle Linhart

O DESAFIO E O FARDO
DO TEMPO HISTÓRICO
István Mészáros

DO CORPORATIVISMO AO
NEOLIBERALISMO
Angela Araújo (org.)

A EDUCAÇÃO PARA ALÉM DO
CAPITAL
István Mészáros

O EMPREGO NA GLOBALIZAÇÃO
Marcio Pochmann

O EMPREGO NO
DESENVOLVIMENTO DA NAÇÃO
Marcio Pochmann

ESTRUTURA SOCIAL E FORMAS
DE CONSCIÊNCIA, 2v
István Mészáros

FILOSOFIA, IDEOLOGIA E
CIÊNCIA SOCIAL
István Mészáros

FORÇAS DO TRABALHO
Beverly J. Silver

FORDISMO E TOYOTISMO
Thomas Gounet

GÊNERO E TRABALHO
NO BRASIL E NA FRANÇA
Alice Rangel de Paiva Abreu, Helena
Hirata e Maria Rosa Lombardi (orgs.)

HOMENS PARTIDOS
Marco Aurélio Santana

INFOPROLETÁRIOS
Ricardo Antunes e Ruy Braga (orgs.)

LINHAS DE MONTAGEM
Antonio Luigi Negro

A MÁQUINA AUTOMOTIVA EM
SUAS PARTES
Geraldo Augusto Pinto

MAIS TRABALHO!
Sadi Dal Rosso

O MISTER DE FAZER DINHEIRO
Nise Jinkings

O MITO DA GRANDE CLASSE MÉDIA
Marcio Pochmann

A MONTANHA QUE DEVEMOS
CONQUISTAR
István Mészáros

NEOLIBERALISMO, TRABALHO
E SINDICATOS
Huw Beynon, José Ricardo Ramalho,
John McIlroy e Ricardo Antunes (orgs.)

NOVA DIVISÃO SEXUAL DO
TRABALHO?
Helena Hirata

NOVA CLASSE MÉDIA
Marcio Pochmann

O NOVO (E PRECÁRIO) MUNDO
DO TRABALHO
Giovanni Alves

A OBRA DE SARTRE
István Mészáros

PARA ALÉM DO CAPITAL
István Mészáros

A PERDA DA RAZÃO SOCIAL
DO TRABALHO
Maria da Graça Druck e
Tânia Franco (orgs.)

POBREZA E EXPLORAÇÃO DO
TRABALHO NA AMÉRICA LATINA
Pierre Salama

O PODER DA IDEOLOGIA
István Mészáros

A POLÍTICA DO PRECARIADO
Ruy Braga

UM PORTO NO
CAPITALISMO GLOBAL
Guilherme Leite Gonçalves e
Sérgio Costa

O PRIVILÉGIO DA SERVIDÃO
Ricardo Antunes

A REBELDIA DO PRECARIADO
Ruy Braga

RETORNO À CONDIÇÃO
OPERÁRIA
Stéphane Beaud e Michel Pialoux

RIQUEZA E MISÉRIA DO
TRABALHO NO BRASIL, 4v
Ricardo Antunes (org.)

O ROUBO DA FALA
Adalberto Paranhos

O SÉCULO XXI
István Mészáros

SEM MAQUIAGEM
Ludmila Costhek Abílio

OS SENTIDOS DO TRABALHO
Ricardo Antunes

SHOPPING CENTER
Valquíria Padilha

A SITUAÇÃO DA CLASSE
TRABALHADORA NA INGLATERRA
Friedrich Engels

A TEORIA DA ALIENAÇÃO
EM MARX
István Mészáros

TERCEIRIZAÇÃO: (DES)
FORDIZANDO A FÁBRICA
Maria da Graça Druck

TRABALHO E DIALÉTICA
Jesus Ranieri

TRABALHO E SUBJETIVIDADE
Giovanni Alves

TRANSNACIONALIZAÇÃO DO
CAPITAL E FRAGMENTAÇÃO DOS
TRABALHADORES
João Bernardo

Este livro foi composto em Adobe Garamond 10,5/12,6 e reimpresso em papel Avena 80 g/m² na gráfica Rettec para a Boitempo, em setembro de 2020, com tiragem de 1.000 exemplares.